Jahrbuch für Didaktik der Philosophie und Ethik
2009

Jahrbuch für Didaktik der Philosophie und Ethik 2009

Herausgegeben von Johannes Rohbeck

Maß nehmen – Maß geben

Leistungsbewertung im Philosophieunterricht und Ethikunterricht

Herausgegeben von Donat Schmidt,
Johannes Rohbeck und Peter von Ruthendorf

THELEM
2011

Bibliografische Information der Deutschen Bibliothek
Die Deutsche Bibliothek verzeichnet diese Publikation in der
Deutschen Nationalbibliografie; detaillierte bibliografische Daten
sind im Internet unter <http://dnb.ddb.de> abrufbar.

Bibliographic information published by Die Deutsche Bibliothek
Die Deutsche Bibliothek lists this publication in the Deutsche
Nationalbibliografie; detailed bibliographic data is available in
the Internet at <http://dnb.ddb.de>

ISBN 978-3-942411-30-1

© 2011 w. e. b. Universitätsverlag & Buchhandel
Eckhard Richter & Co. OHG
Bergstr. 70 | D-01069 Dresden
Tel.: 0351/4 72 14 63 | Fax: 0351/4 72 14 65
http://www.thelem.de

Titelbild: © Deutsche Fotothek, Ausschnitt aus dem »Ständebuch«
(Regensburg 1698) von Christoph Weigel d. Ä., »Der Mehl-Wäger«

Thelem ist ein Imprint von w. e. b.
Alle Rechte vorbehalten. All rights reserved.
Gesamtherstellung: w. e. b.
Satz: w. e. b., Sophia Zeil
Druck und Bindung: Difo-Druck GmbH, Bamberg
Made in Germany.

Inhalt

Teil I
Leistungsbewertung aus philosophiedidaktischer Perspektive

Donat Schmidt und Peter von Ruthendorf
Bewerten und Beurteilen im philosophischen Unterricht   9
Eine Einleitung

Christian Gefert
Leistungsbewertung im Philosophieunterricht   39

Roland W. Henke
**Zur Leistungsbewertung von diskursiven Problemreflexionen auf
der Basis philosophischer Positionen**   49
Kompetenzerwartungen, Indikatoren, Aufgabenstellungen

Volker Haase
Essays im Philosophie- und Ethikunterricht bewerten   75

Johannes Bierbrodt und Henning Röhr
Unzensierbarkeit *oder* Freies Denken unter Zwang   107
Zur Bewertung kreativer Schülerleistungen, dargestellt am Beispiel
des Philosophischen Tagebuchs

Mandy Schütze
»Balance-Akte« – Zur Bewertung projektorientierten Unterrichts   127

Teil II
Bewertungspraxis im philosophischen Unterricht

Werkstatt Leistungsbewertung – Bewertungspraxis im
philosophischen Unterricht   145

Teil I
Leistungsbewertung aus
philosophiedidaktischer Perspektive

Donat Schmidt und Peter von Ruthendorf

Bewerten und Beurteilen im philosophischen Unterricht

Eine Einleitung

Im Mittelpunkt des Ethik- und Philosophieunterrichts steht zwar das Philosophieren: sei es in Form eines philosophischen Diskurses, sei es in Form einer kontemplativen Beschäftigung mit philosophischen Theorien oder einer kritischen Reflexion der eigenen Lebenswelt. Aber zugleich müssen auch im philosophischen Unterricht[1] Schülerleistungen beurteilt und bewertet werden. Das bereitet vielen Lehrkräften Schwierigkeiten.

Freilich besteht das Ziel der Leistungsbewertung nicht darin, bloße Kenntnisse über philosophische Autoren und Theorien abzufragen. Es geht vielmehr darum, den Schülern eine adäquate Rückmeldung über das zu geben, was sie im philosophischen Unterricht in erster Linie tun – nämlich Philosophieren. Dabei stellt sich das Problem, dass diese Denk- und Reflexionsprozesse in Form von Noten und/ oder Worturteilen zu beurteilen sind.

Bisher wurde dieses Feld in der Didaktik der Ethik und Philosophie kaum bearbeitet. Diese Lücke wird unser Jahrbuch nicht zu schließen vermögen. Es geht vielmehr darum, erste Anstöße zu einer fachdidaktischen Auseinandersetzung mit dem Problem der Leistungsmessung, Leistungsbeurteilung und Leistungsbewertung im philosophischen Unterricht zu geben. Beabsichtigt wird, den Kolleginnen und Kollegen an den Schulen (und Hochschulen) Anregungen zu geben, wie eine Leistungsmessung erfolgen kann bzw. in welchen Kontexten sie überhaupt realisierbar ist.

---

1 Der alle Fächer umfasst, die als Bezugswissenschaft die Philosophie haben – bspw. »Praktische Philosophie«, »Ethik«, »Philosophie«, »Philosophieren mit Kindern«, »Allgemeine Ethik« sowie »Werte und Normen«.

1.   Bewertung und Beurteilung in der allgemeinen Didaktik

In vielerlei Hinsicht muss man in der Fachdidaktik das Rad nicht ein zweites Mal erfinden: Man kann und sollte auf Erkenntnisse und Wissensbestände der allgemeinen Didaktik zurückgreifen. Erst auf dieser Grundlage ist eine Diskussion der fachspezifischen Besonderheiten des Bewertens im philosophischen Unterricht gewinnbringend. Aus diesem Grund sollen zunächst einige Elemente aus der allgemeinen Didaktik zusammengetragen werden.

Watzlawicks Diktum, dass man nicht nicht kommunizieren kann, lässt sich m. E. auf Wertungen übertragen: »Man kann nicht nicht werten.« Alles, was ein Lehrer in einer Unterrichtssituation tut oder auch nicht tut, kann von einem Schüler als Wertung verstanden werden. Wichtig ist jedoch, dass dieses Werten explizit geschieht – als Be-Wertung. Es kommt also darauf an, nachvollziehbare und verständliche *Wertzuweisungen* vorzunehmen. Ähnliches gilt für Urteile und Beurteilungen. Nachvollziehbar ist eine Bewertung oder Beurteilung erst dann, wenn der Schüler die Leistungsmessung bewusst als solche wahrnimmt und die Rahmenbedingungen dieser Messung sowie die Anforderungen und Maßstäbe versteht.

1.1   Begriffliches: Bewertung und Beurteilung

Der Unterschied zwischen einer Bewertung und einer Beurteilung wird in den folgenden Ausführungen darin gesehen, in welcher Form dem Schüler das Ergebnis der Leistungsmessung vermittelt wird. Die *Bewertung* beinhaltet eine *Benotung* nach der gängigen Notenskala, während die *Beurteilung* ein *verbales Urteil* umfasst, welches dem Schüler eine *differenzierte Rückmeldung* über seine Leistung gibt.

1.2   Ergebnisorientierte Bewertung versus prozessorientierte Bewertung?

Leistung ist »der Vollzug und das Ergebnis von Tätigkeiten«.[2] In der allgemeinen Didaktik wird daher zwischen zwei Arten von Leistungsbewertungen unterschieden: die *ergebnisorientierte Bewertung*, in welcher das in einer konkreten Leistungssituation entstandene Ergebnis gemessen wird, und die *prozessorientierte Bewertung*, in welcher der Vollzug der Tätigkeit, die Art und Weise der Auseinandersetzung des Schülers mit einem Lerngegenstand bewertet wird. Während es im ersten Fall darum geht, dass Schüler Fehler vermeiden und das geforderte Ergebnis

---

2 Paradies, Liane; Wester, Franz; Greving, Johannes: *Leistungsmessung und -bewertung*. Berlin: Cornelsen Scriptor, 2005, S. 26.

liefern, steht im zweiten Fall die Frage im Vordergrund, inwieweit Schüler imstande sind, aus ihren Fehlern zu lernen und in welchem Maße sie sich bemühen, die zu bearbeitenden Probleme zu lösen.

Bei genauerer Betrachtung erscheint diese Unterscheidung von ergebnisorientierter und prozessorientierter Bewertung problematisch: Als Prozess wird ein Vorgang verstanden, der zu einem Ergebnis bzw. Produkt führt und letztlich dieses Produkt ausmacht. Doch was genau ist ein Produkt? Essay und Referat gelten zweifellos als Produkte. Doch wie verhält es sich mit dem Beitrag eines Schülers innerhalb einer Disputation? Es ist zumindest das Ergebnis eines Denk- und Reflexionsprozesses. Er unterscheidet sich nur graduell (Länge des Beitrags, Vorbereitungszeit) von einem Referat. Was bedeutet der Diskussionsbeitrag eines Schülers innerhalb einer Gruppe? Eigentlich ist jede Handlung eines Schülers bereits das Produkt bzw. Ergebnis eines Denk- und Reflexionsprozesses. Handlung ist gerade dadurch definiert: Sie ist bewusstes, intentionales und zweckorientiertes Verhalten. Sobald sich also ein Prozess in einer Handlung niederschlägt, wird er zum Produkt bzw. Ergebnis. Bevor er sich jedoch in einer Handlung niederschlägt, ist er nicht beobachtbar.

Damit ist eine Unterscheidung von prozessorientierter und ergebnisorientierter Bewertung obsolet geworden: Nur was man beobachten und messen kann, lässt sich bewerten. Nur Handlungen lassen sich beobachten. Handlungen sind stets Ergebnisse bzw. Produkte eines Prozesses. Folglich lassen sich nur Produkte bewerten.

Dieser Argumentation können zwei Einwände entgegen gebracht werden: 1. Die begriffliche Unterscheidung zwischen Produkt und Prozess ist typisierend und aus pragmatischen Gründen sinnvoll. 2. Die Unterscheidung bezieht sich nicht auf »Zwischenprodukte« wie Diskussionsbeiträge, sondern auf Endprodukte – also die letzten Ergebnisse des jeweiligen Prozesses.

Zur ersten Kritik ist anzumerken, dass eine andere begriffliche Unterscheidung als die getroffene nicht möglich ist. Es ist schwerlich ein anderer Zeitpunkt zu benennen, ab dem ein Prozess zum Produkt wird, als seine Realisierung in einer Handlung. Eine willkürliche Zuordnung von Handlungen zum Prozess bzw. zum Produkt wäre demnach alles andere als pragmatisch sinnvoll – vielmehr würde stets die Frage aufgeworfen, was nun zum Prozess und was zum Produkt gehört. Zweckmäßig scheint es eher zu sein, hier keine künstliche Unterscheidung vorzunehmen und die Bewertungskriterien so zu fassen, dass aus den Produkten differenzierte Rückschlüsse auf den Prozess (hier: das Philosophieren) getroffen werden können (vgl. 2.1).

Die zweite Entgegnung führt sich in einem pädagogischen Konzept selbst ad absurdum, in dem Bewertungen nicht dem Selbstzweck dienen, sondern Schülern mit dem Ziel der Verbesserung der Leistungen eine Rückmeldung bezüglich ihres

Leistungsstandes geben. Ein Produkt sollte – noch dazu innerhalb eines spiralförmig angelegten Curriculums – nie als Endstand eines Lern- und Leistungsprozesses gesehen werden.

Es bleibt daher festzuhalten, dass Leistung nur in ihren Produkten bzw. Ergebnissen bewertet werden kann – gerade *weil* sie den »Vollzug und das Ergebnis von Tätigkeiten«[3] umfasst.

1.3 Funktionen der Leistungsbewertung

Wie in jedem anderen regulären Fach gilt auch für den philosophischen Unterricht, dass verschiedene Aufgabenfelder für Bewertungen in Frage kommen[4]:

Qualifikations- und Berechtigungsfunktion

    a. Aufgabenfeld: Die Bewertung gibt dem Schüler eine Rückmeldung bezüglich seiner persönlichen Eignung und eröffnet ihm Möglichkeiten, seinen Bildungsweg sowie seinen weiteren Werdegang selbst zu gestalten.
    b. Gefahren: Fehleinschätzungen durch die Lehrkraft können dazu führen, dass der Schüler seine Potentiale nicht richtig wahrnimmt und/oder ihm Entwicklungsmöglichkeiten verstellt werden.
    c. Didaktische Schlussfolgerung: Leistungsbewertungen sollten daher gewissenhaft vorgenommen werden und im Zweifelsfalle zugunsten der Schüler ausfallen.

Selektionsfunktion

    a. Aufgabenfeld: Die Selektionsfunktion ist als Kehrseite der Qualifikationsfunktion zu verstehen. Sie folgt aus der gesellschaftlichen Forderung, dass für knapp verfügbare Ressourcen (Ausbildungs- und Arbeitsplätze, weitere Bildungsmöglichkeiten) die am besten geeigneten Bewerber ermittelt werden. Noten zeigen den Schülern selbst wie auch Dritten (Betrieben/ Bildungsanstalten etc.) an, welche Eignungen Schüler aufweisen und welche Perspektiven ihnen daher offen stehen.
    b. Gefahren: Das größte Problem der Ziffernnoten liegt wohl darin, dass sie Außenstehenden keinen detaillierten und damit einen möglicherweise fal-

---

3 Ebd.
4 Ebd., S. 24f.

schen Einblick in das Leistungsvermögen der Schüler geben. Das Zustandekommen der Bewertungen wird in den Zahlen nicht vermittelt. Es existiert
in der Gesellschaft die problematische Einstellung, dass Ziffernnoten ein
umfassendes Urteil über Schülerpersönlichkeiten zulassen.

c. Didaktische Schlussfolgerung: Eine Orientierung an der Sachnorm und
schulübergreifend gültigen Kriterien (vgl. 1.5) ist vor diesem Hintergrund
ebenso zweckmäßig wie eine reflektierte Bewertungspraxis, in der Bewertende sich aufrichtig um die Vermeidung der unten genannten Bewertungsfehler (vgl. 2.2) bemühen. Eine für Außenstehende einsehbare verbale Rückmeldung (bspw. in Form von Entwicklungsportfolios) kann die Defizite der
Ziffernnoten in manchen Punkten kompensieren und als Korrektiv wirken.
Es ist eine vornehmliche Aufgabe der Schule, auf das Problem hinzuweisen,
dass Ziffernnoten nur im Idealfall den Leistungsstand eines Schülers korrekt
beschreiben, dass sie in erster Linie Informationscharakter für den Schüler
haben und keine adäquate Beschreibung der Potentiale einer Schülerpersönlichkeit zulassen. Bewertungen sind nicht der Endstand eines Lernprozesses, sondern vielmehr deren Ausgangspunkt. Sie sind Zwischenergeb-
nisse im schulischen und außerschulischen Lernprozess.

Informations- und Rückmeldungsfunktion

a. Aufgabenfeld: Die Schüler erhalten durch Noten eine Auskunft über ihre
Stärken und Schwächen bzw. darüber, wie ihr Lernfortschritt wahrgenom-
men wird. Bewertungen können Prozesse der Selbstreflexion anstoßen.
Eltern gewinnen durch die Bewertung einen Einblick in die schulischen
Leistungen ihrer Kinder. Lehrer erhalten eine Rückmeldung zur Qualität
ihres Unterrichts.

b. Gefahren: Obwohl viele Lernprozesse nicht oder nur schwer messbar sind,
werden Leistungsmessungen vorgenommen und konkrete Schülerleistungen bewertet. Problematisch sind solche Leistungsmessungen dann, wenn
sie demotivierend wirken und es aus zeitökonomischen Gründen bei einer
Rückmeldung in Form einer Bewertung bleibt. Das Ziffernnotensystem ver-
leitet dazu, dass Beurteilungen zu kurz kommen.

c. Didaktische Schlussfolgerung: Bewertungskriterien sollten den Schülern
transparent (und idealer Weise mit ihnen gemeinsam formuliert) sein, so
dass die Bewertungen für die Schüler nachvollziehbar sind. Die Bewertungen sollten durch Beurteilungen ergänzt werden. Diese sind so zu formulieren, dass sie Schülern eine aussagekräftige und differenzierte Rückmeldung
geben, unausgeschöpfte Potentiale deutlich aufzeigen und motivierend wirken. Ziel der Beurteilungen soll es sein, Lern- und Selbstreflexionsprozesse

zu initiieren. Sie bilden die Grundlage des Bewertungsdiskurses (vgl. 2.3). Die Beurteilungen sollten in Teilen auch für die Eltern einsehbar sein. Lehrer sollten die Bewertungen und den Bewertungsdiskurs mit den Schülern nutzen, um den eigenen Unterricht kritisch zu reflektieren.

Sozialisierungs- und Disziplinierungsfunktion

a. Aufgabenfeld: Schüler werden durch Noten dazu angehalten, die Anforderungen und Lernangebote des Unterrichts wahrzunehmen und ihr Handeln nach diesen Maßgaben auszurichten.
b. Gefahren: In diesem Bereich existiert eine große Missbrauchsgefahr, wenn Mitarbeits- oder Verhaltensaspekte in Bewertungen als sachfremde Erwägungen einfließen. Validität ist in diesem Fall nicht gewährleistet (vgl. 1.4). Bewertungen sind kein Machtinstrument des Lehrers, sondern ein Steuerungsinstrument des Unterrichts. Verhaltensabweichungen sollten nur in dem Maße sanktioniert werden, wie sie die in der Leistungssituation explizit eingeforderte Leistung beeinflussen.
c. Didaktische Schlussfolgerung: Das Erwartungsbild bzw. die Bewertungskriterien, die zur Grundlage der Leistungsbewertung dienen, sollten so konkret ausformuliert sein, dass wenig Raum für die Einbeziehung sachfremder Erwägungen bleibt. Darüber hinaus sollte der Lehrer kritisch distanziert seine Bewertungen auf mögliche Bewertungsfehler hin reflektieren (vgl. 2.2).

Motivations- und Förderfunktion

a. Aufgabenfeld: Schüler können durch Noten und vor allem Beurteilungen zu Leistungen angespornt werden. Es kann ihnen in diesem Sinne aufgezeigt werden, in welchen Bereichen sie entsprechende Potentiale haben bzw. in welchen sie ihre Potentiale noch nicht ausgeschöpft haben.
b. Gefahren: Angst und Leistungsdruck können gegenteilige Effekte erzeugen. Darüber hinaus ist der langfristige Nutzen extrinsischer Motivation fragwürdig.
c. Didaktische Schlussfolgerung: Leistungsmessungen sind im Sinne der Reliabilität in einem angemessenen Rahmen durchzuführen, sodass nicht die »Stressbewältigungskompetenz« der Schüler gemessen wird, sondern fachliche Kompetenzen (vgl. 2.2). Bei der Auswahl der Bewertungssituationen und bei der Beurteilung sollten die Schülerpersönlichkeiten im Blickfeld des Lehrers stehen. Leistungsbewertungen und -beurteilungen, die sich negativ auf Lernprozesse auswirken, sind aus didaktischer Sicht weder sinnvoll noch statthaft. Vor diesem Hintergrund ist Schülern bewusst zu machen, dass

Bewertungen und Beurteilungen einen Rückmeldungs- und Informationscharakter haben, sodass sie intrinsisch motivierten Schülern Empfehlungen
für das weitere Lernen geben.

Aus didaktischer Perspektive sind Bewertungen nur dann zulässig, wenn sie die
genannten Aufgabenfelder im positiven Sinne ausfüllen.

1.4 Anforderungen an Leistungsbewertungen

Grundsätzlich ist stets darauf zu achten, dass Bewertungen *reliabel* und *valide*
sowie *intersubjektiv nachvollziehbar* sind.

- *Validität:* Eine Leistungsmessung sollte genau das erfassen, was es auch
  abzuprüfen gilt. So sollte im philosophischen Unterricht eben nicht eine
  Menge von Kenntnissen zu den Biographien einzelner Autoren bewertet
  werden, sondern eher das, was unter philosophische Kompetenzen subsumiert werden kann.
- *Reliabilität:* Die Leistungsmessung, welche eine Datenbasis für die Bewertung schafft, sollte möglichst exakt und frei von Messfehlern erfolgen. Reliabel ist eine Leistungsmessung dann, wenn eine Wiederholung der Leistungsmessung zum gleichen Ergebnis führt.
- *Intersubjektive Nachvollziehbarkeit:* Die Bewertung sollte unabhängig von
  der Person des Bewertenden gleich oder zumindest ähnlich ausfallen –
  eigentlich eine Selbstverständlichkeit, dennoch zuweilen schwer realisierbar. Dazu bedarf es natürlich eines eindeutigen Erwartungsbildes, in dem
  die entsprechenden Bewertungskriterien klar ausformuliert sind.

Sicher können diese Ansprüche an Leistungsmessungen im Unterrichtsalltag nur
selten hinreichend eingelöst werden. Gleichwohl dürfte mit der Forderung nach
»pädagogisch günstiger Voreingenommenheit«[5] inhaltlich nicht allzu viel gewonnen sein. Vielmehr sollten Validität, Reliabilität und intersubjektive Nachvollziehbarkeit als Leitbild einer guten Leistungsbewertung dienen.

---

5 Helmke, Andreas: *Unterrichtsqualität erfassen, bewerten, verbessern.* Seelze: Kallmeyer, 2003, S. 89 f.
Die Forderung Helmkes nach mäßiger Unterschätzung der Leistungsdifferenzen in der Klasse, leichter
Überschätzung der Leistungspotentiale der Schüler und subjektiver Begründung der Misserfolge durch
mangelnde Anstrengung oder ineffektiven Unterricht nimmt ihrerseits eine valide Einschätzung der
Schülerleistungen als Maßstab.

1.5　Bezugspunkte der Leistungsmessung

Für eine Leistungsmessung und die daraus resultierenden Beurteilungs- bzw. Bewertungsmöglichkeiten existieren unterschiedliche Bezugspunkte:

- *Sozialnorm:* Hier wird hinterfragt, wie der Leistungsstand des Schülers im mittelbaren oder unmittelbaren Vergleich mit dem anderer Schüler einzuordnen ist.
- *Individualnorm:* Die Individualnorm gibt Aufschluss über die Entwicklung

Bezugsnorm	Vorteile	Nachteile
Sozialnorm	leistungsstärkste Schüler in einer Lerngruppe lassen sich ermitteln, förderungswürdige (schwache bzw. gute) Schüler sind erfassbar, trägt dem Vergleichsbedürfnis der Schüler Rechnung.	Vergleiche nur innerhalb der Gruppe lassen keinen Rückschluss auf tatsächlichen Leistungsstand zu, gemeinsamer Lernzuwachs der Lerngruppe wird verdeckt, individueller Lernerfolg wird verdeckt, wenn dieser mit dem der gesamten Gruppe korreliert (→ Demotivation).
Individualnorm	macht individuellen Leistungszuwachs transparent, Motivation (besonders für schwächere Schüler).	Leistungsunterschiede zwischen Schülern werden verdeckt, keine Rückschlüsse auf tatsächlichen Leistungsstand möglich, kein Vergleich mit anderen möglich (kennen eigener Begabungen etc.). Demotivation konstant starker Schüler.
Sachnorm	informiert über tatsächlichen Leistungsstand, Kompetenzmessung möglich, zeigt konkret Defizite bzw. Stärken auf.	Bezugspunkte im Curriculum nicht konkret ausgewiesen, setzt voraus, dass Lehrer selbst Bezugspunkte setzt (nur möglich wenn Lehrer seinen Unterricht korrekt einschätzt), keine Rückschlüsse auf individuellen Einsatz/Lernfortschritte möglich, keine Rückschlüsse auf Begabungen (im Vergleich zu anderen) möglich.

des Schülers. Hier spielen Motivation, Wissenszuwachs und vor allem Kompetenzentwicklung eine zentrale Rolle.

- *Sachnorm:* Diese Norm rückt die Fähigkeiten, Kenntnisse und Kompetenzen des Schülers ins Blickfeld des Bewertenden. Die Leitfrage ist, ob und in welchem Maße die erbrachte Leistung einem vorher definierten Kriterium entspricht. Das Erreichen eines Lernzieles wird überprüft.

Die Auflistung der Vor- und Nachteile der Bezugsnormen macht deutlich, dass zur validen *Leistungsbewertung* (die genau das misst, was gemessen werden soll: die Kompetenzen der Schüler) die Sachnorm den einzig legitimen Bezugspunkt bietet. Ein wichtiges Problem der Sachnorm ist, dass es in hohem Maße von der Qualität des Unterrichts abhängig ist, ob Schüler fähig sind, die an sie gestellten Anforderungen zu erfüllen. Lehrer brauchen daher eine kritische Distanz zum eigenen Unterricht, um angemessene Bewertungskriterien formulieren zu können. Hier helfen der Dialog mit den Schülern und die gemeinsame Festlegung der Kriterien.

Dabei haben Schüler das Recht darauf, zu erfahren, wo sie im Vergleich zu anderen stehen. Dies benötigen sie, um eigene Begabungen und Schwächen realistisch einschätzen zu können. Darüber hinaus sollte ihnen eine Rückmeldung zu ihrem Leistungszuwachs gegeben werden. Der Lehrer sollte zeigen, dass er den Lernprozess des Schülers beobachtet. Vor diesem Hintergrund sind Individualnorm und Sozialnorm wichtige Anknüpfungspunkt für die *Leistungsbeurteilung.*

2. Bewertung und Beurteilung aus Sicht der Philosophiedidaktik

Es stellt sich nun die Frage, wie die genannten Maßgaben und Bezugspunkte auf Bewertungssituationen im philosophischen Unterricht zu übertragen sind.

2.1 Validität – Philosophieren messen

Hinsichtlich der Validität wurde bereits angedeutet, dass nur das sinnvoll bewertet werden kann, was tatsächlich einen zentralen Bestandteil des Fachunterrichts ausmacht. Gleichgültig, ob der Name des Bezugsfachs nun Ethik oder Philosophie lautet: Im Vordergrund sollte das Philosophieren und nicht die Philosophiegeschichte stehen. Zumindest weisen die Lehrpläne aller Bundesländer eine entsprechende Orientierung auf.[6] Der Unterricht sollte demnach problemorientiert und

---

6 Zur Situation des Ethikunterrichts in der Bundesrepublik Deutschland: Bericht der Kultusministerkonferenz vom 22. 02. 2008. URL http://www.kmk.org/fileadmin/veroeffentlichungen_ beschluesse/2008/2008_02_22-Situation-Ethikunterricht.pdf – Aktualisierungsdatum: 01. 07. 2010.

lebensweltbezogen sein. Was jedoch dieses Philosophieren ausmacht, bleibt zu diskutieren. Von der Beantwortung dieser Frage hängt es dann ab,, ob auch diese Tätigkeit einer Leitungsmessung zugänglich ist.

Sehr aufschlussreich sind in diesem Zusammenhang die in der »Bonner Erklärung der Deutschen Gesellschaft für Philosophie zum Philosophie- und Ethikunterricht«[7] aufgeführten philosophischen Kompetenzen. Sie vermitteln einen ersten Eindruck davon, was Philosophieren bedeutetund was aus philosophiedidaktischer Sicht im Unterricht eingefordert werden kann:

- Textkompetenz,
- Soziale Kompetenz,
- *Interkulturelle Kompetenz,*
- *Urteilskompetenz* und
- *Interdisziplinäre Methodenkompetenz*[8]

Diese Kompetenzen werden nicht nur im philosophischen Unterricht *vermittelt,* sondern sie sind zugleich auch die *Voraussetzung* philosophischen Denkens, weshalb sie in ein spiralförmiges Curriculum eingebettet sind.

Wie nun Philosophieren messen? Kompetenzen, verstanden als »Kenntnisse, Fertigkeiten und Fähigkeiten [...] die in einem bestimmten Anwendungsfeld handlungsfähig machen [...]«,[9] lassen sich in ihrer Anwendung erfassen. Es ist somit messbar, in welchem Maße eine Kompetenz ausgeprägt ist – wenn konkrete Gesichtspunkte gefunden werden, die einen Rückschluss darauf zulassen, in welchem Maße eine bestimmte Kompetenz ausgeprägt ist.

Philosophieren zeigt sich in seiner konkreten Realisierung, also in der Ausführung einer Handlung, die einer philosophischen Kompetenz bedarf. Der Weg, philosophische Bildungsprozesse bzw. Philosophieren einer Leistungsmessung und Bewertung zugänglich zu machen, lässt sich wie folgt beschreiben:

a. Mit den philosophischen Kompetenzen werden die Voraussetzungen und Grundbedingungen des Philosophierens benannt.

b. Zu den philosophischen Kompetenzen werden Kompetenzaspekte ermittelt, die einen repräsentativen Einblick in die jeweilige Kompetenz ermöglichen.

c. Die Kompetenzaspekte werden in ihren Anwendungen genauer betrachtet.

---

7 Vgl. Bonner Erklärung der Deutschen Gesellschaft für Philosphie zum Philosophie- und Ethikunterricht. In: *Zeitschrift für Didaktik der Philosophie und Ethik* 24 (2002), Nr. 4, S. 348 f.
8 Ebd.
9 Rohbeck, Johannes (Hrsg.): *Ethisch-philosophische Basiskompetenz.* Jahrbuch für Didaktik der Philosophie und Ethik 2004. Drsden: Thelem, 2009, S. 7.

Alle Handlungen, die direkte Schlüsse auf die Ausprägung eines Kompetenzaspekts gewähren, werden in Bewertungsaspekte (also einer Leistungsmessung zugängliche Aspekte) überführt.

d. Es werden aus den Bewertungsaspekten konkrete Bewertungskriterien abgeleitet. Dies erfolgt innerhalb des »Testdesigns« zu einer bestimmten Aufgabenstellung. Aus diesem Grund können Bewertungskriterien nicht losgelöst von dieser formuliert werden. Bewertungskriterien stellen somit Anwendungen der Bewertungsaspekte auf konkrete Leistungssituationen dar. Sie geben eine klare Auskunft darüber, was ein Schüler in einer bestimmten Situation leisten soll, d. h. in welchem Umfang und in welcher Qualität welcher Bewertungsaspekt zu realisieren ist. In diesem Zusammenhang ist zu den Bewertungskriterien ein Erwartungsbild zu erstellen, in dem **Indikatoren** konkretisiert sind, die anzeigen, ob ein Bewertungskriterium als erfüllt gelten kann.

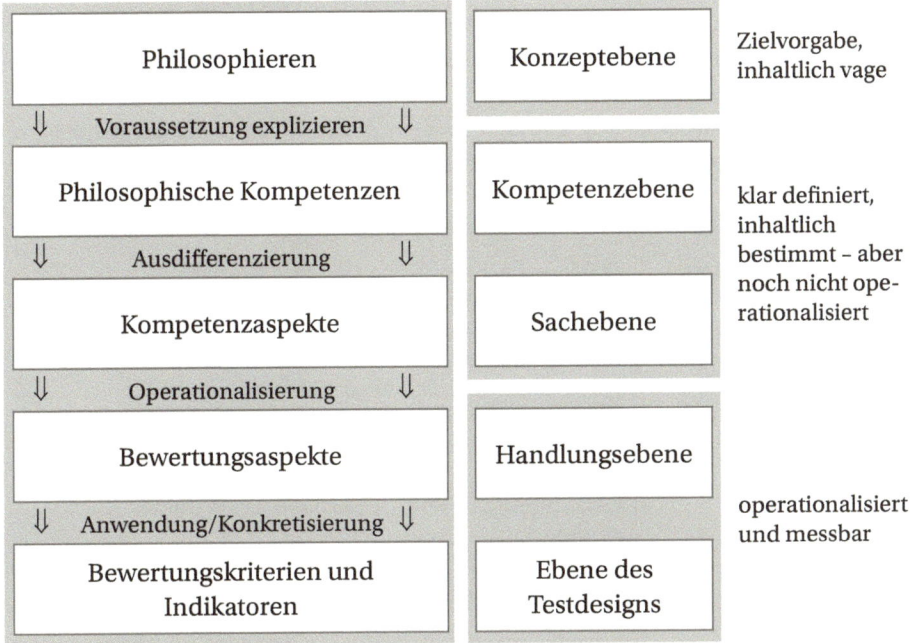

Philosophieren messbar machen: Philosophische Kompetenzen in Bewertungsaspekte überführen

Von der Fachdidaktik als Wissenschaft ist zu fordern, Bewertungsaspekte auszuformulieren. Die Formulierung von Bewertungskriterien hingegen ist Sache der

Unterrichtspraktiker. Die Erfassung dessen, welcher Kompetenzgrad in welcher Altersstufe erreicht werden kann, stellt indes eine Forschungsaufgabe für die kommenden Jahre dar. Dies dürfte den Lehrer bei der Findung von Bezugspunkten für die Ermittlung der jeweiligen Sachnorm (Findung von Bewertungskriterien) erheblich entlasten. Allerdings droht die Festschreibung von zu erreichenden Kompetenzgraden die Freiheit der Lehre einzuschränken.

Auf diesem Wege wird Philosophieren einer Bewertung zugänglich. Dennoch bleibt festzuhalten, dass Philosophieren als geistige Tätigkeit damit nicht »erfasst« wird. Es werden lediglich Indikatoren dafür gefunden, die relativ sicher aufzeigen, in welchem Maße die zu bewertende Person über philosophische Kompetenzen verfügt. Diese wiederum sind eine notwendige Voraussetzung zum Philosophieren.

Unter *Textkompetenz* wird die Fähigkeit verstanden, philosophische Texte zu verstehen und eigene (philosophische) Texte angemessen zu gestalten. Als wichtige Aspekte werden in diesem Bereich die Fähigkeiten aufgeführt, »Wortbedeutungen zu erkennen, Sinneinheiten zu bestimmen und gedankliche Zusammenhänge herzustellen« sowie »selbständig Gedanken argumentativ zu entfalten, zu verallgemeinern und sprachlich angemessen zu formulieren«.[10] Eine Leistungsmessung kann an diesen Punkten direkt anknüpfen.[11]

Kompetenzaspekte	Bewertungsaspekte
Begriffliche Strukturen	Wiedergabe/Benennung zentraler Begriffe, Identifikation zentraler Begriffe im Text, eigene Definition eines Begriffs: Eindeutigkeit, Angemessenheit, Sachgerechtheit, Zuordnung von Textinformationen zu einem Begriff, Rekonstruktion einer Begriffsbedeutung, kritische Diskussion einer Begriffsdefinition, Bewertung einer Definition, Einordnung eines Begriffs in ein Begriffssystem, Findung einer eigenen Definition, Diskussion der Übertragbarkeit eines Begriffs auf andere (bspw. lebensweltliche) Kontexte

10 *Bonner Erklärung.*
11 Vgl. Schmidt, Donat: Reading literacy bei philosophischen Texten: Zur Konzeption einer empirischen Studie über die Messbarkeit von Reflexions- und Verstehensprozessen im Philosophieunterricht. In: Rohbeck, Johannes; Thurnherr, Urs; Steenblock, Volker: *Empirische Unterrichtsforschung und Philosophiedidaktik.* Jahrbuch für Didaktik der Philosophie und Ethik 2008. Dresden: Thelem, 2009, S. 65–81.

Kompetenzaspekte	Bewertungsaspekte
Argumentative Strukturen	Argumente erkennen Thesen und Begründungen identifizieren Rekonstruktion des argumentativen Systems eines Textes Explikation von Argumenten Prüfung der Begründungen/Thesen Wertung des Arguments hinsichtlich Plausibilität und Logik Aufdeckung von Inkonsistenzen Positionierung zum Argument

Soziale Kompetenz meint hier die Fähigkeit und Bereitschaft zum Austausch »rational begründete[r] Argumente«[12], was die Toleranz des Gegenübers und das kritische Hinterfragen des eigenen Standpunkts einschließt. Messbar ist zumindest die Qualität der Argumente und ggf. das Gesprächsverhalten.

Kompetenzaspekte	Bewertungsaspekte
Argumentation	Klarheit der Darstellung der eigenen Position Begründung des eigenen Standpunktes: Logik, Plausibilität, Quantität und inhaltliche sowie formale Qualität der Begründungen (Sach- und Fachgerechtheit bzw. Strukturiertheit und Klarheit) Rhetorik (ggf. Einsatz bestimmter rhetorischer Formen – bspw. Fünfsatz)
Gesprächsverhalten	Einhaltung von Gesprächsregeln Rollenspiel/Einnahme einer zugedachten Rolle zielorientierter Einsatz von Mimik und Gestik situative Angemessenheit der Wortwahl Aktives Zuhören (Nachfragen, nonverbale Kommunikation...) Wiedergabe der Argumente des Gegenübers mit eigenen Worten Eingehen auf Argumente des Gegenübers

Interkulturelle Kompetenz ist die Fähigkeit fremde und eigene »kulturelle Phänomene zu interpretieren« – durch die Reflexion der jeweiligen »Deutungsmuster« und »religiöse[n] Weltbilder«.[13] Diese Verstehensleistung ist natürlich nur bedingt messbar und – ähnlich wie beim Textverstehen – sind auch hier nur Teilkompetenzen zu erfassen.[14] Vor allem die religions- und kulturkundlichen Kenntnisse sind quantifizierbar; ein begründetes Urteil zu einem konkreten Sachverhalt wäre ebenfalls im Rahmen einer Leistungsbewertung erfassbar.

12 *Bonner Erklärung.*
13 Ebd.
14 Schmidt 2009.

Kompetenzaspekte	Bewertungsaspekte
kultur- und religionskundliche Kenntnisse	Benennung einzelner Sachverhalte Erklärung kultureller bzw. religiöser Phänomene Erläuterung kultureller bzw. religiöser Verhaltensmuster
Beurteilung eines kulturellen bzw. religiösen Phänomens	Beschreibung des Phänomens Klarheit der Formulierung der eigenen Position/des eigenen Urteils Begründung des eigenen Standpunktes: Logik, Plausibilität, Quantität und Qualität der Begründungen

Urteilskompetenz bezieht sich auf die Fähigkeit, ethische Probleme zu analysieren, zu reflektieren und ggf. zu lösen.[15] Gemessen werden kann hier die Benennung und Beschreibung des ethischen Problems, die Ausweisung verschiedener ethischer Argumente sowie die Begründung eines eigenen ethischen Urteils.

Kompetenzaspekte	Bewertungsaspekte
Analyse des ethischen Problems	Benennung des ethischen Problems/Konflikts Benennung der direkt und indirekt Betroffenen (Ziele/Bedürfnisse/Interessen/Ängste/Hoffnungen sowie Beschreibung ihres Wertesystems und der an sie herangetragenen Rollenerwartungen) Benennung situativer Kriterien (bspw. technische Möglichkeiten, gesetzlicher und/oder ökonomischer Rahmen) Benennung der bestehenden Güter Benennung der Handlungsalternativen (Ziele, Handlungsschritte, Analyse der angewandten Mittel) Abschätzung der Handlungsfolgen (inkl. Risikoabwägung, Einschätzung des Nicht-Wissens/der Unsicherheiten, Beurteilung der Fähigkeiten zur Erreichung des Handlungsziels und zur Beherrschung der Mittel) Benennung der situativ relevanten ethischen Werte und Normen (allgemeine ethische Prinzipien, bereichsspezifische Handlungsregeln, Anwendungsregeln für Handlungsregeln) Gewichtung der Werte und Normen
Anwendung verschiedener ethischer Positionen	Beschreibung des Wertesystems der entsprechenden ethischen Position(en) Beurteilung einer Situation aus verschiedenen Sichtweisen (bspw. teleologisch und deontologisch) Klarheit der Benennung einer Entscheidung mit Zuordnung der jeweiligen Position

---

15 *Bonner Erklärung.*

Anwendung verschiedener ethischer Positionen (Fortsetzung)	Begründung der Entscheidung aus der konkreten Perspektive (Aufzeigen, wieso konkrete Normen in Entscheidungssituation entscheidungsrelevant sind)
eigenes ethisches Urteil	Klarheit der Formulierung des eigenen Urteils Formulierung einer angemessenen Situationsanalyse Formulierung einer angemessenen Normenanalyse Plausibilität der Anwendung der favorisierten Normen und Werte auf die Konfliktsituation Logik und Nachvollziehbarkeit der Verknüpfung von Situationsanalyse und Normenanalyse in einer ethischen Argumentation

Orientierungskompetenz ist die Fähigkeit, »Wissen gemessen an eigenen Zielvorstellungen bewerten zu können«,[16] was letztlich meint, dass aus dem Übermaß an Informationen Wesentliches von Unwesentlichem und »sicheres Wissen« von unbegründetem Scheinwissen unterschieden werden kann. Für die Leistungsmessung ist hierbei v. a. Relevant, wie differenziert Informationen betrachtet werden und in welchem Maße eine kritische Prüfung dieser vorgenommen wird.

Kompetenzaspekte	Bewertungsaspekte
Informationsgewinnung	Klarheit der Formulierung einer Frage- bzw. Problemstellung, zu der Informationen gesammelt werden sollen Themenerfassung Auswahl geeigneter Informationsquellen/Medien Ausweisung der in den gewählten Quellen genannten problembezogenen Informationen Prägnanz und Relevanz der dargestellten Informationen Differenziertheit der Darstellung
Informationsprüfung	Ausweisung der Relevanz der in den jeweiligen Quellen enthaltenen Informationen für die ursprüngliche Frage- bzw. Problemstellung Ausweisung der Intention und der strategischen Verfasstheit der verwendeten Quellen Ausweisung der Zuverlässigkeit und Seriosität der Quellen Vielfalt der einbezogenen Quellen und Ausweisung verschiedener Standpunkte Klarheit der Formulierung einer eigenen Positionierung zu den in den Quellen vermittelten Informationen Begründung der eigenen Positionierung: Nachvollziehbarkeit, Plausibilität, Quantität und Qualität der Begründungen

16 Ebd.

Interdisziplinäre Methodenkompetenz umfasst die Fähigkeit, die »philosophisch reflektierten Methoden der Analyse, Konstruktion, Kritik und Interpretation oder Beschreibung«[17] adäquat einsetzen zu können: Für die phänomenologische Methode ist die Beschreibung der eigenen Einstellung zum vorliegenden Problem oder Gegenstand ebenso relevant wie die Trefflichkeit, mit welcher der Gegenstand bzw. das Problem an sich beschrieben werden. In der Analyse steht der Blick auf die einzelnen Elemente eines Gegenstands im Blickpunkt. Mit der Hermeneutik ist das Verstehen eines Gegenstandes verbunden; messbar ist die Passförmigkeit einer Interpretation. Die Dialektik ist eine kritische Herangehensweise. Der eigene wie der fremde Standpunkt werden hinterfragt. Gemessen werden kann die Differenziertheit der Kritik und die Qualität der Begründung eines eigenen Urteils. Das, was unter philosophischer Spekulation oder unter Dekonstruktion verstanden wird, ist als kreativer Zugriff, als Umakzentuierung im Denken wohl am schwersten einer Leistungsmessung zugänglich.

Kompetenzaspekte	Bewertungsaspekte
Phänomenologische Kompetenzen	Differenziertheit der Beschreibung der eigenen Einstellung zum vorliegenden Gegenstand (Ding, Text i. w. S., Theorie, Problem etc.) Differenziertheit und Detailliertheit der Beschreibung des Gegenstandes Nachvollziehbarkeit und Angemessenheit der Beschreibungen
Analytische Kompetenzen	Nachvollziehbarkeit und Detailliertheit der Auflösung des Gegenstandes in seine funktionalen Bestandteile Beschreibung und Erläuterung der Bestandteile Beschreibung der Zusammenhänge zwischen den Bestandteilen
Hermeneutische Kompetenzen	Rekonstruktion und Explikation des eigenen Vorverständnisses bzw. Vorurteils bezüglich des zu interpretierenden Gegenstands (Text i. w. S., kulturelles Phänomen etc.) Ausweisung der unüberbrückbaren Differenz des eigenen Verstehenskontextes zum Entstehungskontext des Gegenstandes Ausweisung der Möglichkeit des Interpretierens auf der Grundlage einer angenommenen (und benannten) Verstehensbasis Nachvollzug der Rahmenbedingungen der Entstehung des Gegenstandes Klarheit und Prägnanz der Formulierung von Deutungshypothesen

17 Ebd.

Hermeneutische Kompetenzen (Fortsezung)	Plausibilität der Stützung dieser Hypothesen durch einen Rückbezug auf Merkmale des Gegenstandes wie Eigenheiten des Entstehungskontextes Nachvollziehbarkeit, Angemessenheit und Differenziertheit der Interpretation
Dialektische Kompetenzen	Klarheit und Verständlichkeit der Formulierung einer Position, die aus einem Text (i. w. S.), einer Analyse der Lebenswelt etc. gewonnen wird Nachvollziehbarkeit der Darstellung der Perspektive, aus welcher diese Position gewonnen wird Ausweisung und Beschreibung weiterer möglicher Perspektiven Verständlichkeit der Formulierung einer, der ursprünglichen Position entgegenstehenden Position (Antithese; z. B. vermittelt durch ein Gedankenexperiment, eine explizite Kritik etc.) Sachgerechtheit der Erörterung zur Stimmigkeit der jeweiligen Positionen Aufzeigen von Widersprüchen oder Defiziten aber auch Potentialen der jeweiligen Positionen (Differenziertheit vs. Zuspitzung) Klarheit der Formulierung einer eigenen Positionierung zu den Standpunkten und Perspektiven Begründung der eigenen Positionierung: Nachvollziehbarkeit, Plausibilität, Quantität und Qualität der Begründungen
Dekonstruktive bzw. spekulative Kompetenzen	Differenziertheit, Angemessenheit und Prägnanz der Rekonstruktion eines Gedankenganges, auf den Bezug genommen wird Aufzeigen einer alternativen Deutungsvariante Nachvollziehbarkeit der Akzentuierung des dekonstruktiven bzw. spekulativen Zugangs zu diesem Gedankengang; Skizzierung dieser Entscheidung Nachvollziehbarkeit und gleichzeitige Innovativität beim Ausfüllen einer Leerstelle bzw. bei der Thematisierung eines abseitigen Aspekts Explikation der Umzentrierung des Gedankens Verständlichkeit einer präsentativen Umsetzung als Verdichtung des Ausgangsmaterials/Gedankenganges Nachvollziehbarkeit und Differenziertheit einer kommentierenden Anmerkung/Begründung des eigenen Denkens bzw. der präsentativen Gestaltung Rückbezug auf den ursprünglichen Gedankengang und Differenziertheit der Erläuterung der am Gegenstand neu entdeckten Aspekte

2.2 Reliabilität – Einen angemessenen Rahmen schaffen

Während Validität bei der Leistungsmessung in philosophischen Bildungsprozessen dadurch erreicht werden kann, dass zu den einzelnen philosophischen Kompetenzen messbare Gesichtspunkte ermittelt und evaluiert werden, ist Reliabilität am besten dadurch zu erreichen, dass die Leistungssituation, die Aufgabenstellungen und die Bewertungssituation angemessen gestaltet werden. Sicherlich spielen die folgenden Hinweise auch bezüglich der Validität eine tragende Rolle: Wenn die Aufgabenstellungen schwer verständlich sind, misst man nicht philosophische Kompetenzen, sondern Aspekte der »reading literacy«. Wenn Stresssituationen geschaffen werden, misst man eher die »Stressbewältigungskompetenz« der Schüler. Doch aus Gründen der Übersichtlichkeit werden die genannten Gesichtspunkte in diesem Abschnitt näher betrachtet.

Gestaltung der Leistungssituation – Reflexionsräume und Transparenz
Die Leistungssituation ist so zu gestalten, dass die philosophischen Kompetenzen ungehindert umgesetzt werden können. Konkret bedeutet dies, dass eine Situation zu schaffen ist, in der Reflexionsprozesse und Diskurse begünstigt werden.

Soziale Rahmenbedingungen:
- vertrauensvolles Verhältnis in der Lerngruppe und zwischen Lerngruppe und Lehrer
- angstfreies Klima, gegenseitige Akzeptanz
- klare Diskursregeln

Situative Rahmenbedingungen:
- hinreichend Reflexionszeit
- Ungestörtheit (Ruhe, keine Unterbrechungen)
- günstige Raumgestaltung

Vor allem sollte vorher gemeinsam reflektiert und diskutiert worden sein, welche Leistungen im philosophischen Unterricht erwartet werden. Leistung ist ein Konstrukt, das durch Vereinbarungen definiert wird. Die Schüler in diese Vereinbarung einzubeziehen, erhöht ihre Leistungsbereitschaft und nimmt ihnen die Angst vor der Leistungssituation. Eine Beteiligung ist in der Formulierung der Bewertungskriterien, bei der Bewertung selbst (als Selbstbewertung oder Schülerfremdbewertung) sowie in der Reflexion des Bewertungsverfahrens möglich und sinnvoll. Die dadurch entstehende Transparenz ist die Grundbedingung einer pädagogisch sinnvollen Leistungsbewertung. Bewertungskriterien und -verfahren sind abzusprechen und schriftlich zu fixieren.

Es sollte Schülern an dieser Stelle deutlich gemacht werden, dass nicht ihre persönlichen Einstellungen und Meinungen, sondern dass die klare Formulierung einer eigenen Position sowie die Struktur und Nachvollziehbarkeit ihrer Begründung bewertet werden. Schon um dieses häufig vorkommende Missverständnis von vornherein aus dem Weg zu schaffen, kann man Schüler bei der Formulierung der Bewertungskriterien beteiligen – zumindest aber sollte man die Kriterien deutlich vermitteln.

Gestaltung der Aufgabenstellung – Hilfreicher Impuls statt verrätselter Denkblockade
Eine besondere Bedeutung kommt der Formulierung der Aufgabenstellung zu. Auf formaler Ebene sind die Anforderungen präzise und verständlich zu formulieren, um Messungenauigkeiten zu vermeiden, die darauf zurückzuführen sind, dass Schüler nicht genau die Leistungen erbringen, die verlangt waren. Wichtige Maßgaben an Aufgabenstellungen sind:

- Verwendung einer verständlichen
- altersgemäßen Sprache Meidung unbekannter Begriffe
- einfacher Satzbau
- strukturierte Aufgabenstellung
- Prägnanz
- Nummerierung
- Ausweisung der erreichbaren Punkte

Beginnen sollte man mit einfachen Aufgaben (warm up zur Stressbekämpfung), die schwierigsten Aufgaben befinden sich idealerweise in der Mitte (Konzentration lässt zum Ende hin nach). Aufgaben sollten möglichst nicht aufeinander aufbauen, da sonst »Folgefehler« auftreten können.

Ebenso bedeutsam ist, dass die Aufgabenstellung einen Fließtext (keine Stichpunkte) und eine Verschriftlichung einfordert, wenn komplexe Zusammenhänge dargestellt werden müssen. Auf diesem Wege werden Fehlinterpretationen durch den Bewertenden vermieden. Kreative Aufgaben sind generell nicht bewertbar ohne eine objektivierende Darstellung, die nachvollziehbar und begrifflich klar die kreative Leistung erläutert und begründet. Präsentativ-symbolische Weisen des Philosophierens bedürfen also einer Überführung in begrifflich-argumentative Ausdrucksformen, um einer Bewertung zugänglich zu sein.

Da Philosophieren individuelle Freiräume zum Denken benötigt, sollten Aufgabenstellungen so gestaltet sein, dass sie Schüler in ihren Reflexionsprozessen (ihren Denkwegen und ihren Herangehensweisen) möglichst wenig einschränken und ihnen Gestaltungsspielräume einräumen. Einerseits sind also klare Aufgabenstellungen zu formulieren und ggf. Erläuterungen einzuholen, andererseits sollten Denkwege eröffnet werden. Denkprozesse können nur dann hinreichend klar abgebildet werden, wenn das verlangte Produkt *im* Denkprozess entsteht und nicht die Transformation einer Transformation eines Gedankens ist.

Eine hohe Messgenauigkeit kann darüber hinaus dadurch erreicht werden, dass sich mehrere Aspekte aus einem Aufgabenfeld und auf unterschiedlichen Niveaustufen in den Aufgabenstellungen widerspiegeln.

Gestaltung der Bewertungssituation – Vermeidung von Messfehlern
Während die vorangegangenen Hinweise präventiver Art waren und der Verringerung der Messungenauigkeiten dienten, geht es in der Bewertungssituation selbst darum, Messfehler zu vermeiden. Dazu ist in erster Linie ein reflektiertes Vorgehen erforderlich: Es gilt typische Messfehler bzw. Bewertungsfehler[18] zu erkennen und geeignete Maßnahmen zu treffen, um deren Auswirkungen möglichst gering zu halten.

Messfehler	Erläuterung
Halo-Effekt und logische Fehler	Eigenschaft einer Person wird dominant wahrgenommen und überstrahlt andere Eigenschaften (Attraktivität/Behinderung/Fleiß überstrahlt tatsächliche Leistung) von Eigenschaft A wird auf Eigenschaft B geschlossen (Fleiß – Leistungsstärke/sprachliche Begabung – Intelligenz)
Einfluss von Sympathie, Geschlecht und sozialer Erwünschtheit	bessere oder strengere Bewertung von »Lieblingsschülern« generelle Bevorzugung von Mädchen (da diese als fleißiger wahrgenommen werden – vgl. Halo-Effekt) sozial erwünschtes Verhalten/Angepasstheit führt zu besseren Bewertungen
subjektive Theorien und Perservationstendenz	verzerrte Wahrnehmung aufgrund von Vorurteilen/persönlichen Überzeugungen (z. B. Jungen sind sprachlich weniger begabt) Beharrung auf vorherigen Urteilen, folgende Bewertungen weisen Nähe zu vorherigen auf (durch intentionale Wahrnehmung bedingt)

18 Vgl. Paradies; Wester; Greving 2005, S. 34–37. Becker, Georg E.: *Unterricht auswerten und beurteilen.* Handlungsorientierte Didaktik, Teil III, 6. Auflage. Weinheim/Basel: Beltz, 1998, S. 77–89.

Projektion	Bewertender nimmt eigene nicht bewusste Fehler bei Schülern stärker wahr und bewertet negativer
	eigene Handlungsmotive/Fehler werden auf Schüler übertragen
	eigene Stärken führen zu größere Strenge bei Bewertung im entsprechenden Bereich
Vor- und Zusatzinformationen	starke Abweichungen von Vornoten werden gemieden
	Wissen um negative Folgen für Schüler erzeugt Nachsichtigkeit
	Wissen um Außerschulisches (z. B. sportliche Leistungen, Bekanntschaft mit Schülereltern) beeinflusst Bewertung
	Pygmalion-Effekt: Vorinformationen über Leistungsfähigkeit beeinflussen tatsächliche Leistungen/entwickeln sich gemäß der Erwartungshaltung (»selbsterfüllende Prophezeiung«)
Reihungs- und Kontrasteffekt	erste Bewertung setzt Maßstab für folgende Bewertungen
	tendenziell abnehmende Strenge im Verlauf der Bewertungen
	durchschnittliche Leistung nach sehr guter wird als schlecht wahrgenommen
	durchschnittliche Leistung nach schlechter wird für gut befunden
Tendenzfehler und Extremwertvermeidung	Perfektionsanspruch/hoher Leistungsanspruch schlägt sich in schlechten Bewertungen nieder (Strenge-Effekt)
	Unsicherheit oder positive Grundeinstellung führt zu milden Bewertungen (Milde-Effekt)
	Bewertende scheuen vor sehr guten oder sehr schlechten Bewertungen zurück
Rechenfehler	Flüchtigkeitsfehler beim Zusammenrechnen von Bewertungseinheiten oder Einzelnoten

Diese Fehler gänzlich zu vermeiden, ist nicht möglich. Die Kenntnis der Fehlerquellen und Selbstbeobachtung aus einer kritischen Distanz helfen jedoch, in Bewertungssituation bewusst gegenzusteuern. Darüber hinaus sollte man folgende Aspekte berücksichtigen:

- Bewertung ist keine Nebenbei-Arbeit. Man sollte immer nur dann bewerten, wenn man konzentriert arbeiten kann.
- Es ist sinnvoll, Bewertungen zeitlich nahe der Leistungssituation und möglichst am Stück vorzunehmen bzw. keine größeren Abstände zwischen den Bewertungen der Arbeitsergebnisse zu lassen, damit der Maßstab relativ einheitlich ist.

- Bei mehreren voneinander unabhängigen Aufgabenteilen in schriftlichen Arbeiten sind Querkorrekturen der einzelnen Aufgaben zweckmäßig, um eine bessere Vergleichbarkeit und den geringeren Einbezug externer Informationen (Punkte aus anderen Aufgaben, Schülerpersönlichkeit usw.) zu erreichen.

- Andere in die Bewertung einzubeziehen, kann als Korrektiv im Hinblick auf Projektionsfehler und die Einbeziehung von Vor- und Zusatzinformationen wirken. Kollegen sind gerne bereit, in Stichproben oder bei strittigen Fällen zu helfen. Auch die Mitbewertung durch Schüler eröffnet neue Perspektiven.

- Die Kriterien sollten im Vorhinein klar festgelegt und den Schülern transparent sein. Auf diese Weise können Schüler ggf. Rückfragen stellen, wenn das Zustandekommen einer Bewertung nicht ganz klar ist.

2.3 Intersubjektive Nachvollziehbarkeit – Transparenz schaffen

Intersubjektive Nachvollziehbarkeit ist dann gewährt, wenn ein beliebiges, mit dem Unterrichtsgegenstand, mit Aufgabenstellung und Bewertungskriterien vertrautes Gegenüber durch Sach-Argumente von der Richtigkeit einer Bewertung überzeugt werden kann. Die wichtigsten Grundlagen: Kriterien sind zuvor so klar zu formulieren, dass das Arbeitsergebnis genau an ihnen gemessen werden kann und Bewertende müssen Indikatoren ausweisen, die anzeigen, in welchem Maße ein Bewertungskriterium erfüllt ist. Dies ermöglicht eine stichhaltige Begründung für die Zuordnung einer Bewertung zu einer Leistung.

Formal statt inhaltlich – Jenseits von »richtig« und »falsch«
In der Regel erfolgt dies in Form eines Erwartungsbildes, das meist inhaltlich bestimmt ist (Sachverhalt x benennen usw.). Im Bereich des Philosophierens scheint dies insofern problematisch, als der fachliche Diskurs ergebnisoffen und eine Einteilung von Positionierungen in »richtig« und »falsch« unsachgemäß ist. Allein die Festlegung formaler Kriterien ist hier möglich und gefordert. Intersubjektive Nachvollziehbarkeit meint bezüglich einer Positionierung, dass konkrete Punkte ausgewiesen werden, die eine Begründung erfüllen muss (Klarheit, Strukturiertheit, Logik, Plausibilität). Hier lässt sich daran anknüpfen, dass Philosophieren u. a. begrifflich-argumentatives Handeln ist. Begriffliche Klarheit und plausible wie logische Argumentationen sind letztlich definiert durch intersubjektive Nachvollziehbarkeit. Valide philosophische Aufgabenstellungen zielen direkt auf diese ab. Konkret bedeutet das, dass intersubjektive Nachvollziehbarkeit erreicht werden kann, indem Aufgabenstellungen zur begrifflich-argumentativen Kon-

kretisierung philosophischen Denkens auffordern und die Kriterien so detailliert sind, dass sie den Denkprozessen gerecht werden und sie transparent machen.

Nachvollziehbarkeit schaffen – auch bei kreativen Arbeitsaufträgen
Problematisch ist eine Bewertung bei sogenannten »kreativen« Arbeitsaufträgen. Gemeint sind symbolisch-präsentative Konkretisierungen philosophischen Denkens, wie zum Beispiel Standbilder, Rollenspiele, Plakate und Bilder. Ein erster Grund dafür ist die Validität: »Gemessen« werden soll im philosophischen Unterricht das Philosophieren, nicht die schauspielerischen Fähigkeiten eines Schülers oder seine Fähigkeit, ein Produkt ästhetisch zu gestalten. Derartig kreative Leistungen verleiten jedoch zu einer Bewertung nach künstlerisch-gestalterischen Kriterien. Ein zweites, weitaus größeres Problem ist die intersubjektive Nachvollziehbarkeit: symbolisch-präsentative Konkretisierungen lassen einen weiten Deutungsspielraum. Das philosophische Denken des Schülers kann anhand der Ergebnisse nur unsicher und vage rekonstruiert werden. Aus diesem Grund ist es für eine Leistungsbewertung unerlässlich, jene Konkretisierungen in begrifflich klare, *argumentativ-diskursive Formen* zu überführen. Eine sinnvolle Bewertung ist nur möglich, wenn symbolisch-präsentative Arbeitsergebnisse durch detailliere Erläuterungen bzw. begründende Kommentare ergänzt werden.

Exkurs: Mitarbeitsnoten vergeben
Vor dem Hintergrund der Forderung nach Transparenz ist auch die – in der Praxis häufig anzutreffende – Vergabe sogenannter »Mitarbeitsnoten« problematisch, welche die vermeintliche Leistungsbereitschaft der Schüler über einen längeren Zeitraum (etwa über ein ganzes Schulhalbjahr) abbilden sollen.

Da der Bewertungszeitraum sehr lang ist, können selten konkrete Leistungen angeführt werden, um die Bewertung zu stützen. Die Noten werden in der Regel für alle Schüler einer Klasse gegeben – wobei es fraglich ist, inwiefern ein Lehrer imstande ist, alle Schüler seiner Klasse genau zu beobachten. Zudem werden die Notenentscheidungen aufgrund der Gleichzeitigkeit der Bewertung (etwa am Ende des Halbjahres) meist »aus dem Bauch heraus« getroffen. Kurzum: Die empirische Basis solcher Mitarbeitsnoten ist sehr vage und unkonkret. Dadurch wird die Bewertung sehr anfällig für verschiedene Messfehler.

- Halo-Effekt: Fleiß und Quantität von Rückmeldungen überstrahlen deren Qualität; »stille« Mitarbeit wird nicht genügend berücksichtigt; Schüler mit größerem Selbstbewusstsein oder stärkerem Geltungsdrang werden gegenüber stilleren Schülern bevorzugt; der Eindruck, den ein Schüler in den letzten Stunden hinterlassen hat, überstrahlt vorherige Leistungen.
- Einfluss von Sympathie und sozialer Erwünschtheit: passförmige Antworten

oder Sympathien können bei der Bewertung einen unangemessen positiven Ausschlag geben.

- Tendenzfehler und Extremwertvermeidung: da das Erwartungsbild nicht klar genug formuliert werden kann, steigt die Gefahr der Hemmung, extreme Benotungen zu verteilen oder einer tendenziösen Bewertung.

Ein weiteres Problemfeld von Mitarbeitsnoten ist die mangelnde Validität: Es ist nicht Aufgabe des philosophischen Unterrichts, den Fleiß eines Schülers zu bewerten. Philosophische Reflexionsfähigkeit hingegen ist derart diffizil zu erfassen, dass sie nicht pauschal über einen langen Zeitraum beurteilt werden kann.

Darüber hinaus ist anzumerken, dass Mitarbeitsnoten für Schüler nicht immer nachvollziehbar sind (Was ist in welchem Maße in die Bewertung eingeflossen?) und die Qualität der Rückmeldung, die solche Noten für den weiteren Lernprozess geben, zu unkonkret sind.

Insgesamt gesehen, sind Mitarbeitsnoten daher i. d. R. weder didaktisch sinnvoll noch statthaft. Nur mit sehr großem Aufwand (gemeinsame Absprache angemessener Kriterien, umfangreiche Protokollierung und gemeinsame, zeitnahe Auswertung der Noten) wäre eine derartige Bewertungspraxis gerechtfertigt.

Einen Bewertungsdiskurs führen

Intersubjektive Nachvollziehbarkeit ist indes nicht ausschließlich durch verständlich formulierte Arbeitsergebnisse und ein adäquat anwendbares, den Schülern bekanntes formales Bewertungsraster erreichbar. Es bedarf darüber hinaus eines Bewertungsdiskurses. Gemeint ist nicht ein fiktiver Begründungsdiskurs, den ein Bewertender mit einem erdachten Gegenüber führt und in dem er mit sich selbst die Bewertung aushandelt, sondern es geht um den realen Diskurs, die Begründungspflicht des Lehrers. Ein Bewertender muss jedem Bewertenden plausibel machen können, wieso die Bewertung so und nicht anders ausgefallen ist. Und er sollte dies innerhalb der Beurteilung auch tatsächlich tun, denn erst dann kann der Schüler entsprechende Konsequenzen für sein weiteres Lernen ziehen.

Idealerweise setzt dieser Diskurs bereits *vor* der Erbringung der Leistung ein, indem ein Konsens zu den Bewertungskriterien ausgehandelt wird. Auf diese Weise kennen die Schüler nicht nur die Kriterien, sondern sind auch imstande, diese auf ihre eigenen Ergebnisse anzuwenden. Ziel dieser gemeinsamen Erarbeitung der Kriterien ist es, die Schüler mündig und kritikfähig zu machen.

Ferner gilt es, den Bewertungsdiskurs über die Leistungssituation hinaus fortzusetzen. Die Bewertung als Diagnose des Leistungsstandes sollte den Lernprozess nicht abschließen, sondern wertvolle Impulse für eine weitere Auseinandersetzung mit dem jeweiligen Lerngegenstand oder der zu entwickelnden Kompetenz geben. Hierbei spielen vor allem die Beurteilungen als detaillierte verbale Rückmeldungen eine tragende Rolle. Entsprechende Freiräume für Feedbackprozesse sind bei der Unterrichtsplanung zu berücksichtigen.

3. Leistungsbewertung im philosophischen Unterricht

Es wurde in den vorangestellten Ausführungen gezeigt, dass die Leistungsbewertung im philosophischen Unterricht zwar voraussetzungsreich, aber realisierbar ist. Letztlich ist es jedoch eine Frage der Unterrichtspraxis, wie Leistungsbewertungen organisiert werden. Bereits bei der Unterrichtsplanung ist zu berücksichtigen, wie, was und wann etwas bewertet werden soll, sodass der Unterricht entsprechende Voraussetzungen für die Bewertung schafft: Es gilt, sich so nah wie möglich dem Leitbild einer reliablen, validen und intersubjektiv nachvollziehbaren Bewertung zu nähern, um den pädagogischen und gesellschaftlichen Ansprüchen an Leistungsbewertungen gerecht zu werden.

Das Ziel des vorliegenden Bandes besteht nun darin, am Beispiel konkreter Einzelanalysen eine vertiefte Diskussion zum Problem der Leistungsbewertung im philosophischen Unterricht zu führen. Hierzu liegen verschiedene Aufsätze vor.

3.1 Überblick über die thematischen Aufsätze

Der erste thematische Aufsatz des Bandes stammt von *Christian Gefert*. In diesem Grundlagenartikel mit dem Titel *Leistungsbewertung im Philosophieunterricht* verfolgt Gefert einen pragmatischen Ansatzpunkt: Aufgrund fehlender Alternativen zum Notensystem sucht er nach einer Möglichkeit, die Bewertungspraxis im Philosophieunterricht auf eine gut gesicherte und fachdidaktisch fundierte Basis zu stellen.

Ausgehend von der Feststellung, dass das Philosophieren im Mittelpunkt des Philosophieunterrichts steht, zeigt er auf, wie Maßstäbe für die Leistungsbewertung in philosophischen Bildungsprozessen aussehen können. Er geht dabei vom Verständnis des Philosophierens als interaktiver Prozess des Deutens von Deutungen aus. Dabei beschränkt Gefert philosophische Deutungsprozesse jedoch nicht auf argumentativ-diskursive Ausdrucksformen, sondern erweitert das philosophische Rationalitätsparadigma um symbolisch-präsentative Ausdrucksformen. Darüber hinaus versteht der Autor Philosophieren als einen Akt des Problemlösens – d. h. Explizit nicht als Reproduktion tradierter philosophischer Deutungsmuster.

Dieses Verständnis des Philosophierens sieht er in den EPA-Maßgaben verwirklicht. Aus diesem Grund gibt er einen Überblick über die Konzeption der Prüfungsanforderungen. Erläutert werden dabei die drei Dimensionen der philosophischen Problemreflexion: Problemerfassung (Entfaltung des Reflexionsrahmens, konkrete

Bestimmung des Problems, Festlegung der Vorgehensweise, Materialsichtung), Problembearbeitung (diskursive Auseinandersetzung mit Problem) und Problemverortung (Positionierung). Diese drei Dimensionen werden, so Gefert, innerhalb dreier Kompetenzbereiche realisiert: Deutungs- und Wahrnehmungskompetenz, Argumentations- und Urteilskompetenz und Darstellungskompetenz. Somit zeigt Gefert auf, wie valide Leistungsbewertung im philosophischen Unterricht aussehen und wie Philosophieren zur Leistungsbewertung adäquat erfasst werden kann.

Ebenfalls mit den Maßgaben der EPA setzt sich *Roland W. Henke* in seinem Aufsatz *Zur Leistungsbewertung von diskursiven Problemreflexionen auf der Basis philosophischer Positionen – Kompetenzerwartungen, Indikatoren, Aufgabenstellungen* auseinander.

Zunächst gibt er einen Überblick über die verschiedenen, in den EPA aufgeführten Klausurtypen: a) diskursive Problemreflexion auf der Basis von diskursiven Materialien wie philosophischen Texten, b) diskursive Bearbeitung von präsentativen Materialien und c) präsentative Bearbeitung von diskursiven Materialien. Der Autor fragt danach, welcher Aufgabentypus der didaktisch sinnvollste ist, um das zu realisieren, was laut EPA in Prüfungen erfasst werden soll: eine eigenständige philosophische Problemreflexion. Dabei betont Henke die Eignung diskursiv-argumentativer Vorlagen für Klausuraufgaben, da sie als Vorlage ein angemessenes diskursives Niveau aufzeigen und eine hinreichende Basis für eine grundständige philosophische Reflexion bieten.

Der Autor äußert seine klare Präferenz bezogen auf den Aufgabentypus der diskursiven Bearbeitung diskursiven Materials, den er als »Standardaufgabentyp« bezeichnet. Andere Aufgabentypen, so Henke, seien hinsichtlich ihrer Validität bei der Bewertung philosophischer Problemreflexion keinesfalls gleichwertig. Somit stellt er die von Gefert deklamierte Zweckmäßigkeit kreativ-präsentativer Aufgabentypen infrage.

Schwerpunkt des Artikels ist jedoch eine praxisorientierte Auseinandersetzung mit dem von Henke präferierten Aufgabentypus. Der Autor benennt notwendige Kompetenzen und Vorbedingungen (bezüglich der Ausgangstexte) sowie konkrete Indikatoren für eine adäquate Umsetzung der drei Aufgabenbereiche Problemerfassung, Problembearbeitung und Problemverortung. Darüber hinaus werden in der Praxis auftretende Umsetzungsschwierigkeiten reflektiert. Am Ende des Artikels steht eine hilfreiche Synopse mit wesentlichen Indikatoren für die Bewertung des »Standardaufgabentyps«.

Volker Haase verfolgt in seinem Aufsatz *Essays im Philosophie- und Ethikunterricht bewerten* das ambitionierte Anliegen, die schwer eingrenzbare Textsorte des Essays einer validen Leistungsbewertung zugänglich zu machen. Das stellt vor allem deshalb eine Herausforderung an die Bewertungspraxis dar, weil sich Essays durch ihre Literarizität und subjektiv-reflexiven Problemzugänge von argumentativ dichten und begrifflich klaren wissenschaftlichen Schreibweisen unterscheiden und sich damit auch der exakten Erfassbarkeit und eindeutigen Bewertbarkeit entziehen.

Ausgehend von luziden Ausführungen zum Wesen des Essayistischen betrachtet Haase die didaktischen Potentiale des essayistischen Schreibens im philosophischen Unterricht sowie Kriterien für philosophische Essays. Einerseits, so Haase, leisten Essays einen wichtigen Beitrag zu Förderung selbstreflexiver Denkprozesse und sozialer Kompetenzen, andererseits werden Sachkompetenz bezüglich des jeweiligen Themas und phänomenologische Kompetenzen entwickelt. Die herausgearbeiteten Kriterien können in fünf verschiedenen Dimensionen zusammengefasst werden.

a. Problemorientierung: philosophische Fragehaltung, gedankliche Differenziertheit, kritische Quellenkommentierung, argumentative Kohärenz
b. Kenntnisse: sachliche Kompetenz, terminologische Sicherheit, allgemeines Wissen
c. Individualität: reflektierte Subjektivität, inhaltliche Originalität
d. Adressatenbezug: Unterhaltungswert, transparenter Aufbau
e. Sprache: stilistische Gestaltung, sprachliche Regelkonformität

Auf der Basis dieser Kriterien nimmt Haase Niveaukonkretisierungen für die Bewertung von Essays vor und zeigt anhand von Text-Beispielen, wie Essays valide bewertet werden können. Darüber hinaus gibt er unterrichtspraktische Hinweise, wie Schüler an das essayistische Schreiben herangeführt werden können.

Dieser Beitrag von Volker Haase zeigt beispielhaft, wie Leistungsbewertung selbst bei kreativen und subjektiv-reflexiven Arbeitsaufträgen auf eine valide und intersubjektiv nachvollziehbare Weise erfolgen kann.

Genau diese faktische Realisierbarkeit der Bewertung kreativer Schülerleistungen bestreiten *Johannes Bierbrodt* und *Henning Röhr* in ihrem Aufsatz *Unzensierbarkeit oder Freies Denken unter Zwang – Zur Bewertung kreativer Schülerleistungen*. Sie konstatieren den massiven Einfluss von Zensuren auf das Individuum und seine Entfaltungsmöglichkeiten innerhalb der Leistungsgesellschaft. Dies bedeutet, so die Autoren, eine große Last für den Lehrer: den berechtigten Forderungen von Gesellschaft, Eltern und Schülern nach einer validen, umsichtigen und gerechten sowie transparenten und objektiven Bewertung nachzukommen.

Diesen Anforderungen gerecht zu werden, sei vielleicht bezüglich der Kenntnisanforderungen gut möglich, die weitgehend operationalisiert und in Bildungsstandards klar definiert sind. Bezüglich kreativer Schülerleistungen, zu denen es nur vage Aussagen in Bildungsstandards gibt, melden Bierbrodt und Röhr indes Bedenken und Zweifel an. Sie sehen es im Wesen der Kreativität begründet, dass Ergebnisse nicht antizipierbar und damit erfassbar sind. Wenn man Kreatives bewerten wolle, so die Autoren, dann müsse man sich auf individuelle Leistung einlassen und individuelle Bewertungsmaßstäbe entwickeln. Dies wiederum scheint ihnen angesichts großer Klassen und der mutmaßlich geforderten Synchronisation der Lernprozesse unmöglich.

Formale und schematische Bewertungsmuster und die Bewertung von Kreativarbeiten anhand vorgefertigter Maßstäbe werden von den Autoren abgelehnt. Insofern stehen die Autoren Bewertungsmatrizen, wie sie im zweiten Teil des Bandes vorgeschlagen werden, bei kreativen Arbeitsaufträgen ablehnend gegenüber.

Sie sehen einen unauflöslichen Widerspruch zwischen Forderung nach Urteilstransparenz einerseits und der Eröffnung kreativer Gestaltungsspielräume andererseits. Die einzige Möglichkeit einer adäquaten Bewertung kreativer Arbeitsaufträge wird im hermeneutischen Urteil gesehen, das seine Kriterien aus dem Werk selbst gewinnt – und sich damit jeder Vergleichbarkeit von Arbeitsergebnissen entzieht. Wie ein solches hermeneutisches Urteil aussehen kann, wird am Beispiel des philosophischen Tagebuchs erörtert.

Grundsätzlich kritisiert der Aufsatz die Bemühungen vieler Pädagogen, auch kreative Leistungen im Vorfeld vorauszusehen. Vielmehr begeben sich die Autoren auf den Weg, den schwierigen Spagat zwischen voraussehbarer Schülerleistung und der ausreichenden Würdigung der Kreativität zu bewältigen, ohne dabei in Beliebigkeit bei der Bewertung kreativer Schülerleistungen zu verfallen.

Dieser Beitrag ist somit als diskussionswürdige Ergänzung bzw. bedenkenswerte Gegenposition zum Essay-Artikel Volker Haases zu verstehen. Gefahren und kritische Aspekte der Leistungsbewertung im philosophischen Unterricht werden hier deutlich herausgearbeitet.

Ebenfalls mit dem Problem der Bewertung kreativer Schülerleistungen setzt sich *Mandy Schütze* in ihrem Aufsatz »*Balance-Akte« – Zur Bewertung projektorientierten Unterrichts* auseinander.

Ausgehend von erläuternden Anmerkungen zum Medium Kurzfilm und einer Beschreibung des zu bewertenden Unterrichtsprojekts stellt sie die von ihr erprobten Bewertungskriterien und -instrumente vor. Dieser »Balance-Akt« einer validen Bewertung projektorientierten Unterrichts mit einem hohen Anteil kreativer Schülerleistungen, so schließt die Autorin, ist nur in einer Mischung aus Schülerselbst- und Schülerfremd- sowie Lehrerbewertung, klarer Bewertungskriterien und einem Bewertungsdiskurs zu erreichen.

Insgesamt liegen in diesem Band fünf Aufsätze vor, die einen fundierten Blick auf

Problembereiche der Leistungsbewertung im philosophischen Unterricht werfen. Christan Geferts Aufsatz zeigt auf, welche Maßgaben für den philosophischen Unterricht verbindlich sind und welches Rationalitätsparadigma die Grundlage dieser Maßgaben bildet. Einen kritischen Standpunkt bezüglich des erweiterten Rationalitätsparadigmas – zumindest was die Eignung von präsentativen Aufgaben für Klausuren angeht – vertritt Henke. Die von ihm vorgebrachten Einwände zeigen auf erhellende Art und Weise, welche praktischen Probleme mit den neuen Aufgabentypen einher gehen können.

Mit den beiden Aufsätzen von Haase und Bierbrodt/Röhr liegen zwei verschiedene Ansatzpunkte für den Umgang mit kreativen und subjektiv reflektierenden Texten vor. Während Haase formale Kriterien festlegt, die kreativ gefüllt werden können und die Arbeitsergebnisse vermeintlich vergleichbar machen, weisen Bierbrodt und Röhr den Vergleichbarkeitsanspruch bei kreativen Arbeiten von sich und vertrauen auf das hermeneutische Urteil der Lehrkraft.

Mandy Schützes Ansatz ist eine Auflösung der konstatierten Bewertungsprobleme durch didaktisch umsichtiges Handeln, in dem die Schüler intensiv in den Bewertungsprozess eingebunden sind.

Neben den ergiebigen Analysen und spannenden Diskussionsfeldern bietet der Aufsatzteil wohl vor allem einen guten Überblick über verschiedene Lösungsansätze, wie man als Unterrichtspraktiker der Herausforderung der Leistungsbewertung im philosophischen Unterricht begegnen kann:

- Verwendung verschiedener Aufgabentypen, um der Vielfalt philosophischer Ausdrucksformen gerecht zu werden – sowie deren Bewertung unter Berufung auf allgemeine Standards (Gefert)
- Meidung strittiger und schwer bewertbarer Aufgabentypen, Konzentration auf das argumentativ-diskursive »Kerngeschäft« des Philosophierens – bei präziser Benennung der Bewertungskriterien für den Standardaufgabentyp (Henke)
- Ausdifferenzierung allgemeingültiger formaler Bewertungskriterien in Form von Niveaustufen, die Kompetenzen widerspiegeln – auch und gerade für schwer bewertbare Aufgabentypen (Haase)
- Akzeptanz der Bewertung kreativer Arbeitsaufträge als Ausnahmeerscheinung – bei Meidung allgemein formulierter Bewertungskriterien und Verwendung individuell entwickelter, immanenter Bewertungskriterien (Bierbrodt/Röhr)
- Kombination argumentativ-diskursiver und symbolisch-präsentativer Aufgabentypen und die intensive Einbindung der Schüler in den Bewertungsdiskurs (Schütze)

Welcher Lösungsansatz sich in der fachdidaktischen Diskussion und der Bewertungspraxis letztlich durchsetzen wird, ist eine Frage, die an anderer Stelle erörtert werden sollte.

3.2 Anmerkungen zum Werkstatt-Teil

Während die thematischen Aufsätze fokussiert einzelne Bewertungssituationen analysieren und Bewertungsmöglichkeiten kritisch betrachten, ist der zweite Teil dieses Jahrbuchs als Handreichung für den Unterrichtspraktiker zu verstehen. Dargestellt werden Standardsituationen für Leistungsbewertungen, zu denen didaktische Hinweise und Bewertungsmatrizen vorgestellt werden. Anstelle einer tiefgründigen Reflexion geht es um konkrete Anregungen, zu einer validen, reliablen und intersubjektiv nachvollziehbaren *Bewertungspraxis*. Dabei sind weder die beispielhaften Aufgabenstellungen, noch die vorgestellten Bewertungsmatrizen als dogmatische Vorgaben, sondern allenfalls als erläuternde Beispiele und als *Diskussionsgrundlage* zu verstehen.

Christian Gefert

Leistungsbewertung im Philosophieunterricht

Das heute in Schulen dominante Prinzip der Leistungsbewertung ist im erziehungswissenschaftlichen Diskurs bereits heftiger Kritik unterzogen worden: Ziffernnoten und die Auslese von Schülern anhand der Noten bzw. der Missbrauch
von Leistungsbewertungen als Disziplinarinstrument standen dabei in der Kritik.[1] Trotzdem bleibt die Leistungsbewertung durch Noten eine konfliktreiche
Routineaufgabe für Lehrkräfte, zu der es in der pädagogischen Praxis nur wenige
Alternativen gibt.[2] Selbst Protagonisten, die im erziehungswissenschaftlichen
Diskurs Alternativen zum Benotungssystem vertreten, sind sich des utopischen
Gehalts ihrer Forderung durchaus bewusst.[3] So wichtig der Entwicklungsprozess
neuer Methoden der Leistungsbewertung wie beispielsweise mit Portfoliokonzep-
ten, Lernkontrakten, Lerntagebüchern und Zertifikaten für die Etablierung einer
»Neuen Lernkultur«[4] ist, so sehr bleiben doch Lehrkräfte in der pädagogischen
Praxis (vorläufig) auf die Entwicklung von transparenten Maßstäben für die Bewertung von Schülerleistungen mit Hilfe von Noten angewiesen. Die Notenpraxis
ist traditionell in der Institution Schule verankert und Noten weisen den pragmatischen Vorteil auf, rasch und leicht in verständlicher Form über Leistungen

1 Vgl. Klafki, Wolfgang: *Neue Studien zur Bildungstheorie und Didaktik. Zeitgemäße Allgemeinbildung
und kritisch-konstruktive Didaktik*, 5. Auflage Weinheim, 1996; Kraul, Margret: Wie die Zensuren in die
Schule kamen, in: *Pädagogik 47* (1995), H. 3, S. 31–34; Rauschenberg, Hans: Umgang mit Schulzensure.
Funktion - Entwicklung - Praxis, in: Grünig, B.; Kaiser, G.; Kreitz, R.; Rauschenberger, H.; Rinninsland,
K.: *Leistung und Kontrolle*, Weinheim, 1999, S. 11–100.
2 Vgl. zu einer solchen Alternative: Thurn, Susanne: Lernen, Leistung, Zeugnisse - eine Schule fast ohne
Noten. In: Thurn, S.; Tillmann, K.-J.: *Unsere Schule ist ein Haus des Lernens. Das Beispiel Laborschule
Bielefeld*, Reinbek, 1997, S. 63–78.
3 Vgl. Winter, Felix: *Leistungsbewertung. Eine neue Lernkultur braucht einen anderen Umgang mit
Schülerleistungen*, Baltmannsweiler, 2006, S. 315.
4 Vgl. Klippert, Heinz: Neue Wege des Lehrens und Lernens, in: Böttcher, W.; Philipp, E. (Hrsg.):
*Mit Schülern Unterricht und Schule entwickeln. Vermittlungsmethoden und Unterrichtsthemen der
Sekundarstufe I*, Weinheim, 2000, S. 39–51; Döbert, Hans: Neue Lern- und Lehrkultur- Diskussionen
und Entwicklungen, in: Döbert, Hans; Ernst, C.: *Neue Schulkultur*, Hohengehren, 2001, S. 44–61; Beck,
Ulrich: Kinder der Freiheit: Wider das Lamento vom Werteverfall, in: ders. (Hrsg.): *Kinder der Freiheit*,
Frankfurt/M., 1997, S. 9–33.

zu informieren.[5] Daher sind Ziffernnoten – das zeigt die Praxis – derzeit noch weitgehend alternativlose Indikatoren für die Leistungsbewertungen in schulisch institutionalisierten Bildungsprozessen.

Unabhängig von der notwendigen Arbeit an Alternativen zur Leistungsbewertung mit Ziffernnoten gilt es deshalb allein schon aus pragmatischen Gründen auch im Hinblick auf philosophische Bildungsprozesse transparente Maßstäbe für die Benotung von Schülerleistungen zu entwickeln, die fachdidaktischen Anforderungen entsprechen. Um solche Maßstäbe für die Leistungsbewertung in philosophischen Bildungsprozessen zu formulieren, muss dabei zunächst geklärt werden, was sich unter der Tätigkeit des Philosophierens verstehen lässt. Doch eine verbindliche Klärung, wie die Tätigkeit des Philosophierens zu definieren ist, fällt allein schon angesichts der vielfältigen Definitionsversuche innerhalb der fachphilosophischen Tradition bekanntermaßen schwer. Die neuere philosophiedidaktische Diskussion bietet jedoch einen plausiblen Definitionsansatz, mit dem sich die Tätigkeit des Philosophierens in Bildungsprozessen beschreiben lässt: Danach lässt sich das Philosophieren als unabgeschlossener, iterativer Prozess des Deutens von Deutungen begreifen, der es ermöglicht, immer bessere, weiter reichende Deutungen zu artikulieren.[6] Ein solches symboltheoretisches Philosophieparadigma lässt sich an einem einfachen Beispiel veranschaulichen: Erklärt ein Mensch seinem Gegenüber, dass er diesen liebe, so formuliert er eine Deutung seines Gefühles. Wenn er darüber hinaus – z. B. im Rahmen des Philosophieunterrichts – fragt, was die Tätigkeit des »Liebens« bedeute, und rationale Antworten auf diese Frage sucht, befindet er sich auf einer Ebene des Deutens von Deutungen und damit philosophiert er – er unterzieht eine vorgefundene Deutung seiner Gefühle, die im Satz »Ich liebe dich« zum Ausdruck kommt, einer erneuten Deutung, d. h. er reflektiert sie, um eine vorgefundene Deutung seines Gefühls besser bzw. klarer und weiterreichend zu artikulieren. Das Philosophieren endet jedoch nicht mit dieser Deutung einer Deutung: Beispielsweise könnte ein Schüler im Unterricht bei seiner Reflexion über den Liebesbegriff zu der Erkenntnis kommen, dass es unterschiedliche Formen der Liebe gibt – etwa die Liebe zu einem Lebenspartner, zu den Geschwistern oder auch zu einem Freund. Diese unterschiedlichen Formen der Liebe können nun wiederum Gegenstand einer erneuten Deutung werden. Er kann sich und seine Mitschüler also fragen, was beispielsweise der Satz »Ich liebe dich« im Hinblick auf einen Lebenspartner, auf Geschwister oder einen Freund bedeutet. Vermutlich ergäben sich auch beim Nachdenken über diese

---

5 Vgl. von Saldern, Matthias: *Schulleistungen in Deutschland*, Münster, 1997, S. 117; Ziegenspeck, Jörg: *Zensuren und Zeugnis in der Schule*, Hannover, 1973, S. 73 f.
6 Vgl. zu diesem Philosophieverständnis in Anlehnung an Ernst Cassirer und Susanne K. Langer u. a. Gefert, Christian: *Didaktik theatralen Philosophierens*, Dresden, 2002.

Bedeutungen neue Deutungen, die wiederum gedeutet werden könnten – es ergibt sich also ein potenziell unabgeschlossener Prozess des fortgesetzten Deutens von Deutungen. Auf diese Weise entsteht ein spezifischer rationaler Prozess in Form einer philosophischen Denkbewegung.

Betrachtet man die Tätigkeit des Philosophierens aus dieser symboltheoretischen Perspektive als einen unabgeschlossenen Prozess rationaler Metareflexion, dann lässt sich nur vor dem Hintergrund eines sehr eingeschränkten Verständnisses humaner Rationalität behaupten, dass dem menschlichen Geist beim Ausdruck des Deutens von Deutungen lediglich eine diskursiv-argumentative Form zur Verfügung steht. Ein Blick auf die Kulturgeschichte der Menschheit zeigt nämlich, dass beispielsweise auch Artefakte der Bildenden Kunst, der Musik und des Theaters Ausdrucksweisen rationaler Deutungen vorhandener Deutungen darstellen. Solche nicht argumentativ-diskursiven, sondern *präsentativen* Ausdrucksformen – etwa in Form eines Bildes, Musikstücks oder einer Performance – sind demnach genauso ein rationaler Ausdruck des Deutens von Deutungen und damit eine mögliche Ausdrucksform innerhalb philosophischer Bildungsprozesse wie das in der abendländischen Tradition der Philosophie gebräuchlichere, begrifflich-diskursiv formulierte Argument. Gemäß dieses symboltheoretischen Paradigmas lässt sich nun die Tätigkeit des Philosophierens auch im Bildungskontext definieren: Philosophische Bildungsprozesse ermöglichen es den Beteiligten, rationale, diskursive und präsentative Deutungen von Deutungen zu formulieren, um Deutungen immer besser und weiterreichend zu spezifizieren.

Daneben bietet die Philosophiedidaktik eine weitere theoretische Grundlage für die Formulierung von domänspezifischen Bildungsstandards. Es ist innerhalb der philosophiedidaktischen Diskussion weitgehend unstrittig, dass der Philosophieunterricht an lebensweltlich verankerten Deutungen der Schülerinnen und Schüler und nicht an davon losgelösten Wissensbeständen der fachphilosophischen Tradition ansetzen muss.[7] Alltägliche Verwendungsweisen von Deutungen (wie beispielsweise die Verwendung des Begriffs »Liebe«) müssen den Schülerinnen und Schülern selbst *problematisch* erscheinen, damit sie motiviert sind zu philosophieren. Sie müssen also einen grundlegenden Problemlösungsbedarf erkennen[8],

---

7 Vgl. zur Problemorientierung des Philosophieunterrichts Martens, Ekkehard: *Methodik des Ethik- und Philosophieunterrichts. Philosophieren als elementare Kulturtechnik*, Hannover, 2003.
8 In diesem Zusammenhang ließe sich auch die unlängst von Ulrich Steinvorth angeführte Begründung für das Philosophieren nennen, um aus der Schülerperspektive die Motivation für das Philosophieren zu charakterisieren:»Wozu Philosophie? Weil wir die vielen Fragen, die sich weder empirisch noch durch eine formale Wissenschaft entscheiden lassen, die uns teils schon immer teils erst heute belästigen, weder abweisen noch auf die Theologie abwälzen können.« (Steinvorth, Ulrich: Wozu Philosophie? In: *Zeitschrift für Didaktik der Philosophie und Ethik*, Heft 1/2007, S. 53).

damit ein produktiver philosophischer Bildungsprozess einsetzen kann. Ein solches symboltheoretisch fundiertes und problemorientiertes Verständnis des Philosophieunterrichts geht mit einer veränderten curricularen Normsetzung einher: Philosophieren wird demnach nicht als bloße diskursive Reproduktion klassischer Denkbestände der philosophischen Tradition, sondern als schülerorientierte und -motivierte Problemreflexion in unterschiedlichen Ausdrucksformen verstanden. Schüler lernen im Philosophieunterricht, sich in Bezug auf für sie problematisch erscheinende vorgefundene Deutungen rational und immer besser bzw. weiter reichend zu artikulieren. Sie äußern sich dabei sowohl in adäquaten diskursiv-verbalen als auch in präsentativ-kreativen Ausdrucksformen und entwickeln im Philosophieunterricht die Kompetenz, Theorien und Argumentationen zu rekonstruieren, Prämissen und Schlussfolgerungen zu explizieren bzw. selbstständig argumentativ konsistente sowie adäquate Deutungen zu formulieren. Dabei nutzen sie gegebenenfalls fachphilosophisch fundierte Denkfiguren (z. B. in Form von Theorien) als Reflexionswerkzeuge und Arbeitsmittel zur Problemlösung.

Kompetenzmodelle, die diese Fähigkeit zum Philosophieren operationalisieren, werden zur Zeit in der philosophiedidaktischen Diskussion genauso wie in anderen Fachdidaktiken erörtert.[9] Dahinter steht die Erwartung, mit einem solchen Modell die domänspezifische Bedeutung der Philosophie als »elementare Kulturtechnik«[10] innerhalb des schulischen Bildungsangebots wissenschaftlich profilieren zu können. Durch diese Profilierung entstehen neue Argumente, um einer drohenden Marginalisierung des Faches Philosophie im schulischen Fächerkanon entgegenzutreten, die im Zusammenhang mit der Konzentration auf die (für PISA-Tests relevanten) Kernfächer Deutsch, Mathematik sowie die erste Fremdsprache zu befürchten ist. Um den Begriff Kompetenz für die Domäne Philosophie/Philosophieren im erziehungswissenschaftlichen Kontext näher zu bestimmen, ist eine Orientierung an der gegenwärtig in der erziehungswissenschaftlichen Diskussion dominanten Definition von Weinert hilfreich. Er versteht unter Kompetenzen »die bei Individuen verfügbaren oder durch sie erlernbaren kognitiven Fähigkeiten und Fertigkeiten um bestimmte Probleme zu lösen, sowie die damit verbundenen motivationalen, volitionalen und sozialen Bereitschaften und Fähigkeiten, um die

9 Vgl. Gefert, Christian: Kompetenzen und Standards in philosophischen Bildungsprozessen, in: *Information Philosophie*, Heft 5 (2008), S. 40–44.
10 Vgl. grundlegend Martens, 2003. Vgl. zum Begriff Kulturtechnik insbesondere Martens, Ekkehard: Ethik oder Philosophieunterricht? Philosophie als elementare Kulturtechnik, in: *Philosophieren mit Kindern*, Hastedt, Heiner; Fröhlich, Michael; Thomä, Dieter (Hrsg.): Rostocker Philosophische Manuskripte, Neue Folge, Heft 3, 1996, S. 27–36. Martens, Ekkehard: Philosophiedidaktik, in: *Annemarie Pieper* (Hrsg.): Fachdisziplinen der Philosophie, Leipzig 1998, S. 281–303.

Problemlösungen in variablen Situationen erfolgreich und verantwortungsvoll nutzen zu können«.[11]

In den von der deutschen Kultusministerkonferenz 2006 beschlossenen »Einheitlichen Prüfungsanforderungen in der Abiturprüfung« (EPA) wird das hier skizzierte Kompetenzverständnis für das Fach Philosophie spezifiziert und für Leistungsbewertungen im Philosophieunterricht operationalisiert.[12] Übergeordnetes Ziel des Philosophieunterrichts ist es demnach, die Fähigkeit der Schüler zur philosophischen Problemreflexion zu fördern. Eine philosophische Problemreflexion umfasst demnach drei Dimensionen:

»a) Problemerfassung
Die Problemerfassung erfordert die Identifizierung von philosophischen Implikationen bzw. Problemstellungen, die im vorgelegten Material zum Ausdruck kommen, und die Einordnung in einen entsprechenden philosophischen Kontext. In dieser Arbeitsphase wird der philosophische Reflexionsrahmen entfaltet, und es werden die Schwerpunkte der weiteren Bearbeitung festgelegt.

Sowohl bei diskursiver als auch bei präsentativer Bearbeitung des Problems ist die begrifflich-systematische Bestimmung und Abgrenzung des Problems zu formulieren. Falls die Aufgabenstellung eine Entscheidung für eine Präsentationsform zulässt, begründet der Prüfling die Entscheidung vorläufig. Bezieht sich die diskursive Problemreflexion auf präsentatives Material, so ist zunächst die Interpretation des Materials und deren diskursiv-begriffliche Formulierung gefordert.

b) Problembearbeitung
In dieser Reflexionsphase erfolgt die Vertiefung des identifizierten philosophischen Problemzusammenhangs. Wird hier eine diskursive Bearbeitung vorgenommen, so erfolgt dabei eine Auseinandersetzung mit Argumenten oder ästhetischen Gesichtspunkten, die eine Relevanz innerhalb dieses Reflexionsrahmens aufweisen. Diese Auseinandersetzung beinhaltet z. B. Formen der Textuntersuchung oder der Objektbeschreibung.

Dazu gehören die Analyse von Argumentationsweisen bzw. künstlerischen Ausdrucksweisen, von Begriffsimplikationen, die Überprüfung der Folgerichtigkeit von Begründungszusammenhängen, das Herstellen von Bezügen oder einen Vergleich philosophischer Positionen. Eine präsentative Bearbeitung erfordert es, eine

---

11 Weinert, Franz E. (Hrsg.): *Leistungsmessungen in Schulen*, Weinheim/Basel, 2001, S. 27 f.
12 Vgl. *Beschluss der Ständigen Konferenz der Kultusminister der Länder in der Bundesrepublik Deutschland: Einheitliche Prüfungsanforderungen in der Abiturprüfung Philosophie (Beschluss der Kultusministerkonferenz vom 01.12.1989 i. d. F. vom 16.11.2006).* http://www.kmk.org/fileadmin/veroeffentlichungen_beschluesse/1989/1989_12_01_EPA_Philosophie.pdf, Aktualisierungsdatum 08.08.2010(im Folgenden zitiert als »EPA Philosophie«)

philosophische Idee verdichtet und differenziert auszudrücken. Das präsentative Produkt bezieht sich plausibel und transparent auf die Problemstellung. Es kann um kommentierende Anmerkungen erweitert werden.

c) Problemverortung

Die Problemverortung verlangt, dass der Prüfling sich selbst innerhalb der Problemreflexion positioniert. Positionierungen umfassen die Darstellung eines Problemkontextes und einen auf diesen bezogenen Standpunkt. Es sind verschiedene Möglichkeiten der Problemverortung denkbar: eine Beurteilung des Problems, eine resümierende Stellungnahme, eine Neubestimmung des Problems, Perspektiven zur weiteren Bearbeitung, eine Modifikation erörterter Positionen sowie die Reflexion des präsentativen Bearbeitungsprozesses. Diese Möglichkeiten der Problemverortung lassen sich je nach Aufgabenstellung alternativ oder additiv anlegen.«[13]

Die in dieser Weise spezifizierte Fähigkeit zur philosophischen Problemreflexion wird in den EPA Philosophie als eine Gesamtqualifikation verstanden. Dabei können Problemerfassung, Problembearbeitung und Problemverortung ineinander übergehen bzw. rekursiv angelegt sein. So wird ggf. die Bestimmung eines Problems im Rahmen der Problemreflexion überprüft oder revidiert. Auch die Problembearbeitung kann durch eine vorläufige Verortung argumentativ gegliedert werden. Beim Philosophieren sollen dabei vielfältige Gestaltungsmöglichkeiten für eine Problemreflexion eröffnet werden. Von einem Schüler wird dabei insbesondere Selbstständigkeit im Philosophieren gefordert. Die Fähigkeit zur philosophischen Problemreflexion wird deshalb laut EPA Philosophie in drei Kompetenzbereichen gezeigt:

- Der Bereich der *Wahrnehmungs- und Deutungskompetenz* umfasst die Fähigkeit, »philosophische Implikationen von unterschiedlichen Materialien zu erkennen bzw. differenziert zu beschreiben sowie zu philosophischen Fragen und Erkenntnissen in Beziehung zu setzen«.[14]
- Der Bereich der *Argumentations- und Urteilskompetenz* beinhaltet die Fähigkeiten, »Begriffe, Gedankengänge und Argumentationsstrategien bzw. deren Voraussetzungen und Konsequenzen zu erschließen, zu vergleichen, kritisch zu prüfen und ggf. zu bewerten« sowie »eigene Überlegungen begründet und folgerichtig zu entwickeln«.[15]
- Der Bereich der *Darstellungskompetenz* schließt die Fähigkeit ein, »philoso-

13 EPA Philosophie, S. 7 f.
14 Ebd. S. 5.
15 Ebd. S. 6.

phische Gedanken angemessen auszudrücken und dabei ggf. aus verschiedenen Gestaltungsoptionen auszuwählen«.[16]

In den EPA Philosophie werden neben diesen drei Kompetenzbereichen auch drei Anforderungsbereiche beschrieben, in denen Schüler ihre Fähigkeit zum Philosophieren im Unterricht zeigen. Dabei wird der von Weinert genannte Terminus der »variablen Situation« auf die Unterrichtssituation bezogen. Es bleibt in diesem Zusammenhang offen, ob Schüler ihre Fähigkeit zum Philosophieren auch außerhalb des Unterrichts für Problemlösungen in variablen Situationen erfolgreich und verantwortungsvoll nutzen. Unterstellt wird jedoch, dass sie dies könnten, wenn sie die Fähigkeit besitzen, philosophische Ideen innerhalb der Kompetenzbereiche reproduktiv, transferierend und selbständig zu formulieren. Es werden in diesem Zusammenhang drei Anforderungsebenen unterschieden:

-   Die Reproduktion – d. h. Schüler greifen »reproduktiv auf Material, Gedankengänge und/oder Methoden des Unterrichts zurück« und nutzen sie »für die Problemreflexion«;[17]
-   Der Transfer – d. h. Schüler setzen »sich mit aus dem Unterricht nicht bekanntem Material auseinander« und nutzen »dieses in Verbindung mit Ergebnissen bzw. Prozessen aus dem Unterricht für die Problemreflexion« oder sie setzen »sich mit bekanntem Material unter einer in Bezug auf dieses Material im Unterricht nicht behandelten Fragestellung auseinander« und nutzen »dieses für die Problemreflexion«;[18]
-   Die Selbstständigkeit – d. h. Schüler reflektieren »inhaltlich und methodisch selbstständig das philosophische Problem.«[19]

Eine Kombination der Dimensionen der Problemreflexion bzw. der Kompetenz- und Anforderungsbereiche bietet einen Ansatzpunkt für die Bewertung von Schülerleistungen im Philosophieunterricht. Die Fähigkeit, philosophische »Problemlösungen in variablen Situationen erfolgreich und verantwortungsvoll [zu] nutzen« ist beim Philosophieren nämlich gleichermaßen an die Fähigkeit gebunden, bekannte und neu erkannte Ideen beim Wahrnehmen bzw. Deuten, Argumentieren bzw. Urteilen und beim Darstellen zu nutzen. Es wäre also für die Leistungsbewertung im Philosophieunterricht mit Bezug auf eine spezifische Problemreflexion zu berücksichtigen, *wie* ein Schüler im Rahmen einer philosophischen Problemreflexion wahrnimmt (und deutet), argumentiert (und urteilt) bzw. etwas darstellt, indem er sich auf ihm

16 Ebd.
17 Ebd. S. 9.
18 Ebd.
19 Ebd.

bekannte, in der Bewertungssituation neu vorgelegte und eigenständig entwickelte Ideen bezieht. Für die Leistungsbewertung im Philosophieunterricht ist demnach zu klären, in welcher Qualität im Hinblick auf Reproduktion und Transfer bzw. in welchem Grad von Eigenständigkeit die Problemerfassung, die Problembearbeitung und die Problemverortung geleistet wurde. Auf die konkrete Leistungsbewertung im Fachunterricht bezogen weisen die EPA Philosophie konkrete Kriterien für eine (in Ziffernnoten übersetzbare) »gute« und »ausreichende« Leistung aus:

»Die Note »gut« (11 Punkte) wird erteilt, wenn die philosophische Problemreflexion umfassend und differenziert sowie selbstständig (...) geleistet wurde. Das bedeutet insbesondere, dass

- zentrale philosophische Implikationen des Arbeitsmaterials strukturiert im gedanklichen Zusammenhang formuliert werden,
- grundlegende Kenntnisse über verschiedene Denkmodelle des im Unterricht behandelten Problemkontextes prägnant dargestellt werden,
- eine eigene begründete Position mit Bezug auf die relevante Problemstellung formuliert und differenziert auf das Arbeitsmaterial und ein im Unterricht behandeltes Denkmodell bezogen wird,
- die Gedankenführung des Prüflings zeigt, dass sowohl Rekonstruktionen der benutzten Denkmodelle als auch deren Erörterung und das Gesamturteil argumentativ und auf die gewählte Frage bezogen sind.

Für präsentativ gestaltete Prüfungsleistungen ist besonders zu berücksichtigen, dass ein differenzierter Adressatenbezug erkennbar ist, die Prüfungsleistung ideenreich gestaltet ist,

- ggf. eine der Aufgabenstellung angemessene ästhetische Verdichtung erkennbar ist.

Die Note »ausreichend« (5 Punkte) wird erteilt, wenn die philosophische Problemreflexion hinreichend differenziert und in Ansätzen selbstständig (...) geleistet wurde. Das bedeutet insbesondere, dass

- eine zentrale philosophische Implikation des Arbeitsmaterials richtig erfasst wird,
- zentrale Begriffe aus dem Unterrichtsprozess weitgehend richtig angewandt werden,
- mindestens ein ergiebiger Vergleichsgesichtspunkt zwischen dem Arbeitsmaterial und einem Denkmodell aus dem Unterricht hervorgehoben wird,

- grundlegende Kenntnisse über Denkmodelle des relevanten Problemhorizonts richtig dargestellt werden,
- eine eigene, in Ansätzen begründete Position zum relevanten Problemhorizont formuliert und auf das zugrunde liegende Arbeitsmaterial und ein im Unterricht behandeltes Denkmodell bezogen wird.

Für präsentativ gestaltete Prüfungsleistungen ist besonders zu berücksichtigen, dass ein Adressatenbezug erkennbar ist,

- eine der Aufgabenstellung angemessene Gestaltung geleistet wird,
- eine ästhetische Verdichtung in Ansätzen erkennbar ist.«[20]

Das hier skizzierte Bewertungsschema ermöglicht es also, Schülerleistungen im Philosophieunterricht vor dem Hintergrund eines symboltheoretischen und problemorientierten Philosophieparadigmas und im Rahmen einer konventionellen Notenskala zu bewerten. Damit wäre ein Ansatz für ein fachdidaktisch fundiertes und pragmatisches Modell für den Umgang mit Ziffernnoten im Philosophieunterricht formuliert.

Doch unabhängig davon, ob man das hier skizzierte Modell akzeptiert, im oben dargestellten Sinne Weinerts wäre es erst dann hinreichend als Grundlage für ein Kompetenzmodell philosophischer Bildungsprozesse geeignet, wenn sich auch die »motivationalen, volitionalen und sozialen Bereitschaften« innerhalb philosophischer Bildungsprozesse beschreiben ließen, »um die Problemlösungen in variablen Situationen erfolgreich und verantwortungsvoll nutzen zu können«. Ob sich solche Bereitschaften *im Rahmen fachdidaktischer Überlegungen* hinreichend beschreiben und evaluieren lassen, muss jedoch grundsätzlich bezweifelt werden. Die pädagogische Praxis zeigt vielmehr, dass solche Bereitschaften in hohem Maße an die institutionellen Bedingungen der Realisierung von Bildungsprozessen *allgemein* gebunden sind: So sind beispielsweise das Schweigen einzelner Schüler im Philosophieunterricht oder deren Leistungsschwächen in einer Klausur in vielen Fällen nicht an ihre mangelnde Bereitschaft zu philosophieren gebunden, sondern durch eine grundsätzlich ablehnende (vermutlich lernpsychologisch erklärbare) Haltung gegenüber der Institution Schule und ihren Lernbedingungen begründet. Aus diesem Grund erscheint es äußerst fragwürdig, dass man die *Bereitschaft* zum Deuten von Deutungen in schulisch institutionalisierten Bildungsprozessen *aus fachdidaktischer Sicht* befriedigend reflektieren kann. Vielmehr erscheint die Frage nach den optimalen Bedingungen für diese Motivation besser im Rahmen bil-

20 Ebd. S. 13 f.

dungstheoretischer[21], allgemein pädagogischer[22] oder lernpsychologischer[23] Forschungsanstrengungen zu beantworten. Solche Forschungsperspektiven ermöglichen nämlich einen umfassenden Blick auf die institutionalisierten Bedingungen des Lernorts Schule, die oftmals stärker mit der Bereitschaft zur erfolgreichen und verantwortlichen Problemlösung durch Schüler verbunden sind als die domänspezifisch zu beschreibenden Lernbedingungen in einem Fachunterricht.

Doch die hier in Anlehnung an die EPA Philosophie dargestellten fachdidaktisch-pragmatischen Überlegungen zur Leistungsbewertung im Philosophieunterricht eröffnen unabhängig von den zuletzt geäußerten Bedenken eine wichtige Erweiterung des Verständnisses philosophischer Bildungsprozesse: Leistungen im Philosophieunterricht werden demnach nicht lediglich im erstarrten Bezug auf die mehr oder weniger gelungene diskursive Reproduktion fachphilosophischer Wissensbestände bewertet. Nicht derjenige erbringt also beispielsweise »gute« Leistungen im Philosophieunterricht, der lediglich »grundlegende Kenntnisse über verschiedene Denkmodelle« in prägnanter Form darstellt und damit fachphilosophische Wissensbestände zu reproduzieren vermag. Folgt man vielmehr den hier skizzierten Überlegungen, ist das »gute Philosophieren« darüber hinaus auch an die Fähigkeit gebunden, dieses Wissen beim Deuten von Deutungen zur im Unterricht relevanten philosophischen Problemreflexion zu nutzen. Außerdem gehört zu einer »guten« Leistung im Philosophieunterricht ebenfalls, sich gegebenenfalls nicht nur in diskursiven, sondern auch in präsentativ-rationalen Ausdrucksformen angemessen artikulieren zu können (d. i. mit Adressatenbezug, angemessener Gestaltung und in Form ästhetischer Verdichtung). Deshalb beinhaltet eine auf diese Weise realisierte Leistungsbewertung im Philosophieunterricht zwar eine pragmatische und deshalb im Rahmen ihrer Referenz auf Ziffernnoten institutionell verengte Bewertungsmatrix. Doch zugleich erlaubt sie einen erweiterten Blick auf Fähigkeiten, die das Philosophieren im Fachunterricht als vielschichtige Fähigkeit zur rationalen Problemlösung erscheinen lässt.

21 Vgl. u. a. grundlegend zur Disziplinarfunktion schulischer Leistungsbewertung Foucault, Michel: *Überwachen und Strafen*, Frankfurt a. M. 1977.
22 Vgl. u. a. grundlegend zum (postmodernen) Verständnis des Widerstreits zwischen familiären Lebens- und schulischen Bildungsorten als Grundlage schulischer Leistungen Koller, Hans-Christoph: *Bildung und Widerstreit. Zur Struktur biographischer Bildungsprozesse in der (Post-)Moderne*, München, 1999.
23 Vgl. u. a. grundlegend zum aktuellen Selbstverständnis lernpsychologischer Forschung Seel, Norbert M.: *Psychologie des Lernens*, 2. Auflage, München, 2003.

Roland W. Henke

Zur Leistungsbewertung von diskursiven Problemreflexionen auf der Basis philosophischer Positionen

Kompetenzerwartungen, Indikatoren, Aufgabenstellungen

> *Indem man eine Stadt kennen lernt und dann zu einem Flusse, anderen Stadt usf. kommt, lernt man ohnehin bei dieser Gelegenheit reisen, und man lernt es nicht nur, sondern reist schon wirklich. So, indem man den Inhalt der Philosophie kennen lernt, lernt man nicht nur das Philosophieren, sondern philosophiert auch schon wirklich.*
> *Georg Wilhelm Friedrich Hegel*

1. Zur Eingrenzung und Legitimation des behandelten Klausurtyps

Seit im November 2006 die »Einheitliche[n] Prüfungsanforderungen in der Abiturprüfung Philosophie« (EPA) vorliegen, ist allen Bundesländern ein Rahmen gegeben, innerhalb dessen sich die Aufgabentypen für das Abitur und damit rückwirkend auch für die Qualifikationsphase im Grund- und Leistungsniveau bis zum Jahr 2010 bewegen müssen. Dieser Rahmen ist allerdings weit gesteckt. Das hängt mit dem Begriff der »philosophischen Problemreflexion« zusammen, deren Durchführung in den drei Dimensionen Problemerfassung, Problembearbeitung und Problemverortung von den EPA zur Kardinalkompetenz des Philosophieunterrichts erhoben wird. Philosophische Problemreflexionen können sowohl auf der Grundlage von diskursiven, d. h. argumentativ-philosophischen als auch von präsentativen, d. h. künstlerisch-gestalteten Materialien (Gedichte, Theaterstücke, Werke der bildenden Kunst usw.) durchgeführt werden. Da sie selbst bzw. ihre Bearbeitungen auch noch einmal diskursiv oder präsentativ gefasst sein können, ergibt sich eine grundsätzliche Vierteilung der möglichen Aufgabenarten:

Neben dem traditionalen Aufgabentyp der diskursiven Problemreflexion auf der
Basis von diskursiven Materialien wie philosophischen Texten tritt die diskursive
Bearbeitung von präsentativen Materialien sowie die präsentative Bearbeitung
von diskursiven wie auch von schon selbst präsentativen Materialien. Bei einer
präsentativen Bearbeitung ist eine begriffliche Rechtfertigung und Erklärung der
gewählten Gestaltungsformen und ihrer Anordnung erforderlich.[1] Für die letztge-
nannte Möglichkeit, also die präsentative Bearbeitung von präsentativen Vorlagen,
im Deutsch- und Fremdsprachenunterricht auch als kreatives Um- und Weiter-
schreiben von fiktionalen Texten verbreitet, geben die EPA allerdings kein Aufgabenbeispiel, woraus sich wohl schließen lässt, dass dieser Aufgabentyp zumindest
im Abitur nicht vorgesehen ist. Bleiben die genannten drei Grundtypen von Aufgaben. Sie werden dann noch in weitere Untergruppen unterteilt, je nach dem ob
die Problemreflexion mit oder ohne Bindung an eine fachphilosophische Position
durchzuführen ist. Speziell für die im Rahmen der Reflexion vorzunehmende präsentative Bearbeitung wird unterschieden zwischen einer sprachlich-begrifflichen
(z. B. Leserbrief, fiktives Philosopheninterview usw.) und einer künstlerisch-gestal-
tenden Bearbeitungsform (z. B. Rollenspiel, Zeichnung).

Zweifellos trägt diese Vielfalt der Aufgabenarten der Eigenart des Faches Philosophie Rechnung, das sich an den verschiedenen Lernorten – trotz Herausbildung
traditionaler philosophischer Disziplinen wie Anthropologie, Erkenntnistheorie
usw. – grundlegend durch seine Methode der vernunftgeleiteten und bewussten
Reflexion bestimmt, und nicht durch einen spezifischen, das Fach konstituierenden
Gegenstand oder durch die Erschließung von um diesen Gegenstand kreisenden
kanonischen Texten. Die durch die EPA gesetzte Pluralität der Aufgabenarten im
Fach Philosophie mag zudem die Praxis des Philosophieunterrichts in Deutschland
bereichern und einem von philosophischem Text zu Text schreitenden Unterricht,
der dem Verdikt des »morbus hermeneuticus«[2] unterliegt, entgegenwirken – sie
suspendiert allerdings nicht von der Überlegung, welche der in Frage kommenden Aufgabentypen die didaktisch sinnvollsten sind und das realisieren, was den
EPA so am Herzen liegt: die eigenständige »philosophische Problemreflexion, die
methodisch bewusst und begründbar durchgeführt bzw. gestaltet wird.«[3] Vielmehr
verleiht die Fülle der neuen Möglichkeiten gerade dieser Überlegung besondere
Brisanz.

Der Akzent auf der philosophischen Problemreflexion als zentraler Kompetenz
des Philosophieunterrichts zeichnet einen Paradigmenwechsel in der Philoso-

---

1 Vgl. *Einheitliche Prüfungsanforderungen (EPA) in der Abiturprüfung Philosophie. Beschluss der Kultusministerkonferenz vom 01.12.1989 i. d. F. vom 16.11.2006*, S. 7. URL www.kmk.org/fileadmin/veroeffentli-
chungen_beschluesse/1989/1989_12_01-EPA-Philosophie.pdf – Aktualisierungsdatum 01.07.2010.
2 Schnädelbach, Herbert: Morbus hermeneuticus – Thesen über eine philosophische Krankheit. In:
Zeitschrift für Didaktik der Philosophie 3 (1981), Nr. 1, S. 3–5.
3 EPA Philosophie, 2006, S. 5

phiedidaktik nach: Vom Aneignen von Philosophie – etwa in Form von philosophischen Texten paradigmatischer Autoren – zum Selber-Philosophieren, zum Selbstdenken.[4] Die Affinität dieses Paradigmenwechsels zur bis heute vielfach hoch gehandelten konstruktivistischen Pädagogik[5] ist sinnfällig; sie darf aber nicht vergessen lassen, dass an das Selbstdenken als begrifflich geleitete Reflexion ungleich höhere Anforderungen gestellt sind als an die verstehende Aneignung von in Texten niedergelegten philosophischen Gedanken. Selbst-Philosophieren ist nicht die natürliche Kompetenz von jedermann! Es verlangt die Fähigkeit zur methodisch-bewussten argumentativen Auseinandersetzung mit einem philosophischen Problem, die aufgrund der Eigenart dieses Problems stets abstrakt gefasst werden muss.

Liegt der Aufgabenstellung nun eine geeignete diskursiv-argumentative Vorlage zugrunde[6], dann stellt diese schon ein Muster bereit, an dem der Schüler die dem Philosophieren eigene Abstraktionsleistung in einer fasslichen und verstehbaren Form vor sich hat. Da die abiturrelevanten Aufgabentypen spätestens von Beginn der Qualifikationsphase an, also demnächst in fast allen Bundesländern ab der Stufe 11, einzuüben sind, liegt hierin ein großer didaktischer Vorzug: Der philosophische Text gibt dem Schüler das Maß bzw. den methodischen Standard vor, den er in der Folge für seine eigene Problembearbeitung und -verortung nutzen kann und der eine gewisse Garantie dafür bietet, dass diese nicht hinter dem von einer philosophischen Reflexion einzuhaltenden Niveau, wie es die EPA nachdrücklich geltend machen, zurückbleibt.[7]

Werfen wir zur Verdeutlichung des didaktischen Vorrangs dieser Aufgabenart

---

4 So hat sich in der Kontroverse der 80er Jahre, analog zum »gender-mainstream«, die Position von Martens gleichsam als »Dialog-mainstream« in der heutigen Philosophiedidaktik durchgesetzt; zum einen wohl, weil der bildungstheoretische Ansatz seines Widerparts Rehfus in der Konsequenz einen bloß textorientierten Unterricht begünstigt, zum anderen wohl auch, weil dieser Ansatz das weitaus anspruchsvollere theoretische Konzept darstellt, das in einer Zeit des allgemeinen Bedeutungsverlusts theoretischer Fundierungen offenbar auch unter Philosophen keine Konjunktur mehr hat. Vgl. dazu: Martens, Ekkehard: Didaktik der Philosophie. In: Martens, Ekkehard; Schnädelbach, Herbert (Hrsg.): *Philosophie. Ein Grundkurs.* Band 2. Reinbek bei Hamburg: Rowohlt, 1994, S. 748–780. Rehfus, Wulff D.: Methodischer Zweifel und Metaphysik. Der bildungstheoretisch-identitätstheoretische Ansatz in der Philosophiedidaktik. In: Rehfus, Wulff D.; Becker, Horst (Hrsg.): *Handbuch des Philosophieunterrichts.* Düsseldorf: Schwann, 1986, S. 98–113. Ein Versuch, Grundsätze einer hier vermittelnden Position zu umreißen, findet sich bei: Henke, Roland W.: Dialektik als didaktisches Prinzip. Bausteine zu einer zeitgemäßen Philosophiedidaktik im Anschluss an Kant und Hegel. In: *Zeitschrift für Didaktik der Philosophie und Ethik* 22 (2000), Nr. 2, S. 117–124.

5 Terhart, Ewald: *Konstruktivismus und Unterricht. Eine Auseinandersetzung mit theoretischen Hintergründen, Ausprägungsformen und Problemen konstruktivistischer Didaktik.* Bönen: Kettler, 1999.

6 Vgl. EPA Philosophie 2006, S. 17–20 (erstes Aufgabenbeispiel).

7 Schon Hegel stellt in seinem Gymnasialgutachten fest, dass das (verstehende) Nach-Denken philosophischer Gedanken immer zugleich ein Selbst-Denken sei, und formuliert mit diesem Diktum die Voraussetzung für die angesprochene Orientierungsleistung philosophischer Texte für das eigene Weiterdenken. – Hegel, Georg Wilhelm Friedrich: Über den Vortrag der Philosophie auf Gymnasien. Privatgutachten für I. Niethammer. Nürnberg 1812. In: Moldenhauer, Eva; Michel, Karl Markus (Hrsg.):

besonders für das grundlegende Niveau einen Blick auf die übrigen von den EPA
vorgegebenen Grundtypen für Aufgaben: Wird ein diskursives Material in künst-
lerisch-gestaltender Form bearbeitet bzw. reflektiert, dann wird die genuin philosophische Reflexionsleistung des Schülers hauptsächlich in den erklärenden und
begründenden Anmerkungen greifbar, die er abschließend zu geben verpflichtet
ist. Da diese Anmerkungen selber nicht notwendig philosophisch dimensioniert
sein müssen und darüber hinaus nicht den Hauptteil der Aufgabenbearbeitung
darstellen, ist ihr Wert als klarer Indikator für das Statthaben eines philosophischen
Reflexionsprozesses nicht hinreichend. Vielmehr scheint dieser Aufgabentyp, aufgrund des Mangels an diskursiven Elementen in der Bearbeitungsleistung, gerade
bei philosophischen Anfängern eine reflexionslose, wenn auch vielleicht kreative
Umgestaltung diskursiver Vorlagen in künstlerische Gestaltungsformen zu begünstigen. Auch kann durch diesen Aufgabentyp nicht sichergestellt werden, dass die
diskursive Vorlage hinreichend differenziert und sachgerecht erschlossen wurde;
im Zweifelsfall hat sich der Schüler *einen* Gedanken des Textes herausgegriffen und
ihn in eine künstlerische Gestaltungsform transferiert. Kann aber die Bearbeitung
der Aufgabe schon dann als gelungen gelten, wenn hierbei ein originelles Produkt
herauskommt? Wer will diese Originalität auch nur annähernd beurteilen?[8] Es
ist sinnfällig, dass diese Aufgabenart einerseits zu hohe Anforderungen an die
verlangte Reflexionsleistung stellt, deren Vollzug zudem nicht eindeutig genug
feststellen kann, und dass sie andererseits dem Schüler zu wenig Maßstäbe vor-
gibt, an denen er seine philosophische Reflexionskompetenz schulen kann. Die
künstlerisch-gestalterische Durchführung der Problemreflexion ist deshalb für den

---

Nürnberger und Heidelberger Schriften 1808-1817. Theorie-Werkausgabe in 20 Bdn. Bd. 4. Frankfurt/M.:
Suhrkamp, 1970, S. 403–417; hier: 410 f.
8 Wenn die EPA als Bewertungskriterien für präsentativ gestaltete Prüfungsleistungen einen differenzierten Adressatenbezug, eine ideenreiche Gestaltung sowie eine der Aufgabenstellung angemessene
ästhetische Verdichtung vorgeben (Ebd., S. 14), bestätigt dies – ungewollt – die beschriebene Beurtei-
lungsfragilität.
Offenbar hat bei der Etablierung dieses Aufgabentyps der an Derridas Dekonstruktivismus orientierte
didaktische Ansatz von Christian Gefert Pate gestanden. Ihm liegt ein Textbegriff zugrunde, nach dem
dieser keinen bestimmten Sinn, sondern nur eine unabschließbare Verweisungsstruktur besitze, die
sich in seiner Lektüre und (künstlerischen) Weitergestaltung in Form von »Signifikantenketten« prinzipiell ins Unendliche fortschreibe; eine »wahre« Lesart kann danach nicht fixiert werden, auch nicht in
Abstufungen. Dass ein solcher Ansatz keine Festlegung von Kriterien der Leistungsbeurteilung erlaubt,
die das Erlangen eines mehr oder weniger adäquaten Textverständnisses bewerten, liegt auf der Hand.
Vgl. Gefert, Christian: Die Arbeit am Text – das *Schweigen der Schrift* und Strategien der Texteröffnung.
In: Rohbeck, Johannes (Hrsg.): *Philosophische Denkrichtungen* (= Dresdner Hefte für Philosophie, H. 4).
Dresden 2001: Thelem, S. 144–164.
Vgl. auch Gefert, Christian: Kompetenzen und Standards in philosophischen Bildungsprozessen. In:
Information Philosophie 36 (2008), Nr. 5, S. 40–44; hier wird das von Gefert favorisierte symboltheo-
retische Selbstverständnis des Philosophieunterrichts im Rahmen eines Schwarz-Weiß-Schemas in
seinen curricularen Auswirkungen betrachtet: Philosophieren werde dann nicht »als eine bloße dis-
kursive Reproduktion klassischer Denkbestände [...], sondern als »schülerorientierte philosophische
Problemreflexion verstanden« (ebd., S. 42).

Abiturbereich als Aufgabentyp m. E. Ungeeignet; die EPA geben – deswegen? – auch kein Beispiel für diesen Aufgabentyp in Reinkultur.

Zumindest der Mangel an Diagnostizierbarkeit aufgrund wenig aussagekräftiger Indikatoren trifft für die Variante, die präsentative Bearbeitung in sprachlich-begrifflicher Form durchzuführen, nur bedingt zu. Werden z. B. ein Leserbrief, ein fiktives Interview oder die Ausgestaltung einer fiktiven Szene als Form der philosophischen Problemreflexion verlangt, so kann die Validität dieser Reflexion durchaus anhand des Produktes festgestellt werden, weil diese ja selbst überwiegend diskursiv gefasst ist;[9] allerdings muss der Schüler zur angemessenen Bearbeitung dieser Aufgabe, neben einer äußerst anspruchsvollen Transferleistung im Einbezug von unterrichtlich behandelten philosophischen Positionen, zusätzliche Kenntnisse über die jeweilige Textsorte einbringen. So stellt der EPA-Text zu recht fest: »Vom Prüfling wird Selbstständigkeit im Philosophieren gefordert, und es ist darauf zu achten, dass ihm die geforderte Bearbeitungsform vertraut ist«.[10] Aber die Erarbeitung unterschiedlicher Textsorten und ihre schreibende Erprobung ist primär eine Angelegenheit des Literaturunterrichts. Ein Philosophieunterricht, der sich das für eine Reihe von Textsorten zur Aufgabe macht, kann diese Zeit nicht auf die Einübung der philosophischen Problemreflexion selbst, unter Einbezug der dazu notwendigen methodischen und inhaltlichen Voraussetzungen, verwenden. Allenfalls im Leistungsniveau ist genügend Raum vorhanden, die philosophische Problemreflexion an präsentativen Bearbeitungsformen, idealiter in Kooperation mit dem Deutschunterricht, zu üben. Deshalb sollte diese Aufgabenvariante auch auf diesen Bereich beschränkt bleiben.

Ganz ähnlich verhält es sich mit dem zweiten Grundtyp: der diskursiven Bearbeitung eines präsentativen Materials. Hier ist zwar die Qualität der durchgeführten philosophischen Reflexion noch eindeutiger diagnostizierbar als bei der vorherigen Aufgabenart, denn sie muss ja in begrifflich-diskursiver Form zu Papier gebracht werden und es sind hierzu auch keine spezifischen Kompetenzen in der Handhabung spezieller Textsorten nötig. Gleichwohl stellt auch diese Aufgabenform sehr hohe methodische Anforderungen an den philosophischen Novizen. Denn dieser muss eigentlich schon wissen, wie man eine philosophische Problemreflexion durchführt und worin ihre Eigenart besteht, damit er sie an einem nicht-diskursiven Material, auf sich gestellt, zu Wege bringen kann. Vor allem an die Abstraktionsfähigkeit des Schülers werden erhebliche Anforderungen gestellt: Denn die präsentativen Materialien sind ja vergleichsweise anschaulich und konkret, und nun gilt es für den Schüler, ohne Leitung durch die Lehrkraft, aus dem Konkreten das Abstrakte herauszupräparieren und auf dessen Grundlage die wei-

---

9 Vgl. EPA Philosophie, 2006, Aufgabenbeispiele 2 und 6, S. 21–24; 39–42.
10 Ebd., S. 8.

tere Problemreflexion eigenständig durchzuführen. Die Gefahr der Überforderung
liegt auf der Hand und verweist darauf, dass auch dieser Aufgabentyp ebenfalls
eher im Leistungs- als im grundständigen Niveau angesiedelt werden sollte.[11]

Dazu kommt ein weiteres Problem dieses Aufgabentyps: Präsentative Materialien wie Gedichte, Parabeln oder Werke der bildenden Kunst verschließen sich
aufgrund ihrer ästhetischen Qualität der restlosen Auflösung in ihre argumentativ
darstellbaren philosophischen Implikationen. Sie enthalten ein nicht-propositio-
nales Wissen, das sich seines vollständigen Ausdrucks in argumentativen Sätzen
verschließt. Eben deswegen handelt es sich ja um Kunstwerke, deren besonderer
Status Walter Benjamin bekanntlich sogar dazu geführt hat, ihnen eine besondere
Aura zuzuschreiben. Insofern verlangt diese Aufgabenart vom Schüler bis zu einem
gewissen Grade, dem genuinen Sinn des Kunstwerkes entgegenzuarbeiten, es
zumindest partiell zu instrumentalisieren – ein Unterfangen, das als konstitutives
Moment ästhetischer Erziehung nur dann zu rechtfertigen ist, wenn, wie etwa
im Deutsch- oder Kunstunterricht, auch die Gestaltungselemente des jeweiligen
Kunstwerkes analysierend mit in den Blick kommen. Dazu sind wiederum Kenntnisse über die jeweilige Kunstform und deren spezifische Gestaltungsmittel vonnö-
ten, deren Vermittlung nicht die primäre Aufgabe des Philosophieunterrichts sein
kann und deren Anwendung Fähigkeiten wie ästhetisches Einfühlungsvermögen
erfordern, die offenkundig nicht zu den philosophischen Kernkompetenzen zählen. In jedem Fall wird durch diesen Aufgabentyp der unmittelbare philosophische
Zugriff auf das Problem erschwert.

Infolgedessen erweist sich die diskursive Problemreflexion auf der Basis einer
diskursiven Materialvorlage – besonders für das Grundniveau – als die geeignetste
Aufgabenart, da sie dem Anfänger einen unmittelbaren philosophischen Zugang
ermöglicht und ihm, mit dieser Vorlage, zugleich eine orientierende Hilfestellung
liefert, die er zur weiteren Durchführung der Problemreflexion auf einer adäquaten
Abstraktionsebene in den Dimensionen Problembearbeitung und -verortung nutzen kann. Nicht umsonst hat sich diese Aufgabenform daher auch im Zentralabitur
in Nordrhein-Westfalen durchgesetzt, das seit 2007 auch für Philosophie eingeführt
ist.[12] Dabei wird im Rahmen der Problembearbeitung zusätzlich auf eine fachphilosophische Position zurückgegriffen, die dem Schüler aufgrund der Vorgaben
für die Unterrichtsobligatorik in der Qualifikationsphase bekannt ist. Dass mit
dieser Aufgabenform, die ich im Weiteren als *Standardaufgabentyp* bezeichnen

---

11 Martina Dege sieht in der Fähigkeit zur »Abstraktion von lebensweltlichen Erfahrungen« eine
Grundkompetenz des gesamten Philosophieunterrichts, für deren Diagnose sie ein interessantes Kom-
petenzraster entwirft: Vgl. Dege, Martina: Zur Arbeit mit Kompetenzrastern im Fach Philosophie. In:
Mitteilungen des Fachverbandes Philosophie. H. 48 (2008), S. 40–51. Es zeigt das besondere Anfor-
derungsniveau von Aufgabenarten, bei denen der Schüler ohne Lehrerleitung die philosophischen
Implikationen in präsentativen Materialien erschließen muss.

12 Vgl. www.standardsicherung.nrw.de/abitur-gost/fach.php?fach=21. – Aktualisierungsdatum: 8. 8. 2010

werde, die Leistungsbewertung einer philosophischen Problemreflexion aufgrund von hinreichend klaren Indikatoren gut möglich ist und eine Konzentration auf philosophische Kernkompetenzen erlaubt, soll im Folgenden näher ausgeführt werden.

2. Erster Aufgabenteil: Erschließung des philosophischen Textes (Problemerfassung)

Die Erschließung eines philosophischen oder sonstigen diskursiv-argumentieren-den Textes wird von den EPA als »Problemerfassung« bezeichnet. Dieser Bezeichnung liegt offenbar ein weiter Problembegriff zugrunde, der die Erschließung des gesamten Textauszuges meint, insofern dieser nicht nur ein philosophisches Problem bearbeitet, sondern in dieser Bearbeitung – im Sinne des Philosophierens als unabschließbarer Prozess – ein neues Problem aufwirft, das einer weiteren Bearbeitung bedarf.

Bekommt der Schüler nun einen unbekannten philosophischen Text mit einer Erfassungs- oder Erschließungsaufgabe vorgelegt, so sieht er sich erst einmal vor eine umfassende eigenständige Verstehensleistung gestellt. Obgleich das Verstehen eines unbekannten Textes im Sinne Gadamers einen zirkelhaften Prozess der Horizontverschmelzung von Text und Leser impliziert, bei dem das Einzelne aus dem Ganzen und umgekehrt erschlossen wird,[13] lässt sich dieser Prozess doch analysierend in Teilanforderungen zerlegen, deren Erfüllung auf eine generelle *Verstehenskompetenz* verweist. Um den Gedanken- oder Argumentationsgang des Textes kognitiv adäquat erfassen zu können, muss der Schüler das philosophische Problem erkennen, zu dem der Text eine Lösung gibt bzw. das er bearbeitet. Weiterhin gilt es, diese Lösung, oder zumindest die Bearbeitungstendenz als Ganze, zu begreifen, aus der Argumentation im Einzelnen also die Gesamttendenz zu erschließen. Dazu müssen die einzelnen Gedanken- oder Argumentationsschritte des Autors nachvollzogen und im Hinblick auf ihren Stellenwert für die Gesamtaussage erfasst werden. Das Erfassen von begrifflichen Unterscheidungen und Festlegungen, die der Text vornimmt, sowie ihrer Funktionalität für den Gedanken- bzw. Argumentationsgang ist eine essentielle Voraussetzung für diese Leistung.[14]

---

13 Vgl. Gadamer, Hans Georg: *Wahrheit und Methode. Zweiter Teil, II: 1 a). Gesammelte Werke. Bd 1.*, 5. Aufl. Tübingen: Mohr Siebeck, 1965, S. 270–290; Steenblock, Volker: Hermes und die Eule der Minerva. Zur Rolle der Hermeneutik in philosophischen Bildungsprozessen. In: Rohbeck, Johannes (Hrsg.): *Philosophische Denkrichtungen* (= Dresdner Hefte für Philosophie, H. 4). Dresden: Thelem, 2001, S. 81–115.

14 Die Art der bei einem philosophischen Text zu erbringenden Verstehensleistung ist bereits von Rehfus, auf der Grundlage einer luziden Typologie philosophischer Texte, differenziert bestimmt worden: Rehfus, Wulff D.: *Der Philosophieunterricht. Kritik der Kommunikationsdidaktik und unterrichtsprak-*

Besonders hier gilt es, verschiedenartige Textpartien als Thesen, Argumente oder Veranschaulichungen bzw. Beispiele zu identifizieren und auf diese Weise die einzelnen Gedankenschritte in ihrem Aufbau nachzuvollziehen. Dabei darf die auch in der Deutschdidaktik verbreitete griffige Erschließungshilfe: »These – Argument – Beispiel« jedoch nicht schematisch angewandt werden.

Der Aufbau von diskursiven Texten ist genauer betrachtet, wie Herbert Schnädelbach in einem erhellenden Beitrag zur Eigenart philosophischer Argumentationen aufgezeigt hat, weniger an formallogischen Prinzipien wie dem klassischen Syllogismus, der nur zu analytischen Schlussfolgerungen führt, als an solchen der juristischen Argumentation nach dem Toulmin-Schema ausgerichtet. Danach liegt eine substantielle philosophische Argumentation dann vor, wenn eine Behauptung bzw. Schlussfolgerung durch empirische oder nicht-empirische Gründe plausibilisiert und diese Gründe wiederum durch ein weiteres nicht-empirisches Argument, das sog. ›warrant‹, gerechtfertigt werden. Bei einer kohärenten substantiellen Argumentation rechtfertigt das ›warrant‹ den Schluss von einer Behauptung auf eine andere (z. B.: »Es gibt keinen freien Willen.« »Das zeigen die Libet-Experimente.«), indem aufgewiesen wird, welche Regel oder Begründung den angeführten Schluss erlaubt bzw. plausibel macht (z. B.: »weil bewussten Entscheidungen eine messbare Hirnaktivität vorhergeht.«); weitere prinzipiellere Begründungen (sog. »backings«) rechtfertigen wiederum die erste (z. B.»Bewusstseinszustände basieren auf Gehirnaktivitäten«).[15] Die erforderliche Verstehensleistung besteht also bei philosophisch-diskursiven Texten darin, die am Toulmin-Schema ausgerichtete Argumentation inhaltlich und strukturell zu rekonstruieren, wozu ggf. auch die Darlegung von im Text angeführten Gegenargumenten gehört, die im Allgemeinen noch tiefer liegenden Begründung des ›warrant‹ durch ein »backing« führen. Zu vermeiden sind dabei fehlerhafte Argumentationsfiguren wie der ›circulus vitiosus‹ (fehlerhafter Kreis) oder die ›petitio principii‹ (Voraussetzung des zu Beweisenden).

Um die zu erbringende Problemerfassungs- oder Verstehensleistung anhand hinreichend eindeutiger *Indikatoren* bewerten zu können, muss der Schüler über spezielle methodische Kompetenzen verfügen, die im Unterricht bei der Erschließung philosophischer Texte zu üben sind und die den sachgerechten Umgang mit sog. Operatoren inkludieren, die in den unterschiedlichen Anforderungsbereichen

---

tischer Leitfaden. Stuttgart/Bad Canstatt: Frommann-Holzboog, 1986, S. 121–138. Diese Bestimmung hat auch Eingang in den zur Zeit noch geltenden nordrhein-westfälischen Lehrplan für Philosophie (Frechen: Ritterbach, 1999, S. 30 ff.) gefunden.

15 Vgl. Schnädelbach, Herbert: Philosophische Argumentation. In: Martens, Ekkehard; Schädelbach, Herbert (Hrsg.): *Philosophie. Ein Grundkurs.* Band 2. Reinbek bei Hamburg: Rowohlt, 1994, S. 683–707; eine gut lesbare Zusammenfassung findet sich bei Brüning, Barbara: *Philosophieren in der Sekundarstufe. Methoden und Medien.* Weinheim/Basel/Berlin: Beltz, 2003, S. 53–62.

der Klausur jeweils bestimmte methodische Anwendungen verlangen.[16] Wird vom Schüler auf dieser Grundlage eine »Problemerfassung« methodisch dokumentiert, dann kann der Gefahr der Paraphrase entgegen gewirkt werden, bei der sich der Aufgabenbearbeiter, obschon u. U. die wesentlichen Textaussagen inhaltlich wiedergegeben werden, ohne Textdistanz von Satz zu Satz hangelt und einzelne Satzglieder der Vorlage so montiert, dass ein eigenständiges Textverständnis letztlich nicht diagnostizierbar ist. Welche Indikatoren sind es aber, die den bewertenden Schluss auf eine eigenständige Verstehensleistung erlauben?

Der erste Indikator zur Feststellung der erreichten Verstehensleistung ist die Formulierung des Ausgangs- oder Grundproblems des vorgelegten Textes mit eigenen Worten. Diese mag noch kein klarer Verstehensindikator sein, wenn der Autor das Problem bereits selbst formuliert, sie ist aber besonders dann von Belang, wenn der Textauszug eine Antwort oder Bearbeitung des Problems liefert, das in ihm selbst nicht expliziert wird. In einem solchen Fall setzt die eigenständige Formulierung des Problems das Verständnis des gesamten Auszuges in seiner Gesamtaussage bereits voraus, weshalb hier der Anforderungsbereich II ins Spiel kommt. Wie auch die EPA für diesen Aufgabentyp vorgeben, kann es Sinn machen, dass der Schüler das selbst formulierte philosophische Problem in den Kontext aus dem Unterricht bekannter philosophischer Probleme einordnet und so zeigt, dass er es wirklich identifiziert hat.[17] Dazu benötigt er über die bloße Verstehenskompetenz hinaus Sachkompetenz, die allerdings nur erwartet werden kann, wenn entsprechende unterrichtliche Voraussetzungen vorliegen, die diese Einordnung gestatten.

Ein weiterer entscheidender Indikator zum Nachweis der erreichten Verstehenskompetenz ist die selbstständige Formulierung der Gesamtaussage oder zentralen These des Textauszuges als Beitrag zur Problemlösung oder -bearbeitung. Auch hier gilt: Ist die zentrale These, etwa als Zusammenfassung, schon im Text vorhanden, liegt die erbrachte Leistung noch im Anforderungsbereich 1; andernfalls wird auch hier Anforderungsbereich II tangiert und eine gelungene Formulierung gibt einen klaren Indikator für die erreichte Verstehensleistung.

Welche Indikatoren sind aber für das Verständnis der einzelnen Argumentationsschritte angebbar? Seit Helmut Engels in einem kurzen und äußerst wirkmäch-

---

16 Die EPA (2006) übernehmen die in den Gesellschaftswissenschaften eingebürgerten drei Anforderungsbereiche auch für Philosophie und ordnen ihnen spezielle Operatoren zu: So gehören zum Bereich I »Beschreiben«, »Darstellen« (für NRW: »Erarbeiten«), »Wiedergeben« und »Zusammenfassen«. (ebd., S. 10 ff.). Zugleich versuchen sie eine, allerdings wenig plausible Harmonisierung mit den drei Dimensionen der philosophischen Problemreflexion: Danach können prinzipiell in allen drei Reflexionsdimensionen alle drei Anforderungsbereiche zum Tragen kommen, in den Beispielaufgaben wird aber der Anforderungsbereich III stets der Problemverortung zugeordnet, und die beiden anderen Anforderungsbereiche in den Dimensionen Problemerfassung und -bearbeitung angesiedelt, jeweils abhängig von den unterrichtlichen Voraussetzungen.

17 EPA Philosophie, 2006, S. 7.

tigen Aufsatz von 1990[18] herausgestellt hat, dass die Wiedergabe von Textaussagen durch den grammatisch korrekten Gebrauch des Konjunktivs, und vor allem durch die Verwendung von sog. performativen Verben, eine grundlegende Distanz dem Text gegenüber zum Ausdruck bringt, die schon formal eine bloße Paraphrase verhindert, ist ein wichtiger Indikator der Verstehensleistung für philosophische Texte und Aussagen geltend gemacht. Dabei ist nicht bloß die mit dem Gebrauch des Konjunktivs und der genannten Verbklasse einhergehende Distanznahme gegenüber dem Text entscheidend, noch zentraler ist, dass dieses Verfahren vom Schüler verlangt, eine sachgemäße Identifizierung der logischen Operationen vorzunehmen, die der betreffende Autor im Sinne des Toulmin-Schemas im jeweiligen Textauszug vollzieht. Ob der Autor eine Behauptung aufstellt, ein Argument als Begründung anführt, als Beleg ein Beispiel gibt und daraus eine Schlussfolgerung zieht, sind Operationen, die er durchführt und die im Text als solche erkannt oder deren Erkenntnis auch verfehlt werden kann. In diesen Kontext gehört ebenfalls, dass die im Text verwendeten logischen Verknüpfungspartikel (daher, also, folglich usw.) beachtet und die ihnen zugrunde liegende logische Operation namhaft gemacht wird. Wie bei den zuvor angeführten Indikatoren gilt naturgemäß auch hier, dass der Grad der Selbstständigkeit des erlangten Textverständnisses umso klarer festgestellt werden kann, desto weniger die entsprechenden Operationen vom Autor selbst expliziert werden.

Als komplementären Indikator der erbrachten Verstehensleistung geben die EPA für die Problemerfassung beim Standardaufgabentyp die »Charakterisierung der Argumentationsmethode« des jeweiligen Textes vor.[19] Dies wird durch die Verwendung der performativen Verben nach Engels in differenzierter Weise geleistet. Darüber hinaus kann es bei einigen Texten, denkt man die Spannbreite philosophischer Argumentationsdichte von Descartes bis Nietzsche, als zusätzliches Verstehensmerkmal gelten, wenn der Schüler in einer zusammenfassenden Charakterisierung etwa eine apodiktische, beschreibende, abwägende oder analysierende Argumentationsmethode feststellt. Dies setzt allerdings eine gewisse Erfahrung in der Rezeption philosophischer Texte voraus und kann vom Anfänger, der den Aufgabentyp allererst einübt, noch nicht verlangt werden. Hingegen ist es für die Beurteilung von Anfängerleistungen unumgänglich, dass der Schüler den Gedankengang des Textes inhaltlich so differenziert wiedergibt, dass ein umfassendes Textverständnis deutlich wird. Werden bestimmte Argumentationsschritte einfach übersprungen, dann muss davon ausgegangen werden, dass der betreffende Gedankenzusammenhang nicht sachgemäß erfasst wurde.

Aus den vorherigen Darlegungen ist schon offenkundig geworden, dass der

18 Engels, Helmut: »Geben Sie den Inhalt des Textes wieder und …«. In: *Zeitschrift für Didaktik der Philosophie* 12 (1990), Nr. 1, S. 22–26.
19 EPA Philosophie, 2006, S. 19.

Standardaufgabentyp nur dann eine durch Indikatoren abgesicherte Bewertung der Problemerfassungs- oder Verstehensleistung erlaubt, wenn der dem Schüler unbekannte philosophische Text bestimmten Auswahlkriterien genügt. Insonderheit sollte er einen klaren Problembezug aufweisen, der, ohne explizit gemacht werden zu müssen, die Basis für die dargelegte Argumentation bildet. Am besten ist das im ausgewählten Text bearbeitete philosophische Problem deckungsgleich mit dem Problem, das auch die im zweiten Aufgabenteil einzubringende, aus dem Unterricht bereits bekannte Position bearbeitet. Auf diese Weise lässt sich der dort verlangte Vergleich des schon bekannten mit dem neu erschlossenen Ansatz gut bewältigen.

Für einen solchen Vergleich, wie für eine verstehende Aneignung überhaupt, ist es ebenfalls notwendig, dass der unbekannte Text eine eigene philosophische Position entfaltet oder wenigstens einen Lösungsansatz für das zugrunde liegende Problem liefert. Diese eigene Positionierung sollte in einer gewissen gedanklichen Geschlossenheit dargelegt werden. Wenig geeignet sind Texte, die Kritik an einer anderen Position üben, da diese dann zuvor rekapituliert werden muss und zudem der Ausfall einer eigenen Positionierung den folgenden Vergleich mit dem schon bekannten Denkmodell erschwert. Dazu kommen weitere allgemeine Parameter für die Auswahl von (philosophischen) Texten für den Unterricht, die primär auf ihre Verständlichkeit und Erfassbarkeit, die Motivation zur Auseinandersetzung sowie ihren Bildungsgehalt im Sinne des Exemplarischen abzielen.

Damit der Schüler die texterschließende Aufgabe selbstständig bewältigen kann, auch dann, wenn er zu Beginn der Stufe 11 mit der Einübung dieses Aufgabentyps beginnt, sollte sein methodischer Zugriff auf den Text mit Hilfe der festgelegten Operatoren geleitet und in Einzelschritte zerlegt werden. Bewährt hat sich eine Formulierung der Aufgabenstellung, in der erst einmal ausdrücklich die Darstellung des Ausgangs- bzw. Grundproblems sowie der zentralen These – als Lösung oder Bearbeitungsresultat dieses Grundproblems – gefordert wird. So wird, wie bereits angeführt, ein »Drauflosschreiben« und eine Paraphrase des Textes verhindert, denn der Klausurbearbeiter muss dessen wesentliche Aussagen in ihrem Beitrag zur Problemlösung bzw. -bearbeitung kognitiv erfasst haben, bevor er beides in eigenen Worten darlegen kann. Erst dann sollte die Aufgabenstellung die schrittweise Wiedergabe oder Darlegung des Gedanken- oder Argumentationsganges verlangen, was im Fach Philosophie die Reorganisation der Gedankenfolge bzw. der Argumentationsschritte mit Hilfe performativer Verben im genannten Sinne impliziert. Dies muss im Unterricht sukzessive eingeübt werden,[20] eventuell kann man dem Anfänger eine methodische Hilfestellung zur Klausur hinzugeben, etwa

---

20 Als Grundlage dazu kann dienen: Hinweise zur Erschließung von philosophischen Texten. In: Aßmann, Lothar u. a. (Hrsg.): *Zugänge zur Philosophie 1*, Berlin: Cornelsen, 2004, S. 541–546; dort findet sich auch ein Beispiel für eine den o. a. Indikatoren entsprechende Textanalyse von Schülerhand.

wenn nur wenige das Fach schriftlich belegt haben und für Übungsmöglichkeiten im Kursverbund nicht viel Raum gegeben werden kann.

3. Zweiter Aufgabenteil: Vergleich des erfassten philosophischen Ansatzes mit einer aus dem Unterricht bekannten Position (Problembearbeitung)

Einen gerade neu verstandenen und erfassten philosophischen Ansatz mit einem schon bekannten zu vergleichen, verlangt eine Fähigkeit, die man mit dem Begriff der *Orientierungskompetenz* belegen kann. Der Schüler muss dazu in der Lage sein, zwei oder mehr philosophische Positionen in Beziehung zueinander zu setzen und dadurch dokumentieren, dass er generell sachgerechte Vergleichsaspekte zwischen philosophischen Positionen herstellen und sich zwischen ihnen gleichsam navigierend zurechtfinden kann. Damit dokumentiert er sein Orientierungswissen. Es ist eine Besonderheit dieser Wissensform, dass hier nicht alle sachgerechten Vergleichspunkte vom Beurteilenden antizipiert werden können, dass aber umgekehrt auch nicht alle vom Schüler angeführten Vergleichsaspekte sachgerecht sein müssen. Beurteilungsmaßstab ist der erreichte Abstraktionsgrad und die Fähigkeit, die Vergleichsaspekte aus dem gemeinsamen Versuch der Autoren zu generieren, ein Problem zu lösen oder zu bearbeiten. Auch die Anordnung der Vergleichsaspekte nach zunehmender Gewichtung im Hinblick auf die Bedeutung für die versuchte Problemlösung ist ein Gradmesser der hier erlangten Orientierungskompetenz.

Der Begriff des Orientierungswissens geht zurück auf Kants Konzeption eines Vernunftglaubens als »Wegweiser oder Kompass, wodurch der spekulative Denker sich auf seinen Vernunftstreifereien im Felde übersinnlicher Gegenstände orientieren, der Mensch von gemeiner, doch (moralisch) gesunder Vernunft sich aber seinen Weg, sowohl in theoretischer als praktischer Absicht [...] vorzeichnen kann«[21]. Eine solche Fähigkeit impliziert mehr als nur das Verstehen verschiedener philosophischer Ansätze, sie verweist auf die *Einsicht* in ihre tieferen Gründe und Zwecke, die Lutz Koch im Anschluss an die Kompetenzstufen *Kenntnis* und *Verständnis* als drittes und höchstes Niveau der im Philosophieunterricht vom Schüler

---

21 Kant, Immanuel: »Was heißt: Sich im Denken orientieren« (1786). In: Weischedel, Wilhelm (Hrsg.): *Werkausgabe in 12 Bdn.* Frankfurt/M.: Suhrkamp, Bd. V, 1977. S. 267–283 (A 304–330); hier: S. 277. Kant schreibt in diesem Aufsatz der theoretischen Vernunft im Hinblick auf das Übersinnliche in Ermangelung objektiver Unterscheidungsmerkmale zwar keine sichere Erkenntnis, wohl aber einen orientierenden Glauben an ein höchstes Wesen zu, der die Wohlgeordnetheit und Zweckhaftigkeit der Welt durch die Annahme eines verständigen Urhebers zu erklären vermag. Der Verzicht auf diesen Vernunftglauben führe hingegen zur Vorherrschaft von Schwärmerei, Aberglaube und einem vordergründigen Atheismus.

zu erreichenden Erkenntnisleistung ansieht.[22] Curricular gedacht, bewegt man sich hier auf der Transferstufe und damit im Anforderungsbereich II. Dass ein solcher Vergleich sachgerecht nur möglich ist, wenn beide Ansätze auch dasselbe Problem bearbeiten bzw. zu lösen versuchen, wurde schon angesprochen. Entsprechend ist die Auswahl des Textes zum ersten Aufgabenteil der »Problemerfassung« zu treffen bzw. wirkt sich diese Auswahl ihrerseits auf die Wahl der Vergleichsposition aus den im Unterricht behandelten aus.

Zur Orientierungskompetenz gehört im Detail, die Gemeinsamkeiten und Unterschiede beider zu vergleichender Ansätze in der Art der Problemlösung oder -bearbeitung und in den zentralen inhaltlichen Aussagen zu erkennen und letztere begrifflich präzise und gedanklich strukturiert darzustellen. Dazu ist es wiederum nötig, sich verstehend auf derselben Abstraktionsebene zu bewegen wie die philosophischen Ansätze selbst, also z. B. nicht Beispiele für Argumente oder gar Thesen zu halten. Im Gegensatz zum ersten Aufgabenteil ist hier allerdings keine detaillierte Wiedergabe der These(n) und ihrer argumentativen Begründungen auf der Basis des Toulmin-Schemas gefordert, sondern eher ein Überblick über die wesentlichen Aussagen bzw. argumentativen Resultate im Vergleich. Dieser Überblick muss, wie bei der Erarbeitung der einzelnen Gedankenschritte des Textes im ersten Aufgabenteil, ebenfalls distanziert erfolgen, was hier heißt, dass die Denkvoraussetzungen und Argumentationsziele der jeweiligen Standpunkte mit zur Sprache kommen sollten.

Eine Aufgabe zu stellen, bei der unmittelbar der Vergleich beider Ansätze verlangt wird, wie es etwa die erste EPA-Beispielaufgabe tut, ist nur dann gerechtfertigt, wenn der Prüfling genau weiß, was methodisch bei dem Gebrauch des Operators »vergleichen« erwartet wird. Für den noch ungeübten Schüler stellt eine solche Aufgabenstellung eine Überforderung dar. Möglicherweise beginnt er in diesem Fall, die Kenntnisse der Lehrkraft als Adressat voraussetzend, sofort mit dem Vergleich, ohne zuvor die aus dem Unterricht bekannte, im Aufgabenformat aber neu ins Spiel kommende Position darzulegen. Um das zu verhindern, sollte dem Schüler klar sein, dass er als fiktiven Adressaten seiner Klausur stets einen Laien, nicht aber den Lehrer anzusehen hat. Diese auch für erwachsene Schreiber nicht einfache Integration einer fiktiven Adressatenperspektive lässt sich befördern, wenn nach der Aufforderung: »*Vergleichen Sie seine [hier: Berkeleys] Position mit einem anderen, aus dem Unterricht bekannten erkenntnistheoretischen Standpunkt!*«[23] der Zusatz folgt: »*Erklären Sie zu dem Zweck (alternativ: dazu) vorab diese Position in Grundzügen.*« Dabei signalisiert die Parenthese »zu dem Zweck« bzw. »dazu« in der Arbeitsanweisung, dass eine im Hinblick auf den sich

---

22 Vgl. Koch, Lutz: Standardisierter Philosophieunterricht – ein Fragezeichen. In: *Mitteilungen des Fachverbandes Philosophie, H. 46* (2006), S. 19–28.
23 EPA Philosophie, 2006, S. 17.

anschließenden Vergleich funktionale Darstellung erwartet wird; das verhindert die Wiedergabe bloß auswendig gelernten Wissens.

Insoweit zielt diese Aufgabenstellung auf eine weitere Kompetenz: die Fähigkeit, einen philosophischen Gedankengang aus dem Gedächtnis – und zwar anschlussfähig im Hinblick auf den folgenden Vergleich in den wesentlichen Schritten und begrifflichen Unterscheidungen – eigenständig, d. i. nach nicht vorher im Detail zu antizipierenden gedanklichen Aufbauprinzipen, rekonstruieren zu können. Hierfür scheint der Begriff der *Sachkompetenz* treffend, wenn er mehr meint als bloß gedächtnisbasierte Kenntnisse. Denn das vorher Gelernte muss in einem neuen, durch den zuvor erschlossenen Ansatz gestifteten Kontext angewendet und entsprechend gedanklich geordnet werden. Weil darin eine selbstständige, nicht unmittelbar textbasierte Verstehensleistung eines gedanklichen Zusammenhangs liegt, wird neben Anforderungsbereich I (Reproduktion) auch der Bereich II (Reorganisation und Transfer) tangiert.

»Der Grad der Lenkung, die er [der Lehrer] mit den Arbeitsaufträgen vornimmt, hängt ab vom Grad der Selbstständigkeit, den er von den Schülern erwartet.«[24] Nach diesem Grundsatz ist sinnfällig: Überlässt man, wie im zitierten EPA-Beispiel, dem Schüler selbst die Auswahl des aus dem Unterricht bekannten Standpunktes, dann bürdet man ihm eine zusätzliche Last auf und schafft ungleiche Bedingungen für die Leistungsbewertung. Denn dass es z. B. schwieriger ist, die erkenntnistheoretische Position von Berkeley mit der von Kant als mit der von Locke zu vergleichen, ja schon in der Darstellung der erstgenannten ein höherer Schwierigkeitsgrad liegt, ist evident. Von daher ist es günstiger, auch in Bezug auf einen zu erstellenden Erwartungshorizont, den betreffenden Autor zu nennen, mit dessen Standpunkt der Vergleich durchgeführt werden soll. Dies ermöglicht des Weiteren die schon angesprochene Abstimmung zwischen beiden zu bearbeitenden philosophischen Positionen im Hinblick auf die Diskussion desselben philosophischen Problems.

In den angeführten Begründungen für die Aufgabenformulierung im Bereich »Problembearbeitung« sind schon die wesentlichen Indikatoren angesprochen worden, die auf eine Sachkompetenz bekundende Rekonstruktions- sowie auf eine Einsicht und Überblick bezeugende Orientierungsleistung verweisen. Ich will sie hier noch einmal unter der Bewertungsperspektive resümierend skizzieren:

Die Darstellung der bekannten Position muss gedanklich strukturiert und distanziert im Form eines Überblicks erfolgen, eine differenzierte Darlegung der einzelnen Argumentationsschritte, wie bei der Texterschließung, ist hier nicht angezeigt. Wird durch eine entsprechende Aufgabenformulierung klar, dass nicht

---

24 Vgl. Mutke, Marieluise: Artikel »Klausuren«. In: Rehfus, Wulff D.; Becker, Horst (Hrsg.): *Handbuch des Philosophie-Unterrichts*. Düsseldorf: Schwann, 1986, S. 412–415; hier: S. 413.

nur auswendig gelernte Kenntnisse, sondern eine schon auf den folgenden Vergleich konzentrierte Darlegung des bekannten Ansatzes erwartet wird, dann ist deren Vorhandensein, greifbar etwa in Auswahl und Anordnung der rekonstruierten Theorieteile, ein zusätzliches Qualitätsmerkmal der hier erbrachten Leistung. Eine Darstellung des in Rede stehenden Ansatzes ohne Fokussierung auf den folgenden Vergleich entspricht dem Anforderungsprofil dieses so formulierten Aufgabenteils nur partiell.

Bei dem eigentlichen Vergleich kommt es darauf an, die wesentlichen Vergleichsaspekte auf einer adäquaten Abstraktionsebene – als Gemeinsamkeiten und Unterschiede – inhaltlich zu erfassen und sie dabei auf das von den beiden Positionen behandelte (gemeinsame) Grundproblem zu beziehen – idealiter in einer nach ihrer Bedeutung zur Lösung des Problems geordneten Rangfolge. Wenn der Vergleich zudem die Denkvoraussetzungen und Argumentationsziele des jeweiligen Autors offen legt, ist dies ein Indikator für eine erbrachte Verstehensleistung, welche Einsicht in die tieferen Gründe und Zwecke der thematisierten philosophischen Standpunkte dokumentiert. Diese Einsicht kann ergänzend auch daran deutlich werden, dass die spezifische Methode der Problembehandlung durch den jeweiligen Autor charakterisiert wird, besonders wenn sie außergewöhnlich ist oder die zu vergleichenden Ansätze einen signifikant unterschiedlichen methodischen Zugriff auf das Problem an den Tag legen. Für die Bewertung der Darstellungsleistung ist es bei diesem Aufgabenteil von besonderer Bedeutung, dass adressatenbezogen im Hinblick auf einen Mitschüler oder Laien – und nicht auf eine schon die Theoriezusammenhänge kennende Lehrkraft, formuliert wird.

4. Dritter Aufgabenteil: Eigene Beurteilung und Stellungnahme auf dem Hintergrund der bearbeiteten Ansätze (Problemverortung)

Mit der eigenen Beurteilung und Stellungnahme ist die anspruchsvollste Leistung des Selbst-Philosophierens gefordert: die Urteilskraft oder *Urteilskompetenz*. Damit ist nicht die Fähigkeit zur Äußerung von wahren Urteilen im Sinne der traditionellen Logik gemeint, etwa das Urteil »Diese Rose ist rot«, das eigentlich eine Tatsachenbehauptung darstellt. Urteilskompetenz beweist vielmehr, wer mit seinen wertenden Aussagen über Einzelnes oder Allgemeines auch andere überzeugen kann, weil er sich mit ihnen auf einen intersubjektiven Kosmos von zumeist normativen Einschätzungen bezieht, die argumentativ weiter begründbar sind, ohne eine definitive Gewissheit prätendieren zu können. Dass besonders die reflektierende Urteilskraft über ihren Wert als philosophische Tugend hinaus für ein demokratisches Gemeinwesen mit pluralistischen Grundüberzeugungen ganz generell von unverzichtbarer Bedeutung ist, hat bereits Hannah Arendt im

Rekurs auf Kants politische Philosophie herausgestrichen.[25] Über ihr Schwinden in der gegenwärtigen Gesellschaft, vornehmlich bei Jugendlichen, die durch das Internet auf Informationsentnahme und »Download«, aber nicht mehr auf eine geistige Auseinandersetzung mit Behauptungen und Begründungen »programmiert« werden, wird neuerdings zu Recht von philosophisch ambitionierten Pädagogen Klage geführt.[26] Dieser Tendenz durch beständiges Üben der Urteilskraft entgegenzuwirken, ist gegenwärtig vielleicht die wichtigste Aufgabe des Philosophieunterrichts.[27]

Wie bereits ausgeführt, hat der Schüler beim Standardaufgabentyp im dritten Aufgabenteil mit den zuvor erarbeiteten philosophischen Ansätzen ein methodisches Muster, auf das er bei der Entfaltung seines eigenen Urteils rekurrieren kann, denn bei diesen Ansätzen handelt es sich ebenfalls um beurteilende Stellungnahmen zu philosophischen Problemen. Zugleich bieten ihm diese Ansätze die Möglichkeit, auf schon erarbeitete inhaltliche Gesichtspunkte zurückzugreifen, mit denen er sein eigenes Urteil zum Problem fundieren oder auf die er zur Erhellung seiner Stellungnahme kritisch Bezug nehmen kann.

Was aber beinhaltet die Urteilskompetenz? Welche spezifischen *Kompetenzen* sind nötig, um eine eigenständige wertende Positionierung entfalten zu können? Nun, zuerst einmal muss der Schüler das Problem, das idealiter auch von den beiden zuvor dargestellten Positionen in Form von Problemlösungsversuchen behandelt wurde, so erfasst haben, dass er *dazu* eine eigene Gedankenfolge entwickeln kann. Wichtig ist hier wiederum das »dazu«: Es geht nicht um die Entwicklung irgendwelcher Gedanken zum Thema, sondern solcher, die auch wirklich das in Rede stehende *philosophische* Problem in seinem abstrakten Grundcharakter bearbeiten, lösen, neu bestimmen usw. – und zwar auf argumentative Weise.

Argumente verweisen einerseits auf eine übergeordnete Positionierung, sie bedürfen andererseits der weiteren begrifflichen Erläuterung oder der Veranschaulichung durch geeignete Beispiele, um diese Positionierung plausibel zu

25 Vgl. Arendt, Hannah: *Eichmann in Jerusalem. Ein Bericht von der Banalität des Bösen.* München/Zürich: Piper, 1986, S. 9–25; hier: S. 22 f.; dies.: *Das Urteilen. Texte zu Kants politischer Philosophie.* München/Zürich: Piper, 1988. Für Kant ist der Mangel an (bestimmender) Urteilskraft »eigentlich das, was man Dummheit nennt, und einem solchen Gebrechen ist gar nicht abzuhelfen.« (Kritik der reinen Vernunft, B 173)

26 Vgl. z. B. von Hentig, Hartmut: *Der technischen Zivilisation gewachsen bleiben.* München/Wien: Hanser, 2002.

27 Dass solches Üben offenbar schon im Philosophieunterricht der Sekundarstufe I, vornehmlich bei ethischen Fragestellungen, messbare Erfolge besonders in der Steigerung der Urteilskraft zeigt, ist unlängst in einer empirischen Untersuchung nachgewiesen worden. Vgl. Tiedemann, Markus: Ein Pionierversuch aus dem Bereich der Effizienzmessung. In: Rohbeck, Johannes; Thurnherr, Urs; Steenblock, Volker (Hrsg.): *Empirische Unterrichtsforschung und Philosophiedidaktik* (= Jahrbuch für Didaktik der Philosophie und Ethik 2008) Dresden: Thelem, 2009, S. 83–103; vgl. auch: Thiedemann, Markus: Philosophiedidaktik und empirische Unterrichtsforschung. In: *Information Philosophie* 36 (2008), Nr. 2, S. 66–71.

machen. Der Bezug auf die übergeordnete Positionierung ist *das* zentrale Element der Urteilsfindung und die unabdingbare Prämisse für ihre Explikation. Bevor argumentiert und erläutert wird, muss man sich seines eigenen Standpunktes zum Problem in einem Wert- oder Entscheidungsurteil bewusst werden. Die argumentative Ausgestaltung dieses Standpunktes verlangt dann eine selbstständige Gedankenentfaltung – und zwar auf inhaltlicher und methodischer Augenhöhe mit der philosophischen Tradition.

Das Anforderungsniveau und die Komplexität der aufgespannten Kompetenzen, die sich in diesem dritten Aufgabenteil ausnahmslos im Anforderungsbereich III (Reflexion und Problemlösung) bewegen, machen eine präzise Formulierung der Aufgabenstellung nötig, die deren Bearbeitung eingrenzt. Auch hier kann der Vorschlag der EPA zu diesem Aufgabentyp – *»Nehmen Sie vor dem Hintergrund dieses Vergleichs kritisch Stellung zur Position Berkeleys!«*[28] – allenfalls als ausgedünntes Endprodukt von Formulierungen angesehen werden, die im Laufe der Qualifikationsphase methodisch genauere Hilfen zur Aufgabenbewältigung geben.

Zuerst einmal muss sich die Lehrkraft grundsätzlich darüber klar werden, ob eher *die Beurteilung des aus der Textvorlage erschlossenen Ansatzes oder beider dargelegter Positionen* verlangt werden soll oder ob *die eigene Stellungnahme zu dem verhandelten Problem – ggf. auf dem Hintergrund der erarbeiteten Ansätze –* das Zentrum der erwarteten Schülerleistung bildet. Bei dieser geht es hauptsächlich um die argumentative Entfaltung einer eigenen Position zu einem philosophischen Problem unter Einbezug anderer Positionen; bei jener steht die Bewertung und Einschätzung der argumentativen Positionierungen anderer im Zentrum, die wiederum selbst argumentativ gestützt werden muss. Beides vermengende Aufgabenstellungen (z. B. »Nehmen Sie beurteilend Stellung zum Ansatz von X.«) überfordern in der Regel den Schüler und begünstigen, was ohnehin schon oft genug aus Zeitmangel im dritten Aufgabenteil geschieht: Eine assoziative Aneinanderreihung von eigenen Gedanken, die sich mal auf den vorgegebenen Text und mal auf die im zweiten Aufgabenteil hinzugezogene Position beziehen – und das auf dem Hintergrund einer eigenen Auffassung, die nirgends deutlich expliziert wird.

Die Beurteilung einer oder mehrerer vorgegebener philosophischer Positionen ist die einfachere Aufgabenvariante, sie wird vom zitierten ersten EPA-Aufgabenbeispiel präferiert. Auch für sie ist die Explikation eines eigenen Standpunktes zum verhandelten Grundproblem notwendig, weil die Würdigung der *wesentlichen* Argumente der fremden Position und ihrer Plausibilität erst gelingen kann, wenn sich der Schüler vorher seiner eigenen Positionierung zum Problem vergewissert

28 EPA Philosophie, 2006, S. 17.

hat.[29] Auch für die bewertende Lehrkraft ist eine solche Explikation des Bearbeiter-Standpunktes nützlich. Bisweilen liest man Klausuren, in denen zum dritten Aufgabenteil scheinbar beliebige oder nebensächliche Textaussagen ausführlich bestätigt oder kritisiert werden. Diese subjektive Auswahl gründet im Allgemeinen in einer affektiv besonders besetzten Meinung des Schülers zum jeweiligen Problem, die als nicht greifbare, meist normative Hintergrundoption ihre, in diesem Fall, verhängnisvollen Wirkungen entfaltet. Von daher ist es für den Bewertenden wichtig, dass ihm die Meinungsbasis transparent gemacht wird, auf der die vom Schüler getroffene Auswahl ruht. So können die (normativen) Grundmotive für die vorgebrachten Einzelurteile nachvollzogen und deren Fokussierung auf bestimmte Textaussagen in der Folge adäquater bewertet werden.

Ein spezifisches Qualitätsmerkmal für Leistungen in diesem Aufgabenteil ist gegeben, wenn die eigenständige Beurteilung *kriteriengeleitet* geschieht. Der Bearbeiter muss hierzu diverse Beurteilungsmaßstäbe kennen und sachgerecht, d. h. konkret im Hinblick die jeweils zu beurteilende Position, anwenden können.

So gilt es zuerst einmal zu prüfen, ob Brüche und Widersprüche in einer Gedankenführung vorliegen, diese also immanent zu kritisieren. Für die kritische Beurteilung von philosophischen Theorienansätzen als ganzes ist es meist in einem ersten Schritt nützlich, auf die eigenen Intuitionen zu rekurrieren und sich zu fragen, ob die angebotenen Lösungen und Antworten mit ihnen übereinstimmen. Von dort aus kann es sinnvoll sein, die Voraussetzungen der jeweiligen Argumentation aufzudecken und anschließend zu untersuchen, ob diese willkürlich, begründet oder weiter begründbar sind. Auch das Aufweisen der sich aus den jeweiligen Ansätzen ergebenden Konsequenzen ist ein konstitutives Element ihrer kritischen Beurteilung. Dazu müssen diese Ansätze von ihren Voraussetzungen aus weitergedacht werden, wozu die Fähigkeit zum perspektivischen Philosophieren erforderlich ist. Darüber hinaus sollte die Reichweite und Erklärungskraft der thematisierten Ansätze im Hinblick auf das behandelte Problem bestimmt werden, um von dort auszuloten, welche orientierende Kraft ihnen, z. B. für die Lebensgestaltung bei ethischen Problemen, innewohnt. Schließlich kann, insbesondere im Bereich der theoretischen Philosophie, die Anwendung des »Ockhamschen Rasiermessers«, nach dem eine Theorie möglichst einfach und frei von unnötigen Zusatzannahmen zu sein hat, bekunden, dass der Schüler über ergiebige Beurteilungskriterien für die Tragfähigkeit resp. Plausibilität von philosophischen Ansätzen verfügt.

---

29 Die Stellung der Explikation des eigenen Standpunktes hängt von dem Schreibmodus ab, den der Schüler wählt: Bei einer ergebnisorientierten Darstellung findet sich die eigene Positionierung bereits zu Beginn, bei einer prozessorientierten entwickelt sie sich aus der Einzelargumentation und wird erst am Schluss expliziert. Auch bei der prozessorientierten Schreibform muss sich der Schüler seinen Standpunkt vor dem Beginn des eigentlichen Schreibaktes klar gemacht und ihn am besten auch verschriftlicht haben. Um dies einzuüben, kann die (anfängliche) Verpflichtung auf die ergebnisorientierte Schreibform hilfreich sein.

Zum angemessenen Umgang mit diesen Beurteilungskriterien gesellen sich weitere Qualitätsparameter: Der Umfang und die Differenziertheit der argumentativen Ausführungen, auf die ich weiter unten noch eingehen werde, sowie die Kohärenz der Gedankenführung. Im Besonderen ist die kritische Darlegung der Ziele der zu beurteilenden Ansätze eine wichtige Voraussetzung, um zu ihrer umfassenden Würdigung zu gelangen; eine derartige Darlegung erlaubt auch eine distanzierte Bezugnahme auf andere Positionen, bei der die Kompatibilität und Anschlussfähigkeit der verschiedenen Ansätze erörtert wird – ein für philosophische Theorien zentrales Kriterium ihrer Tragfähigkeit und Plausibilität, das allerdings im Rahmen einer Schülerklausur lediglich anklingen kann.

Bei der Aufgabenstellung einen Hauptaspekt der Beurteilung anzugeben oder die Aufgabenformulierung auf die Würdigung der zentralen These der zu beurteilenden Position zuzuspitzen, kann die Bearbeitung dieses Aufgabenschwerpunktes beträchtlich erleichtern. So bietet sich zum EPA-Standard-Aufgabenbeispiel als Eingrenzung an: »*Beurteilen Sie die Plausibilität von Berkeleys Behauptung, dass die Existenz der Dinge ausschließlich in ihrem Perzipiertwerden durch mich selbst besteht.*«[30] Die Erweiterung: »*... vor dem Hintergrund des durchgeführten Vergleichs bzw. der anderen vorgegebenen Position*« (z. B. Würdigung von Berkeleys Position vor dem Hintergrund von Lockes empiristischem Ansatz) macht besonders dann Sinn, wenn die so einbezogene Position Argumente enthält, die sich kritisch gegen die aufgabengemäß zu beurteilende wenden oder wenden lassen – denn dann kann der Schüler das ausgearbeitete Argumentationsarsenal für seine eigene Beurteilung nutzen und vertiefen.

Grundsätzlich ist es schwieriger, eine Position durch zusätzliche Argumente zu stützen als ihr zu widersprechen. Das gilt um so mehr, je umfassender und differenzierter die Begründungen für die betreffende Position entfaltet sind. Dem ist bei der Bewertung der Bearbeitungsqualität dieses Aufgabenteils Rechnung zu tragen. Zusätzlich sollte man bei der Textauswahl zum ersten Aufgabenteil darauf achten, dass der vorgelegte Text Leerstellen in der Begründungsdichte aufweist, die der Schüler, wenn er sich *für* die Position dieses Textes entscheidet, sinnvoll füllen kann.

Soll die Formulierung dieses Aufgabenteils die zweite Variante, also die eigene *argumentative Stellungnahme* initiieren, ist es ebenfalls ungünstig, ganz unspezifisch aufzufordern: »*... und nehmen Sie dazu Stellung.*« Vielmehr sollte das zur Stellungnahme herausfordernde Ausgangsproblem klar akzentuiert werden: z. B. »*Nehmen Sie, auf dem Hindergrund Ihres Vergleichs (bzw. der Positionen von Berkeley und Locke), Stellung zu der Frage, ob es plausibler ist, von einer Realität außer-*

---

30 Dabei muss darauf geachtet werden, dass der vorgegebene Bearbeitungsaspekt nicht identisch mit der zentralen These des Textes ist, soweit deren Darstellung im ersten Aufgabenteil 1 verlangt wird.

halb unserer Sinneswahrnehmungen auszugehen oder nicht.« So wird der Schüler nicht damit allein gelassen, das Leitproblem festzulegen und vielleicht bereits hier eine ungünstige oder auch gar keine Entscheidung für die Basis seiner Stellungnahme zu treffen, sondern er bekommt das zu bedenkende Problem als Hilfe vorgegeben, die eine darauf zentrierte eigene Positionierung erleichtert.

Dass eine solche Konzentration auf eine möglichst strittige Behauptung oder auf ein ungelöstes Problem die Voraussetzung für eine qualitätsvolle eigene argumentative Stellungnahme darstellt, wird auch in Überlegungen zum ›Argumentierenden Schreiben‹ innerhalb der Deutsch-Didaktik betont:

»Ausgangspunkt beim Argumentieren ist stets ein strittiger Gegenstand oder Sachverhalt, eine *res dubia*. Erst wenn die Wahrheit eines Sachverhaltes oder die Richtigkeit einer Handlung oder Einstellung in Frage gestellt wird, ist das Anführen von Argumenten notwendig.«[31]

Strittige Behauptungen und ungelöste Ausgangsprobleme fordern in der Tat zum selbstständigen Argumentieren auf der Basis eines eigenen Werturteils oder einer eigenen Positionierung heraus. Dieser motivierende Effekt potenziert sich noch, wenn wir gegensätzliche Intuitionen in Bezug auf die Lösung dieses Problems haben, die beide in sich plausibel scheinen; in diesem Fall wird das Bedürfnis nach einer philosophischen Problemerörterung noch weiter angereizt.[32]

Welche Indikatoren sind nun aber bei der Leistungsbewertung einer eigenen Stellungnahme zu einem philosophischen Problem in Anschlag zu bringen?

Zum einen ist es, ganz wie bei der Beurteilung anderer Positionen, die *Quantität* der vom Bearbeiter angeführten Argumente. Zum anderen spielt ihre *kohärente Darlegung* hier eine zentrale Rolle. Zu dieser gehört, dass der der eigentlichen Argumentation zugrunde liegende eigene Standpunkt zum Problem expliziert und als zentrale Ausgangsthese, alternativ auch als Ergebnis der Einzelargumentation, gekennzeichnet wird.[33] Die folgenden Argumente müssen dann in ihrer Stützfunktion für diese These erkennbar sein, wobei gelegentlich auf erschlossene bzw. bekannte philosophische Positionen rekurriert werden kann bzw. sollte.

Ob die Argumente auch wirklich verstanden sind, ist unter anderem am Grad ihrer Konkretisierung feststellbar. Obgleich die Entfaltung der Argumentation im

---

31 Vgl. Winkler, Iris: *Hinweise zur Entwicklung von Prüfungsaufgaben im Bereich Argumentierendes Schreiben.* Unveröffentlichtes Skript. Jena, 2007, S. 1
32 Vgl. Henke, Roland W.: Das Leib-Seele-Problem bei Descartes. Aspekte zur Sachorientierung und Grundzüge einer dialektisch gefassten Unterrichtsreihe. In: *Zeitschrift für Didaktik der Philosophie und Ethik 29.* (2007), Nr. 3, S. 192–206; hier: S. 194.
Das zum eigenen Argumentieren anreizende Motivationspotential von strittigen Problemen lässt sich auch auf strittige Problemlösungen übertragen und hat dann bei der Konzentration auf die erste Aufgabenvariante im Anforderungsbereich »Beurteilen« zur Folge, dass bereits bei der Entscheidung für die Textvorlage zur ersten Teilaufgabe darauf zu achten ist, eine konträre Position zu derjenigen zu wählen, die in der zweiten Teilaufgabe als aus dem Unterricht bekannte darzulegen ist.
33 Vgl. Anmerkung 30.

Grundsatz abstrakt angelegt sein muss, kann als wesentlicher Indikator ihres Verständnisses ihre Veranschaulichung an Beispielen gelten, die im Allgemeinen aus der Lebenswelt der Schülerinnen und Schüler stammen werden.

Der wichtigste Indikator jedoch ist die *Qualität* der eigenständig angeführten Argumente. Wie lässt sich diese aber für beurteilende Schüler-Stellungnahmen genauer bestimmen? Dazu hilft ein Blick auf die Qualitätsinsignien für professionelle philosophische Argumentationen, denn der Unterschied zwischen diesen und den argumentativen Stellungnahmen von Schülern zu einem philosophischen Problem ist nicht prinzipieller, sondern nur gradueller Natur. Damit wird das Toulmin-Schema auch für die Beurteilung von Stellungnahmen relevant.

Notwendige, aber nicht hinreichende Bedingung für die Qualität eines philosophischen Arguments ist danach seine logische Korrektheit: Es darf z. B. nicht gegen den Satz vom Widerspruch oder gegen elementare Schlussregeln sowie solche des Argumentationsaufbaus (›petitio principii‹ usw.) verstoßen werden. Neben diese logische Minimalbedingungen tritt die Forderung, substantiell, d. h. nicht nur analytisch zu argumentieren und dabei eine adäquate Argumentationsebene zu beschreiten. Als philosophisch dimensioniert können Argumente nur gelten, wenn es sich um Verstehensargumente handelt – und nicht bloß um den Verweis auf empirische Fakten oder die Bezugnahme auf Autoritäten, das Gewissen oder unmittelbare Gefühle. Verstehensargumente machen im Sinne des Toulmin-Schemas eine Behauptung verständlich und explizieren dabei begriffliche Bedeutungen und gedankliche Zusammenhänge. Die Qualität einer philosophischen Argumentation oder Stellungnahme ist also dann besonders hoch, wenn Behauptungen durch weitere nicht-empirische und in geklärter Begrifflichkeit entfaltete Gründe gestützt werden, die ihrerseits wiederum durch prinzipiellere Begründungen plausibel erscheinen.

In den Gefilden der philosophischen Abstraktionen kann sich keine Wahrheit behaupten, ohne zugleich auf ihr Gegenteil zu verweisen, das sich mit meist ebenso guten Argumenten verteidigen lässt. Es ist ein Wesenszug der spekulativen Vernunft, dass sie sich in dialektische Schlüsse und Antinomien verwickelt, wenn sie etwa die allgemeinsten kosmologischen Prinzipen zu erkennen bzw. die Wahrheit einer bestimmten Aussage über das Wesen und den Ursprung der Welt zu begründen sucht.[34] Das gilt im Grundsatz für die Lösungsversuche jedes philosophischen Problems, wenn sie bis zur ihm adäquaten Prinzipienerörterung vorangetrieben werden. Kein nicht-empirisches Verstehensargument, das eine Prinzipienaussage begründet, gilt apodiktisch, zu jedem kann ein plausibles Contra-Argument gefunden werden, weil die sich hier entfaltende Urteilskraft prinzipiell nicht zu

---

34 Vgl. Kant, Immanuel: *Kritik der reinen Vernunft. Die transzendentale Dialektik.* Hamburg 1956, S. 437–548 (B 433 – B 595).

objektiven Wahrheiten, sondern nur zu hinreichenden Plausibilisierungen ihrer stets subjektiven Positionierungen gelangen kann.

Für die Bewertung philosophischer Schüler-Stellungnahmen bedeutet diese Einsicht in die Struktur der Vernunft, näherhin der für unsere pluralistische Gesellschaft so notwendigen Urteilskraft, dass die Qualität dieser Stellungnahmen um so höher zu veranschlagen ist, je intensiver die angeführten Gründe im Kontext von Einwänden entfaltet werden; denn diese nötigen zu weiteren begründenden Präzisierungen des eigenen Standpunktes im intersubjektiven Diskurs der Grundüberzeugungen. Somit stellt die *dialektische Strukturierung und abwägende Darlegung der Argumente* einen ganz entscheidenden Gradmesser für die Qualität philosophischer Argumentationen dar, der zugleich, über die obigen Bestimmungsmomente hinaus, auf ihre gedankliche Differenziertheit verweist. Durch sie werden naheliegende oder mögliche Gegenargumente berücksichtigt und im Sinne der differenzierten und philosophisch qualifizierten Plausibilisierung des eigenen Standpunktes zurückgewiesen.[35]

Wenn also Berkeley behauptet, dass die Existenz der Dinge ausschließlich in ihrem Perzipiertwerden durch mich selbst bestehe, dann könnte ein Schüler gegen diese Behauptung einwenden, dass dann keine Kommunikation unter verschiedenen Subjekten mehr möglich sei, da man sich nie sicher sein könne, vom gleichen Objekt zu sprechen; dieses kann wiederum mit dem Hinweis zurückgewiesen werden, die anderen Kommunikationssubjekte seien auch nur eine Wahrnehmung des Subjekts; dem könnte entgegengehalten werden, diese Auffassung führe in den Solipsismus, eine philosophische Position, in dem alles nur Vorstellung des Ich sei (Begriffsexplikation); dies sei eine im Prinzip zwar unwiderlegbare, aber lebenspraktisch unhaltbare Denkvoraussetzung; dazu brauche man nur in einem Gedankenexperiment einen wirklichen Autounfall einem solchen im Traum in den Folgen gegenüberstellen, usw.

Neben der philosophischen Qualität von Argumenten spielt, wie an dieser Konkretisierung zugleich deutlich wird, die methodisch geleitete Artikulation von originellen Einfällen, etwa in Form von Gedankenexperimenten, eine weitere Rolle für die Bewertung.[36] Und wenn der Schüler sein argumentatives Vorgehen auf einer Metaebene, zumindest an Gelenkstellen, erläutert und seine eigenen

---

35 Ein Exemplum und damit auch ein Modell für eine dialektisch-abwägende und dabei völlig stringente Argumentation stellt die erste cartesianische Meditation dar.

36 So betont Engels zu Recht: »Es ist nützlich, wenn die Schüler eine Reihe von Gedankenexperimenten kennen lernen – als Beispiele und Vorbilder –, wichtiger aber ist es, wenn sie durch den Unterricht dahin kommen, Gedankenexperimente selbst durchzuführen [...] oder sogar selbst zu entwerfen.« (Engels, Helmut: »*Nehmen wir an ...*« *Das Gedankenexperiment in didaktischer Absicht.* Weinheim/Basel: Beltz, 2004, S. 185)
Es ist heute viel von der Rückmeldefunktion die Rede, welche die erbrachten Schülerleistungen der Lehrkraft über ihre Unterrichtsqualität geben. (Vgl. u. a. *Kernlehrplan Sekundarstufe I in Nordrhein-Westfalen. Praktische Philosophie.* Frechen: Ritterbach, 2008, S. 34) Ob die Schüler in ihren argumentati-

gedanklichen Operationen dabei kennzeichnet, ist das ein besonderer Indikator für bewusste Methodenkompetenz.[37] Inwieweit die entworfenen Gedankenexperimente dann auch tragen, ob die Bemerkungen zum eigenen Vorgehen auch wirklich zutreffen, kann im Rahmen der vorliegenden Ausführungen ebenso wenig geklärt werden wie der sachliche Gehalt der angeführten Argumente überhaupt. Dieses ultimative Qualitätsmerkmal im jeweiligen Kontext konkret zu erheben, macht den wesentlichen Indikator der Urteilskompetenz *des Lehrers* aus, für welche die allgemeine Explikation von noch so vielen Bewertungskriterien letztlich kein Surrogat sein kann.

---

ven Stellungnahmen im Rahmen von Klausuren selbstständig Gedankenexperimente durchführen oder gar entwerfen, ist zweifellos ein Gradmesser für das maieutische Anregungspotential des Unterrichts.
37 Typische Formulierungen dieser Art können sein: »So stelle ich die These auf, ziehe die Schlussfolgerung, wende mich einem neuen Aspekt zu, stelle fest, dass hier eine nicht mehr weiter begründbare, aber evidente Annahme vorliegt usw.« Ihr Vorhandensein ist bei eigenen Stellungnahmen für die Leistungsbewertung ebenso erheblich wie ihre Identifikation bei der Wiedergabe eines vorliegenden philosophischen Gedankengangs im Kontext des ersten Aufgabenteils.

Indikatoren zur Leistungsbewertung von diskursiven Problemreflexionen auf der Basis zweier philosophischer Positionen

Problemerfassung	Problembearbeitung	Problemverortung	
		Beurteilung anderer Ansätze	Eigene Stellungnahme
Eigenständige und sachgerechte Formulierung des dem Text zugrunde liegenden Problems (ggf. mit Einordnung in den Kontext anderer philosophischer Probleme)	Überblicksartige funktionale, strukturierte und distanzierte Darlegung eines aus dem Unterricht bekannten philosophischen Ansatzes	Stimmiger Nachweis von Widersprüchen, Brüchen und Argumentationslücken in der Gedankenführung des zu beurteilenden Textes/Ansatzes (soweit vorhanden)	Klare Darstellung der eigenen Positionierung (These) – ggf. mit Bestimmung des Verhältnisses zu den erarbeiteten Ansätzen (Abgrenzung oder Affinität)
Eigenständige und sachgerechte Formulierung der Gesamtaussage bzw. zentralen These des Textes	Darstellung wesentlicher Gemeinsamkeiten und Unterschiede zwischen beiden Ansätzen auf angemessener Abstraktionsebene (bezogen auf das zugrunde liegende Problem)	Stringentes Aufzeigen von sich aus den Ansätzen ergebenden Konsequenzen und dadurch fundierte Einschätzung ihrer Tragfähigkeit bzw. Plausibilität insgesamt	Kohärente (widerspruchsfreie) Darlegung der angeführten Argumente (ggf. unter Rekurs auf weitere philosophische Positionen) unter Bezugnahme auf die These
Inhaltliche Rekonstruktion der Gedankenschritte des Textes bei sachgemäßer Identifizierung der vom Autor vollzogenen logischen Operationen (durch performative Verben)	Offenlegung der Voraussetzungen und ggf. der Argumentationsziele beider Ansätze/Autoren	Kritische Einschätzung der Voraussetzungen und ggf. Argumentationsziele der Ansätze im Hinblick auf ihre Tragfähigkeit bzw. Plausibilität	Treffende Veranschaulichung der angeführten Argumente durch Beispiele
Ggf. Charakterisierung der Argumentationsmethode des Textes (in Abgrenzung von anderen bekannten Argumentationsmethoden)	Ggf. (kontrastierende) Charakterisierung der spezifischen Methoden der Problembehandlung in beiden Ansätzen	Kritische Einschätzung der Reichweite und Erklärungskraft der Ansätze sowie ihres Beitrages zur Problemlösung bzw. zur gedanklichen Orientierung	Explikation der (prinzipiellen) Voraussetzungen der Argumentation und Kennzeichnung ihrer jeweiligen gedanklichen Operationen bzw. Schritte

Spezielle Qualitätskriterien für die Problemverortung: Hinreichender Umfang/Quantität der angeführten Argumente; Qualität der angeführten Argumente (substantieller Gehalt, philosophische Abstraktionsebene, geklärte Begrifflichkeit, dialektisch abwägende und gedanklich differenzierte Darlegung

Mögliches Aufgabenformat für diskursive Problemreflexionen auf der Basis zweier philosophischer Positionen

1. Stellen Sie das Grundproblem und die zentrale These des Textes von X dar[1] und erarbeiten Sie seinen Argumentationsgang.

2. Vergleichen Sie die Position von X mit Ihnen aus dem Unterricht bekannten Aussagen von Y zum zuvor benannten Problem. Stellen Sie dazu den Ansatz von Y vorab in Grundzügen dar.

3. Nehmen Sie Stellung zum Problem (der Realität der Außenwelt) und beurteilen Sie auf dieser Grundlage den Ansatz/die Position von Autor X (und Autor Y).

   Alternativ: Beurteilen Sie die beiden dargestellten Ansätze und nehmen Sie Stellung zum Problem (der Realität der Außenwelt).

---

1 Text und Position sind dem Schüler unbekannt

Volker Haase

Essays im Philosophie- und Ethikunterricht bewerten

In unseren Kreisen verkauft sich derzeit das Buch »Philosoufflé« nicht ganz schlecht.[1] Nachdem etliche Schülerjahrgänge mit Hektor oder dem kleinen Prinzen auf Reisen geschickt wurden und der wissbegierigen Sofie in eine ganz neue Welt folgen sollten, führt die neue didaktische Hintertreppe offensichtlich über Gaumenfreuden zum Ziel. Sinn und Sinnliches fallen also endlich in angenehmer Weise zusammen und man begreift schnell, dass der gute alte Hedonismus noch immer ganz hipp und eine angesagte Richtung der Philosophie ist. Angesagt ist aber auch eine gute Küche. Das wissen wir erst recht seit Siebecks Geburtstagsfeier im Zeit-Magazin. Als Kind ostdeutscher Eltern fragt man sich freilich reflexartig, weshalb die kulinarische Deutschlandkarte des selbststilisierten Sterne-Gourmets zwischen Ostsee und Sächsischer Schweiz, um Berlin herum, merkwürdig leer blieb. Ganz offensichtlich hat es der Meister seit nunmehr fast zwanzig Jahren versäumt, über den eigenen Tellerrand hinauszusehen. Da nimmt es dann auch nicht mehr wunder, wenn er immer noch auf natürliche Geschmacksstoffe setzt und den Trend zur Designerküche so verschlafen zu haben scheint wie der watschelnde Barbarossa in Heines Wintermärchen das Neue Deutschland. Designerküche ist aber mindestens so hipp wie Hedonismus! Und entspricht es nicht auch dem Selbstbild moderner Patchwork-Familien wie den Sarkozys, Essen als geschickt arrangierte bricolage der Moleküle auszuprobieren? Wie so ein Appetithäppchen a là Claude Lévi-Strauss liest sich übrigens auch mancher Essay, wenn wir dem Begriff bis zur Wurzel auf den Grund gehen wollen. Er leitet sich von der vulgärlateinischen Vokabel »exagium« her, was soviel wie »Wägen« bedeutet, und schon mit dem Bild einer Mehlwaage wären wir wieder bei unserem ursprünglichen Thema. Bleiben wir stattdessen in der Etymologie, so ist noch anzufügen, dass man den »essai« aus dem Französischen mit »Versuch«, aber auch als »Kostprobe« (sic!) übersetzen kann ...

An dieser Stelle machen wir einen scharfen Schnitt mit dem gedanklichen

---

1 Vgl. Ortoli, Sven: *Philosoufflé*. München: Piper, 2008.

Küchenmesser und schalten um vom essayistischen in den wissenschaftlichen Schreibmodus. Mit analytischen Blicken auf das oben stehende Beispiel präparieren wir im Folgenden zunächst verbreitete Stilmerkmale der essayistischen Schreibweise heraus (1). Die gewonnenen Ergebnisse werden wir in einer kurzen Überschau der Fachliteratur abgleichen und anreichern (2). Aus der thesenartigen Zusammenfassung der wichtigsten Erkenntnisse werden wir eine didaktische Analyse der besonderen Vorteile und Schwierigkeiten entwickeln, die sich bei der Transformation der Textsorte Essay in eine schulische Schreib- und Arbeitsweise ergeben (3). Ausgehend von diesen Überlegungen sollen daraufhin Kriterien für die Schreibpraxis im Ethik- und Philosophieunterricht entwickelt werden (4). Um die Handhabung dieser Kriterien in der Bewertungspraxis zu erleichtern, erfolgt zudem eine Niveaukonkretisierung (5). Der Aufsatz endet mit einigen Hinweisen zum Lehren und Lernen essayistischer Fähigkeiten anhand konkreter Übungen und Anregungen für den Unterricht (6). Im Anhang befinden sich zudem kurz kommentierte Auszüge aus Schüler-Produkten, die zur Verdeutlichung der vorgeschlagenen Niveaustufen dienen und diese empirisch absichern (7).

1. Zugriff auf das Phänomen: Woran erkenne ich einen »Essay«?

Der eingangs dargebotene Text-Auszug stellt eine Art Selbstversuch dar, dessen Ziel es war, charakteristische Merkmale des Essayistischen intuitiv aus der eigenen Lektüre-Erfahrung heraus zu reproduzieren. Wir werden dieses Beispiel nun vorerst mit dem traditionellen Repertoire der Stillehre untersuchen, um erste Anhaltspunkte dafür zu gewinnen, was man sich unter einer essayistischen Schreibweise vorstellen kann.

Auffällig ist zunächst, dass der Text den Ton einer leichten Konversation anschlägt *(Litotes in Z. 1: »Nicht ganz schlecht«; Modalpartikeln in Z. 8: »freilich«; Z. 18: »übrigens«).* Tatsächlich spricht er bereits am Anfang auch einen bestimmten Adressatenkreis sehr direkt an *(Z. 1: »In unseren Kreisen«).* Zudem verfällt er gelegentlich in die Umgangssprache *(Z. 6: »angesagt«; Z. 15: »hipp«).* Dies alles trägt aber nur zur Auflockerung des im Übrigen elaborierten Codes bei, der inhaltlich mit einem breit gestreuten Rekurs auf Wissensbestände aus den Bereichen der Philosophie, der Literatur und des zeitgenössischen Kulturbetriebs einhergeht *(Z. 16F: Lévi-Strauss; Z. 14: Heine; Z. 7ff.: Siebeck).* Die Einbindung dieses Wissens folgt allerdings nicht dem Muster einer stringenten Argumentation. Vielmehr handelt es sich um ein Denken in Analogien, mit denen Kochkunst und Populärphilosophie, als zwei Tendenzen der Zeit, kritisch in Bezug gesetzt werden. Angereichert wird dieser Gedankenspaziergang durch eine assoziative Verkettung sprachlicher Bilder, wobei sowohl der Vergleich *(Z. 13F: »wie der watschelnde Barbarossa«)*

als auch die Begriffsverschiebung *(Z. 16F: »bricolage der Moleküle«)* zum Einsatz kommen. Sprachwitz und Esprit verdankt der Text ferner auch seinen Spielen mit dem Zitat, mit der Sprichwörtlichkeit und mit der Etymologie *(Z. 3: »Hintertreppe«; Z. 11F: »Tellerrand«; Z. 22: »Kostprobe [sic!]«)*. Auf diese Weise umkreist der Verfasser sein Thema, anstatt es zu fixieren. Der Text bleibt dennoch konsistent, da er zwischen solchen Sprüngen sprachlich vermittelt *(Z. 21: »Bleiben wir stattdessen in der Etymologie«)*. Die Willkürlichkeit, mit der insgesamt aber verfahren wird, ist Ausdruck einer selbstbewussten Subjektivität, die sich des Urteils nicht enthält *(Z. 8: »als Kind ostdeutscher Eltern«)*, die gelegentlich ins Ironische verfällt und die sich auf der Stilebene auch als rhetorische Frage *(Z. 15-17)*, Ausruf *(Z. 14f.)* sowie in zahlreichen Repetitionen und Alliterationen manifestiert.

Verallgemeinert man diesen Einzelbefund, so können folgende Merkmale der Essayistik festgehalten werden:

1. Ein Essay vertritt, ob ironisch oder ernst gemeint, eine oder mehrere Thesen.
2. Der Essayist kreist sein Thema ein, stellt es aber in größere Zusammenhänge und knüpft an tradierte Wissensbestände oder öffentliche Diskussionen an.
3. Er bringt Erfahrungen und Wertungen in einer subjektiven Perspektive ein, die er selbst reflektiert und zu erkennen gibt.
4. Der Essay weist eine ansprechende sprachliche Gestaltung auf und verfügt über ein gewisses Maß an Bildlichkeit und Ästhetizität.
5. Er hat einen für den Leser nachvollziehbaren Aufbau, wobei sich ggf. auch gedankliche Brüche als planvoll erweisen.

Wahrscheinlich ist diese Zusammenstellung von Merkmalen bereits hinreichend, um Texte als Essays zu identifizieren.[2] Sie ist andererseits aber noch zu ungenau, um als konkrete Handlungsanweisung für das Verfassen essayistischer Texte zu genügen. Diese Ungenauigkeit liegt allerdings im Wesen und in der Intention der Textsorte selbst begründet, deren erklärtes Ziel es stets war, das subjektive Moment über die Konvention zu stellen. In dieser Hinsicht ergeben sich für das Projekt, den Essay in ein erlernbares Schreibformular des Philosophieunterrichts zu transformieren, spezifische Schwierigkeiten, aber auch Potentiale. Beiden Gesichtspunkten nähern wir uns im Folgenden mit einer Überschau über die wichtigsten Ergebnisse der Literatur über den Essay an.

---

2 Zu einem vergleichbaren Ergebnis kommt jedenfalls Stadter, Andrea: Essayistisches Schreiben in der Sekundarstufe (I und) II. In: Landesinstitut für Erziehung und Unterricht Stuttgart (Hrsg.), *Der Essay. Textgestaltung auf der Grundlage eines Dossiers.* Stuttgart, 2004, S. 37-48, hier: S. 37.

2. Forschungsüberblick: Was ist und wozu führt ein »Essay«?

Die Geburt des Essays vollzog sich aus dem Geist des neuzeitlichen Subjekts im 16. Jahrhundert. In Frankreich war es Michel de Montaigne, der einen schöpferischen, sich auch in seiner Krisis selbst reflektierenden Menschen ins Zentrum des Interesses stellte und damit den scholastischen Absolutheitsanspruch durchbrach. In England trat nahezu zeitgleich Francis Bacon in die Öffentlichkeit, der den machiavellistischen Machtwillen des Renaissancepolitikers mit philosophischem Fortschrittsgeist kombinierte. Beide Autoren prägten jeweils »eine bestimmte Form des Essayistischen, die stilbildend werden sollte und die das Spektrum des Essays insgesamt ausleuchtet«.[3] Der Ich-Skepsis, der induktiv-offenen Fragehaltung und der assoziativ-sprunghaften Gedankenführung Montaignes stellen sich bei Bacon eine selbstgewisse Grundhaltung, eine zielbewusste, nahezu dogmatische Thesenbildung und eine argumentative Folgerichtigkeit schroff gegenüber.

Ungeachtet bestimmter historischer Tendenzen und individueller Vorlieben bewegen sich alle nachfolgenden Essayisten in diesem Spannungsfeld. Dem Reichtum an Themen, Formen und Stilen entspricht dabei eine Vielfalt der medialen Erscheinungsformen, Adressatenkreise und Intentionen.[4] *Der* Essay figuriert heute gleichermaßen als Ort der Reflexion über wissenschaftliche und gesellschaftliche Phänomene und als aktive tagespolitische Gebrauchsform; er erscheint ebenso als kleinere Äußerung in auflagenstarken Zeitungen und Illustrierten wie als Ganzschrift für Experten und interessierte Laien.[5] Die Rede von ihm ist also durch »einen inflationären Gebrauch« gekennzeichnet, »wie er bei keiner anderen literarischen Gattung anzutreffen ist«.[6] Dass der »Begriff Essay über sich hinaustreibt«, gilt Vielen aber als symptomatischer Beleg für unser Leben im »Zeitalter der Hyperkomplexität«.[7]

Aus dieser Wahrnehmung sind sehr unterschiedliche Schlüsse über die Bedeutung des Essays gezogen worden: Man kann diesen Zustand der Welt bedauern und gegen ihn in epischer Breite anschreiben, um eine neue Totalität jenseits des

---

3 Schärf, Christian: *Geschichte des Essays. Von Montaigne bis Adorno.* Göttingen, 1999, S. 40.

4 Vgl. Aczel, Richard: *How to write an Essay.* Stuttgart: Klett, 1998, S. 7: »The essay as a genre remains notoriously difficult to define. It is probably fair to say, that there are as many types of essay as there are types of essayist«.

5 Ein gestiegenes Interesse am Essay zeigt sich neuerdings z. B. in der expliziten Gattungsbezeichnung im Kulturteil des Wochenmagazins »Der Spiegel« und in der Tageszeitung »Die Welt«. Auch im »Stern« werden Essays zuweilen in der Rubrik »Titel« gedruckt. »DIE ZEIT« und das Magazin »Cicero« schreiben darüber hinaus mittlerweile in regelmäßigen Abständen Essay-Wettbewerbe aus. Auch die Herausgabe einer eigenen Reihe schmalerer essayistischer Ganzschriften durch den Suhrkamp-Verlag spiegelt die wachsende Bedeutung der Textsorte für die öffentliche Meinungsbildung in Deutschland wider.

6 Schärf 1999, S. 7.

7 Sloterdijk, Peter:Essayismus in unserer Zeit. In: ders., *Medien-Zeit. Drei gegenwartsdiagnostische Versuche.* Stuttgart: Cantz, 1994, S. 43–64. Der Text gibt Sloterdijks Rede anlässlich der Verleihung des Ernst-Robert-Curtius Preises für Essayistik im Jahr 1993 wieder.

»feuilletonistischen Zeitalters« zu erzeugen.[8] Man kann ferner die »adamische Haltung des Essayisten [...], der nur auf sich selbst und sein eigenes Empfinden achtet«, als »Naivität« geißeln, »die beim gegenwärtigen Zustand unserer Kultur nicht mehr zulässig ist«.[9] Man kann aber auch den selbstbezogenen, assoziativen, ins Ungewisse tastenden Gestus Montaignes als adäquate Antwort auf das Bewusstsein einer nur relativ und bruchstückhaft erfassbaren Welt feiern.[10] Und man kann schließlich vom Essay auch als »einem regulativen Prinzip in einer Situation [sprechen], wo es gilt, überverdichtete Informationssysteme auf eine für natürliche Prozessoren [...] fassbare Darstellungsebene zu projizieren«.[11] Das »weltweit gestiegene Interesse am Essay« ist demnach bedingt durch »das Orientierungsbedürfnis der Menschen und ihr[en] Wunsch nach eigener Positionierung« im Angesicht »einer immer komplexer werdenden Außenwelt und der drohenden Beliebigkeit von Meinungen im Zeitalter der Talkshows und Chatrooms«.[12] Die essayistische Schreibweise scheint diesem Bedürfnis im Besonderen Rechung zu tragen, weil sie es dem Verfasser per definitionem ermöglicht, »Fragen, die ihm am nächsten liegen [...], je nach der Eigenart seiner Persönlichkeit [...] aus unmittelbarer Erfahrung [zu] beurteilen«,[13] indem er zunächst alle klassischen Antworten auf sein Problem systematisch, gewissermaßen »phänomenologisch«,[14] ausblendet.

Nach der von Sloterdijk ins Spiel gebrachten Auffassung wird der Essay zum Medium von »Erkenntnis«, wie sie auch Neil Postman versteht: Weil »Wissen« – als »organisierte Information« – sich nicht selbst beurteilen kann, muss es »mit Hilfe des Rückgriffs auf anderes Wissen beurteilt werden«.[15] Immerhin entspricht es der Verfahrensweise des Essayisten, auf das kulturelle Gedächtnis zurückzugreifen und Wissensbestände auszuwählen, um sie neu zu kommentieren und zu reorganisieren. Dabei fordert der Essay aber nicht nur »seinen Autor immer wieder dazu heraus, seine eigene Stellung und seine eigenen Ansichten zu überprüfen«. Er bringt »dieses persönliche Element«[16] vielmehr so pointiert ein, dass er auch den Leser

---

8 Vgl. Hesse, Hermann: *Das Glasperlenspiel.* [1931/43] Frankfurt: Suhrkamp 31953, S. 89 ff.
9 Caimi, Mario Pedro Miguel: *Essay als Form der Philosophie.* Eichstätt: Katholische Universität Eichstätt 2001, S. 15. Caimi schreibt diese Position der postmodernen Philosophie zu und kritisiert dabei insbesondere Umberto Ecos Position in der »Nachschrift zum Namen der Rose«.
10 Vgl. Bense, Max: *Plakatwelt. Vier Essays.* Stuttgart: DVA, 1952, S. 7: »Da weder die alte teleologische Weltgesinnung noch der fanatische Kausalismus des klassischen Naturbildes die geistigen Züge der modernen Welt bestimmt, Gegenwart aber immer experimentierend und in verwirrten, relativen Strukturen erscheint, wird sich eine Untersuchung ihrer inneren und äußeren Physiognomik des ›Versuchs‹ als einer Kategorie der Erkenntnis wie auch der Mittelung der Erkenntnis bedienen müssen.«
11 Sloterdijk 1994.
12 Stadter 2004, S. 38.
13 Vgl. Caimi 2001, S. 12.
14 Vgl. Haas, Gerhard: *Essay.* Stuttgart: Metzler, 1969, S. 42.
15 Postman, Neil: *Die zweite Aufklärung. Vom 18. ins 21. Jahrhundert.* Berlin: Berlin Verlag, 1999, S. 12 f.; 19–24.
16 Schärf 1999, S. 81 f.

zu einer unmittelbaren Auseinandersetzung herausfordern muss. Zusammen mit
der offenen Fragehaltung im Stil Montaignes ergibt sich aus dieser Eigenart der oft
betonte Zug des Essays zum Dialog, der ihn zum Medium der Philosophie prädes-
tiniert hat, aber auch als eine »zutiefst republikanische Form«[17] der politischen
Äußerung erscheinen lässt. Dieses demokratisierende Moment der Textsorte, das
zuerst in der Aufklärungszeit aufschien, äußert sich im publizistischen Selbstverständnis der Gegenwart offensichtlich auch darin, »dass zum Essayschreiben jeder
zugelassen ist, weil hier künstlerische und wissenschaftliche Qualitätskriterien
gleichermaßen außer Acht bleiben können«.[18] Unabhängig davon, dass es gerade
die ästhetischen Fertigkeiten des Autors sein dürften, die seinen bleibenden Ruf
als Essayisten begründen, kann dann aber insbesondere den jüngeren Menschen
der Zugang zum Essay erleichtert werden, wenn man von den ganz ähnlichen
Intentionen und Schreibpraxen des Weblogs ausgeht.[19]

In der erwähnten Offenheit des Autorenkreises und der oft provokativen Haltung
der Verfasser bestehen zugleich, neben dem Verzicht vieler Essays auf argumentative Stringenz und Vollständigkeit, die wichtigsten Unterschiede zur wissenschaftlichen Abhandlung. Zwischenzeitlich hatte die Literaturwissenschaft versucht,
das »merkwürdig ambivalent[e]«[20] Verhältnis der essayistischen Schreibweise zur
Wissenschaft in den Griff zu bekommen, indem sie kurzerhand eine innere Grenze
zwischen einer »feingeistigen«, wissenschaftlichen, und einer »schöngeistigen«,
poetischen, Essayistik einzuziehen versuchte.[21] Diese Differenzierung scheitert
aber nicht zuletzt an der Tatsache, dass auch »Forscher von Rang immer wieder
die Möglichkeit des Essays in Anspruch nehmen, um [...] die Ergebnisse ihrer
Wissenschaft in das Gespräch einer breiteren Schicht einzubringen«.[22] Gerade
aus der Verwendungsweise des Essays als Medium zwischen Fachwissenschaft
und Populärkultur erklärt sich aber auch der Umstand, dass sich insbesondere
die Geisteswissenschaften mit ihm als Publikationsform eher schwertun: Weil er
die bevorzugte Textsorte zahlreicher Philosophen ist, besteht offensichtlich für die
akademische Disziplin der Philosophie, die mit diesen Texten arbeitet, ein Abgren-
zungsproblem, in dem wohl eine der Ursachen für die viel beklagte Neigung zur
Hermetisierung gesehen werden kann.[23]

Das Problem der Textwissenschaften mit dem essayistischen Phänomen

---

17 Ebd.
18 Ebd, S. 7.
19 Tatsächlich bedienen sich auch namhafte deutsche Autoren zur Verbreitung ihrer Essays und
Kolumnen mittlerweile des Weblogs; Beispiele hierfür finden sich u. a. auf: http://www.mmatussek.
de; http://debatte.welt.de/kolumnen/6/zippert+zappt [letzter Zugriff: 01.12.2008].
20 Haas 1969, S. 31.
21 Vgl. Bense 1952, S. 33.
22 Haas 1969, S. 32 f.
23 Zur Kritik entsprechenden Selbstverständnisses der universitären Philosophie vgl. Caimi, 2001,
S. 16: Caimi spricht hier von der problematischen »Überzeugung, die philosophische Forschungsarbeit

erschöpft sich indes nicht bei der Frage nach der Beziehung zur Wissenschaftlichkeit. Aus der grundlegenderen Schwierigkeit der begrifflichen Unschärfe resultierte vielmehr eine tiefe Aporie; so machte man in »gut dreißig Jahren [...] – von wenigen Ausnahmen abgesehen – einen angemessenen Bogen um die Gattung«.[24] Zunächst hatte die unreglementierte Gestaltungsweise des Essays, die sich nicht auf ein distinktes Bündel äußerer Merkmale festlegen lässt, zwangsläufig die Grenzen des strukturalistischen Paradigmas gesprengt.[25] Doch auch stärker rezeptionsästhetisch ausgerichtete Bestimmungsversuche führten insgesamt zu eher widersprüchlichen Ergebnissen, die sich v. a. bei der Frage einstellten, ob die Autorschaft im Essay durch den Verzicht auf »Fiktionalisierungselemente« gekennzeichnet sei. Eine entsprechende Zurechnung des Essays zu einer separaten Gattung der »nichtfiktionalen Kunstprosa«, die neben der traditionellen Trias von Lyrik, Epik und Dramatik sowie »den reinen Zweckformen der Publizistik« stünde,[26] gelang jedenfalls nicht plausibel.[27] Zudem bleiben bei der Festlegung des *Essays* als Textsorte die fließenden Übergänge außer Acht, mit denen der *Essayismus* als Stil- und Geisteshaltung auch im publizistischen Alltag anzutreffen ist.[28]

Reflektiert wurde diese Haltung naturgemäß v. a. von der linken Literaturtheorie mit ihren historisch-funktionalen Festlegungsbemühungen. Einerseits kam es dabei zu einer Würdigung des Essayistischen für »seine Affinität zur offenen geistigen Erfahrung« und zur Erschütterung der »Norm des etablierten Denkens«.[29] Auf der anderen Seite geriet die Essayistik jedoch schnell in Verruf; die betonte Subjektivität und der methodische Verzicht der essayistischen Schreibweise erschien vielen Fürstreitern der materialistischen Teleologie zwangsläufig als ein Relikt der bürgerlichen Epoche. Hier zeigt sich daher als besonderes Problem, dass nicht nur »die Geschichte des Essays gesellschaftliche und ideologische Tendenzen« spiegelt,[30] sondern auch die wissenschaftliche Untersuchung dieser Geschichte noch Teil einer Ideologisierung gewesen ist.

Damit sind wir am Ende unserer Überschau angelangt. Die wichtigsten Erge-

---

bestehe nur darin, die Ergebnisse früherer Untersuchungen zu sammeln und sie geschickt zu wiederholen, ohne je etwas Eigenes zu leisten.«

24 Schärf 1999, S. 8. Allerdings nimmt Schärf an dieser Stelle wohl nur den deutschsprachigen Raum in den Blick; für den angelsächsischen Sprachraum, der mit dem Phänomen deutlich pragmatischer verfährt, gilt seine Aussage jedenfalls nicht.

25 Vgl. beispielsweise Rohner, Ludwig: *Der deutsche Essay. Materialien zur Geschichte und Ästhetik einer literarischen Gattung.* Neuwied; Berlin: Luchterhand, 1966.

26 Vgl. Weissenberger, Klaus: Einleitung. In: ders. (Hrsg.), *Prosakunst ohne Erzählen. Die Gattungen der nicht-fiktionalen Kunstprosa.* Tübingen: Niemeyer, 1985, S. 1–6, hier: S. 1, 3.

27 Einen Nachweis der Existenz solcher Fiktionalisierungselemente führt Klaus, Carl H.: Elements of the Essay. In: *Elements of Literatur.* Oxford: Oxford University Press, 1991, S. 3–37, hier: S. 6–8.

28 Vgl. Schärf 1999, S. 13–37.

29 Vgl. Adorno, Theodor Wiesengrund: Der Essay als Form. In: ders., *Gesammelte Schriften*, Bd. 11. Frankfurt a. M.: Suhrkamp, 1974, S. 9–33, hier: S. 21.

30 Haas 1969, S. 40.

nisse fassen wir an dieser Stelle noch einmal schlaglichtartig zusammen, um sie anschließend einer didaktischen Analyse zu unterziehen:

1. Das Phänomen »Essay« ist aufgrund der Vielfalt des mit ihm Bezeichneten begrifflich nur unscharf erfassbar und literaturwissenschaftlich ungenau bestimmt.
2. Charakteristisch für den Essay ist seine Zwitterstellung zwischen Wissenschaft, Journalismus und schöngeistiger Literatur.
3. Essays rekurrieren demnach auf Bestände des kulturellen Gedächtnisses, reflektieren diese jedoch von einem subjektiven Standpunkt aus, der zudem fiktiv eingenommen werden kann, aber in sich reflektiert ist.
4. In seiner Subjektivität und Offenheit haftet dem Essay im Allgemeinen ein »philosophischer«, im Besondern zudem ein »phänomenologischer« Zug an, weil er der eigenen Erfahrung gegenüber dem übernommenen Wissen oftmals den Vorrang erteilt.
5. Der Essay kann daher auch ein Instrument der Ideologiekritik sein, ist jedoch selbst vor Ideologisierungen nicht gefeit.
6. Die Essayistik kommt dem individuellen Orientierungsbedürfnis in der pluralisierten Mediengesellschaft entgegen, weil sie die Menschen nicht mit Ansprüchen der Vollständigkeit und Systematik überfordert.
7. Der Essay muss nicht als Krisensyndrom einer unüberschaubar gewordenen Welt verstanden werden. Die essayistische Denkweise ermöglicht es vielmehr in einer solchen Welt, durch perspektivische Selektion, Brechung und Reorganisation von Traditionsmustern Neues zu schaffen und eine eigene Identität zu definieren.
8. Als pointierter Beitrag zur Meinungsbildung ohne Anspruch auf Expertentum kann der Essay schließlich zur Demokratisierung von Gesellschaften beitragen.

3. Didaktische Perspektiven: Nutzen und Nachteil von Essays im schulischen Schreiben

Aus dem bisher Gesagten können gewichtige Gründe für eine Reflexion und Einübung des essayistischen Schreibens im Unterricht abgeleitet werden.

Zunächst ist hier von Belang, dass mit der obligaten Subjektivität und Selbstreflexion des Essays einerseits und mit seinem ausgeprägten Adressatenbezug andererseits sowohl die *Ich-Kompetenz* als auch die *soziale Kompetenz* unserer Schüler in den Blick genommen werden kann. Zudem können wir uns den Essay, weil in ihm immer auch Wissen kombiniert, reorganisiert und bewertet wird, als spezielle Methode des Lernens zunutze machen, wenn es darum geht, Unterrichts-inhalte anzuwenden und zu transferieren und auf diese Weise die *Sachkompetenz* der Lernenden zu sichern und zu vertiefen. Ferner darf geltend gemacht werden, dass es sich trotz der linguistischen Einordnungsproblematik um eine Prosa sui generis handelt, die sich einer weiten Verbreitung und großen gesellschaftlichen Bedeutung erfreut. Im schulischen Kontext kann sie darüber hinaus als Kontrapunkt zum stark reglementierten Aufsatztyp der Erörterung an Bedeutung gewinnen. Ein Unterricht, der Essays als Lektüre und als Lernleistung Raum gibt, trägt daher Notwendiges zur Beförderung der *allgemeinen Lese- und Schreibkompetenz* bei. Außerdem trainiert die essayistische Ausdrucks- und Denkweise, die insbesondere in der Tradition Montaignes durch gedankliche Suchbewegungen mit offenem Ergebnis und Spielräumen für Assoziationen charakterisiert ist, in paradigmatischer Weise jene fragende Haltung, die als Grundlage allen Philosophierens bezeichnet werden kann. In konkreter methodischer Hinsicht muss uns hier aber v. a. das »phänomenologische« Moment interessieren. Denn auch in der Form des Essays dürfte es dazu geeignet sein, »mit Jugendlichen die eigene Welt zu erkunden und dabei ein Wahrnehmen freizulegen, das, ganz im Sinne negativer Hermeneutik, erst auf der Grundlage der Zurückweisung theoretischer (Alltags-) Modelle und Verstehensangebote möglich ist«.[31] Neben dem speziellen »emanzipativen Potential«,[32] das sich hierbei zugleich eröffnet, ist die Phänomenologie gerade in didaktischer Hinsicht von großem Gewicht. Immerhin können viele der Übungen, die i. S. einer Transformation dieser philosophischen Richtung bereits vorgeschlagen und erprobt worden sind,[33] als adäquate Annäherungen an das essayistische Schreiben übernommen werden.

Aus dem Vorangegangenen dürfte klar geworden sein, dass Essays eine nützliche Bereicherung unseres Unterrichts bedeuten können. Die Vielgestaltigkeit, die gattungstheoretische Zwitterstellung und die subjektive Färbung der essayistischen Schreibpraxis stellt uns aber gegenüber anderen Textsorten und Methoden auch vor besondere Probleme, wenn wir sie als lehrbare schulische Ausdrucks- und Arbeitsform verwenden und geeignete Bewertungskriterien für entsprechende Produkte der Lernenden ableiten wollen.

So durchkreuzt auf den ersten Blick insbesondere das Merkmal der essayistischen Subjektivität den Objektivitätsgrundsatz der schulischen Beurteilungspraxis und es scheint darüber hinaus nur schwer vorstellbar, persönliche Auffassungen mit einer kriteriumsorientierten Bezugsnorm zu erfassen. Ferner relativieren die im 1. Kapitel genannten Eigenschaften der Textsorte eine Reihe von Bewertungs-

---

31 Thomas, Philipp: Phänomenologie als negative Hermeneutik. In: Johannes Rohbeck (Hrsg.), *Didaktische Transformationen*. Dresden: Thelem, 2003, S. 13–49, hier: S. 13.
32 Ebd., S. 14.
33 Vgl. ebd., S. 25–27; 33–36; 47–49.

kriterien, die wir insbesondere auch im Philosophieunterricht schätzen: Freiräume der Assoziation und ästhetischen Gestaltung gehen auf Kosten der *argumentativen Stringenz*, Sprachspiele beeinträchtigen die *begriffliche Klarheit*, hintersinnige Anspielungen reduzieren die *sachliche Genauigkeit*. Hier liegt die Schlussfolgerung nahe, dass gute Essays diese widersprüchlichen Prinzipien zu einem Ausgleich bringen. Die übliche kriteriumsorientierte Messung des Lernerfolgs mit eindimensionalen Skalen zieht dies aber in Zweifel. Und zu guter Letzt scheint es angesichts der Vielfalt des Phänomens und seiner wissenschaftlichen Unbestimmtheit überhaupt fraglich, ob ein und dieselbe Skalierung, welcher Art auch immer, dazu geeignet sein kann, beliebige essayistische Produkte miteinander zu vergleichen.

Angesichts dieser Probleme verwundert es in der Tat nicht, dass sich die bisherige »Literatur- und Schreibdidaktik [...] mit diesem Lerngegenstand und Lernmedium [...] kaum auseinandergesetzt hat.«[34] Dennoch wird im Folgenden der Versuch unternommen, für die genannten Probleme Lösungen aufzuzeigen.

4. Auf dem Weg in die Praxis: Kriterien für Essays im Philosophie- und Ethikunterricht

Bei genauerer Betrachtung kann zunächst das Problem mit dem Gütekriterium der Objektivität reduziert werden. Im Sinne der Testtheorie ist ein »Test dann objektiv, wenn das Testergebnis vom Beurteiler unabhängig ist, wenn also beispielsweise verschiedene Beurteiler beim gleichen Schüler unabhängig voneinander zum gleichen Ergebnis kommen.«[35] Folgt man dieser Definition, so liegt erst einmal auf der Hand, dass auch die üblichen Typen des Schulaufsatzes,[36] insbesondere aber Formen des so genannten Produktiven Schreibens, einen recht großen Ermessensspielraum und damit eine verminderte Objektivität aufweisen. Zur Einschränkung dieses Spielraumes können aber umso präzisere Kriterien und Gewichtungen festgelegt werden.[37] Im Falle des Essays würde dies bedeuten, das Moment der Subjektivität gegenüber anderen inhaltlichen Aspekten, v. a. aber der Sachkompetenz, geringer zu veranschlagen. Es liegt außerdem nahe, es in verschiedene Teilaspekte aufzugliedern. Zu messen wäre es dann am besten (1) an der Kohärenz des eigenen Standpunktes, (2) am Grad der Selbstreflexion, (3) an der Originalität der Sichtweise auf ein Problem und (4) an der Individualität bzw. ästhetischen Gestaltungskraft der verwendeten Sprache.

---

34 Stadter 2004, S. 38.
35 Wengert, Hans Gert: Leistungsbeurteilung in der Schule. In: Bovet, Gislinde; Huwendik, Volker (Hrsg.), *Leitfaden Schulpraxis. Pädagogik und Psychologie im Lehrberuf.* Berlin: Cornelsen, 2004, S. 294–319; hier: S. 300.
36 Vgl. ebd.
37 Vgl. ebd.

Auf das ebenfalls angesprochene Problem der Vielfalt des Phänomens und seiner wissenschaftlichen Unterbestimmtheit kann man didaktisch auf unterschiedliche Weisen reagieren, wobei der erste Vorschlag in der US-amerikanischen Schulpraxis des *essay writing* erprobt ist.[38] Diese Praxis ist stark von der Rhetorik geprägt. Sie verdankt ihr eine nur heuristisch zu verstehende Einteilung in *Narration, Deskription, Exposition* und *Argumentation.*[39] In diesem Sinne erschließen sich verschiedene Strategien für die Gestaltung des Anfangs, des Endes und der inneren Organisation des Textes sowie für die Maskierung des »Sprechers« im Essay. Eine Annäherung an diese Strategien erfolgt über die Analyse von Textbeispielen namhafter Autoren und anschließende Übungen nach dem Prinzip der Imitation. Für den Philosophie- und Ethikunterricht der Oberstufe kann sich eine Anlehnung an diese Methode auch schon deshalb als fruchtbar erweisen, weil sie eine zusätzliche Perspektive für die persönliche Auseinandersetzung mit zentralen Texten der Geistesgeschichte und für ihren Vergleich untereinander aufzeigt. Zugleich wird das Problem der unzureichenden Bestimmbarkeit »des« Essays nach einheitlichen Kriterien umgangen, indem die jeweils ganz spezifischen Eigenheiten der Vorlage als Maßstab für den eigenen Schreibprozess herausgearbeitet werden.

Eine andere Möglichkeit des Umgangs mit diesem Problem erschließt sich im Begriff der »didaktischen Transformation«.[40] In deutlicher Absetzung von Klafkis Vorstellungen einer »Reduktion« und »Elementarisierung« wäre darunter eine Auswahl, Modifizierung und Ergänzung bestimmter Eigenschaften der essayistischen Schreibweise gemeint. Auf diese Weise entstünde ein besonderer Typ des Schulaufsatzes, der den unscharfen literaturwissenschaftlichen Begriff des »Essays« zugunsten eines Bündels distinkter, leichter einzuübender Merkmale verengt. Aus der Sichtung der wenigen didaktischen Überlegungen, die bislang zum Essay im deutschsprachigen Raum angestellt worden sind, ergibt sich übrigens schnell, dass in dieser Weise bereits verfahren wird. Dabei fällt insbesondere eine dominante Orientierung am Traditionsstrang Montaignes auf, die wohl dem Versuch geschuldet ist, sich möglichst deutlich vom argumentativen Korsett des Erörterungsaufsatzes abzugrenzen.[41] Erforderlich wäre es dabei, sich der entstehenden

---

38 Vgl. Stadter 2004, S. 41: Das britische System zielt stärker als das amerikanische auf »die Entdeckung der eigenen Schreibfähigkeiten, Spontaneität und individuelle Entwicklung«. Dieses System funktioniert aber »nur, weil Lehrer und Lehrerinnen selber gerne und gut schreiben, weil sie ausgiebige Korrekturen und Beratungen leisten und weil Schreiben nicht nur im muttersprachlichen Unterricht, sondern auch in den übrigen Fächern praktiziert und als solches entwickelt und bewertet wird.« Damit erweist sich die britische Schreibschulung für eine Adaption in Deutschland aber insgesamt als zu voraussetzungsreich.

39 Vgl. ebenda, S. 42; Klaus 1991, S. 5 f. geht demgegenüber von gattungstheoretischen Überlegungen aus, kommt aber mit seiner Typologie zu einem vergleichbaren Ergebnis: »Some essays are argumentative, while others are narrative, dramatic or poetic«.

40 Vgl. Rohbeck, Johannes: Einleitung. In: ders. (Hrsg.) 2003, S. 7–11.

41 Vgl. Landesinstitut für Erziehung und Unterricht Stuttgart (Hrsg.) 2004, S. 142. Kritisch hinterfragt

Verengungen bewusst zu sein, die eine solche Festlegung zwangsläufig mit sich bringt. Ist diese Voraussetzung gegeben, kann auch das dritte Problem, das weiter oben in der wechselseitigen Relativierung einzelner Gütekriterien erkannt worden ist, durch entsprechende Festlegungen gering gehalten werden.

Wir wollen daher die Idee der didaktischen Transformation hier noch weiter verfolgen. Es geht dabei darum, diejenigen Merkmale des Essays, die in unserer bisherigen Analyse herausgearbeitet worden sind, so zu präzisieren, dass eine Reihe von Bewertungskriterien entsteht, die in sich trennscharf und widerspruchsfrei erscheint. Im Rückgriff auf die in den vorherigen Kapiteln herausgearbeiteten Merkmale der essayistischen Schreibweise und die besonderen Potentiale, die sich bei ihrer Anwendung im Philosophie- und Ethikunterricht ergeben, kommen wir im Versuch einer solchen Transformation zu folgenden Vorschlägen:

1. Der Essay erfordert als Textgattung in unserem Unterrichtsfach ein besonderes ethisches Problembewusstsein und eine *philosophische Fragehaltung*.

2. Er verfügt über ein hohes Maß an *gedanklicher Differenziertheit*, indem er Standpunkte abwägt und Plakatives »phänomenologisch« aufbricht.

3. So nimmt er auch stets nur in kritischer Kommentierung *Bezug auf Quellen*.

4. Er zeigt im weitesten Sinne widerspruchsfreie Begründungsstrukturen, die den eigenen Standpunkt untermauern; er überzeugt also mit *argumentativer Kohärenz*.

5. Er weist *Sachkompetenz* auf, weil er fundierte Kenntnisse zum jeweiligen Thema einbringt.

6. Er verwendet philosophische und weitere Fachbegriffe sicher und einheitlich, definiert ggf. auch Begriffe selbst und bemüht sich insofern um eine klare *Terminologie*.

7. Er bringt ein breiteres kulturelles und *allgemeines Wissen* des Verfassers in einer unerzwungenen Weise zum Ausdruck.

8. Er verdeutlicht eigene oder versuchsweise angenommene Standpunkte und kommentiert diese zugleich, so dass von *reflektierter Subjektivität* gesprochen werden kann.[42]

9. Er bemüht sich um neue bzw. alternative Fragen, Lösungen und Sichtwei-

---

werden muss auch die angewendete Methode einer »kommunikativen Validierung von Kriterien« für Essays und deren Bewertung (S. 3, 141): Das unter diesem Begriff auf einer Lehrerfortbildung erhobene Meinungsbild hat allenfalls den Status einer an empirischem Material noch zu überprüfenden Hypothese.

42 Vgl. Pfeifer, Volker: *Didaktik des Ethikunterrichts. Wie lässt sich Moral lehren und lernen?* Stuttgart, 2003, S. 133: Ungeeignet ist der hier verwendete Begriff der »Authentizität«, weil er dem Umstand nicht gerecht wird, dass es auch im Essay einen fiktiv eingenommen Standpunkt des »Erzählers« geben kann.

sen und er benutzt ungewöhnliche Vergleiche und Analogien, weshalb er inhaltliche *Originalität* aufweist.

10. Er stellt in sicherer Weise Adressatenbezüge her, wobei er sich um einen motivierenden Einstieg und weitere Elemente mit *Unterhaltungswert* bemüht.

11. Er verbindet die einzelnen Schreibschritte mit sprachlichen Überleitungen und kommentiert sie funktional i. S. eines methodisch bewussten, *transparenten Aufbaus*.

12. Er benutzt sicher und bewusst Mittel der *stilistischen Gestaltung*, die zur charakteristischen Ästhetik der essayistischen Schreibweise gezählt werden.

13. Er zeichnet sich durch *sprachliche Regelkonformität* in den Bereichen der Rechtschreibung, der Zeichensetzung, der Grammatik, des Satzbaus und des Ausdrucks aus.

Im Sinne einer besseren Handhabung in der schulischen Beurteilungspraxis kann man diese einzelnen Kriterien in verschiedenen Bewertungsdimensionen zusammenfassen:

Die philosophische Fragehaltung, die gedankliche Differenziertheit, die argumentative Kohärenz und die kritische Quellenkommentierung sind Ausdruck des *Problembewusstseins* eines Schülers (I). Die Kriterien der sachlichen Kompetenz, der terminologischen Sicherheit und des allgemeinen Wissens können in der Dimension *Kenntnisse* gebündelt werden (II). Reflektierte Subjektivität und inhaltliche Originalität sprechen insgesamt für eine Ausgestaltung des Textes mit *Individualität* (III). Unterhaltungselemente und gliedernde Signale i. S. eines transparenten Aufbaus sind *Adressatenbezüge* (IV). Die stilistische Gestaltung und die Beachtung der Regeln sprachlicher Richtigkeit ergeben insgesamt die Dimension *Sprache* (V).

In das abschließende Notenurteil sollten die Leistungen in diesen fünf Dimensionen mit verschiedenen Anteilen eingehen:

Aus unseren vorangegangenen Gedanken zum Problem der Bewertbarkeit von Subjektivität folgt, dass insbesondere die Dimension III gegenüber den Dimensionen I und II geringer zu gewichten ist, so dass für beide zusammen ein Ansatz von nicht weniger als 50 % sinnvoll erscheint. Dennoch ist in dem Bereich der individuellen Ausgestaltung von den Lernenden quantitativ und qualitativ mehr zu leisten als unter dem Gesichtspunkt der metatextuellen Steuerung. Daher wäre eine Berücksichtigung der Dimension III mit 20 % und der Dimension IV mit 10 % an der Gesamtnote vorstellbar. Für den Bereich der Sprache verbleiben damit insgesamt 20 %. Da hier auch die Berücksichtigung der sprachlichen Regelkonformität einbezogen wird, ist gewährleistet, dass das Kriterium der stilistischen Ausgestaltung nicht allzu stark zu Buche schlägt. Dies erscheint sinnvoll, da in der sonstigen schulischen Schreibpraxis i. d. R. vor allem auf Klarheit und Genauigkeit, weniger aber auf eine besondere Ästhetik des eigenen Ausdrucks hingearbeitet wird und somit nur sehr begrenzt auf Übung und Erfahrung zurückgegriffen werden kann. Zudem handelt es sich hier mehr als bei anderen Kriterien auch um eine Frage der individuellen Begabung.

Die Ergebnisse dieser Überlegungen können wir in der folgenden Matrix zusammenfassen, die als Feedbackformular in der Unterrichtspraxis zum Einsatz kommen kann. Dabei soll die im rechten Bereich angefügte Fünfpunkte-Skala eine präzise Erfassung der Leistung in den einzelnen Kriterien ermöglichen.

Dimension	Konkretes Kriterium	--	-	+-	+	++
I. Problemorientierung (25%)	Philosophische Fragehaltung					
	Gedankliche Differenziertheit					
	Kritische Quellenkommentierung					
	Argumentative Kohärenz					
II. Kenntnisse (25%)	Sachliche Kompetenz					
	Terminologische Sicherheit					
	Allgemeines Wissen					
III. Individualität (20%)	Reflektierte Subjektivität					
	Inhaltliche Originalität					
IV. Adressatenbezug (10%)	Unterhaltungswert					
	Transparenter Aufbau					
V. Sprache (20%)	Stilistische Gestaltung					
	Sprachliche Regelkonformität					

5. Noch einmal genauer: Niveaukonkretisierung zur Bewertung von Essays

Die angeführten Kriterien erscheinen allerdings unter dem Gesichtspunkt der Bewertungssicherheit womöglich noch immer recht vage. Nicht zuletzt liegt dies an ihrer Beschreibung nach dem Modell der Kompetenzen, das seinerseits dem Gedanken einer modernen Output-Orientierung folgt. In den Ergänzungen des Baden-Württembergischen Bildungsplans von 2004 wird dieses Problem der Vagheit durch so genannte »Niveaukonkretisierungen« gelöst.[43] Niveaukonkretisierun-

43 Vgl. Ministerium für Kultus, Jugend und Sport des Landes Baden-Württemberg: Niveaukonkretisierungen – Ethik. URL http://www.bildung-staerkt-menschen.de/service/downloads/Niveaukonkretisierung/Gym/Eth. Letzter Zugriff: 08.09.2009.

gen sind stufenweise Beschreibungen von kompetenzbedingten Leistungsmerkmalen. Die Aufstellung dieser Leistungsmerkmale dient dem Bewertenden zum einen als Vergleichsmaßstab bei seiner Urteilsbildung. Zum anderen kann er auf konkrete Formulierungen zurückgreifen, um dem Lernenden die Bewertung zu begründen oder konkrete Vorschläge für Überarbeitungen zu unterbreiten.

Die nachfolgende Darstellung unternimmt eine solche Niveaukonkretisierung für Essays im Philosophie- und Ethikunterricht der Abiturstufe. Dabei wird davon ausgegangen, dass die einzuschätzenden Schülerleistungen Ergebnisse mehrerer, angeleiteter Überarbeitungen sind und dass ein intensiveres Schreibtraining vorangegangen ist. In diesem Fall entsprechen die Leistungsbeschreibungen auf den Niveaustufen A, B und C – in dieser Reihenfolge – mehr oder weniger den Schulnoten 3, 2 und 1. So sind im Niveaubereich A die Grundvoraussetzungen dafür gegeben, dass die Textsorte insgesamt so stark ausgeprägt ist, um in allen Merkmalen als solche erkannt zu werden. Ein Essay, der in den wesentlichen Bereichen nicht dem Niveau A entspricht, wäre demnach mit der Note 4 zu bewerten. Liegt das Produkt eines Lernenden in allen oder fast allen fünf Dimensionen unterhalb des Anforderungsniveaus A, so wird es als »ungenügend« oder zumindest als »mangelhaft« zu bewerten sein (siehe Tabelle auf den nächsten Seiten).

6. Methodenkiste: Wie lehrt und lernt man, einen Essay zu schreiben?

Die bisherigen Ausführungen dürften gezeigt haben, dass es sich bei dem Versuch, Lernende an das Verfassen von Essays heranzuführen, um eine besonders komplexe und schwierige Aufgabe handelt. Zu den Eigenarten der Textsorte kommt im deutschen Schulsystem erschwerend hinzu, dass der Essay als Aufsatztyp bislang nicht etabliert ist und neben anderen Formen der produktiven Auseinandersetzung auch nicht denselben Stellenwert einnimmt wie in den Bildungseinrichtungen im angelsächsischen Raum. Daher erscheint es notwendig, das essayistische Schreiben in einem methodischen Curriculum gezielt vorzubereiten und einzuüben. Dabei könnte es in den ersten Schritten zunächst darum gehen, einzelne Merkmale der Textsorte, denen spezifische Fähigkeiten der Lernenden korrespondieren, herauszuarbeiten und zu trainieren.

Eine erste Richtung, die solche Vorübungen nehmen sollten, zielt notwendigerweise auf die Vermeidung von Plakativem. Dem Durchbrechen von Vorurteilsstrukturen zugunsten der eigenen Wahrnehmung dienen bereits ganz einfache *phänomenologische Schreibübungen*, die zugleich immer auch Elemente im vollständigen Essay sein können. Zu diesen Aufgaben zählen schriftliche Erinnerungen an einen Tag, Aufzeichnungen eigener Emotionen in konkreten Situationen und Beschreibungen bestimmter Verhaltensweisen in der Gesellschaft. Denkbar

NIVEAUKONKRETISIERUNG FÜR DIE BEWERTUNG VON ESSAYS'

Kriterium	Niveaustufe A	Niveaustufe B	Niveaustufe C
Philosophische Fragehaltung	Leitfragen bzw. Hypothesen werden selbstständig und klar formuliert. Die Auswahl der einzelnen Darstellungsinhalte ist auf die konkrete Hypothesenbildung abgestimmt. Zentrale ethische Probleme, die mit dem Thema im Zusammenhang stehen, werden im Kern erfasst.	Leitfragen bzw. Hypothesen ermöglichen eine facettenreiche Auseinandersetzung mit dem Thema. Die Akzentuierung verschiedener Aspekte erfolgt mit einem Bewusstsein für gesellschaftliche Relevanz. Lebensweltliche Phänomene werden hinsichtlich ihrer ethischen Implikationen hinterfragt.	Leitfragen bzw. Hypothesen sind Ausdruck eines glaubhaften Erkenntnisinteresses und bewegen sich jenseits vorgedachter Fragestellungen. Konkrete normative Aspekte werden in größere Problemzusammenhänge der entsprechenden Bereichsethik gestellt.
Gedankliche Differenziertheit	Plakative Einsichten werden weitgehend vermieden. Vorurteile werden als solche erkannt und hinsichtlich ihres Geltungsanspruches kritisch hinterfragt.	Vorurteile werden im Rahmen phänomenologischer Experimente gezielt aufgebrochen. Treten sie dennoch im Text auf, so sind sie als beabsichtigte Provokation hinreichend markiert.	Bei der Anknüpfung an Meinungen bzw. an Vorwissen werden die jeweiligen persönlichen bzw. kulturellen Bedingungen der Meinungsbildung und Wissenserzeugung mitreflektiert.
Kritische Quellenkommentierung	Verwendete Quellen werden im Text beiläufig miterwähnt. In den Quellen geäußerte Meinungen werden deutlich als solche erkannt und bei der Wiedergabe von Fakten unterschieden.	Sichere und unsichere Quellen werden aufgrund formaler Standards unterschieden und bewertet. Letztere werden als Basis eigenen Wissens ausgeschlossen.	Fakten werden i. d. R. unter Verwendung mehrer Quellen geprüft und kommentiert. Verschiedene Quellen werden ggf. gegeneinander ausgespielt.
Argumentative Kohärenz	Der Text ist in überwiegendem Maße logisch widerspruchsfrei und inhaltlich kohärent. Die Argumente nehmen auf die vertretenen Hypothesen i. d. R. sinnvoll Bezug und werden hinreichend gestützt.	Ethische Begründungen werden im Rekurs auf ein philosophisches System abgesichert, wobei ein »organischer« Anschluss an die eigene Argumentation erfolgt.	Ethische Begründungen beziehen verschiedene philosophische Systeme bzw. Teilgebiete mit ein und wägen diese gegeneinander ab. Der Argumentationsstil setzt sich deutlich von der Aufsatzform des Erörterungsaufsatzes ab – ohne den »roten Faden« zu verlieren.

Sachliche Kompetenz	Zentrale Inhalte aus einem Dossier bzw. aus einer Unterrichtseinheit werden korrekt wiedergegeben und sinnvoll in den eigenen Darstellungszusammenhang eingebettet.	Detailreiche Kenntnisse aus dem Dossier oder der Unterrichtseinheit werden mit weiteren Ergebnissen aus eigenen Recherchen bzw. mit Kenntnissen aus vorangegangenen Unterrichtseinheiten der Klassenstufe angereichert.	Detailreiche Kenntnisse aus dem Dossier oder der Unterrichtseinheit werden in den Kontext eines breit angelegten Hintergrundwissens gestellt, das über Kenntnisse aus vorangegangenen Unterrichtseinheiten der Klassenstufe hinausgeht.
Terminologische Sicherheit	Philosophische und Fachbegriffe anderer Wissenschaften, die im Dossier bzw. in der Unterrichtseinheit eine wichtige Rolle spielen, werden zumeist sicher und einheitlich verwendet.	Weitere Begriffe werden zur Verdeutlichung und zur Unterstützung der eigenen Argumentation im Prozess des Schreibens selbstständig definiert.	Begriffe werden hinsichtlich ihrer Plausibilität, ihrer Denotationen und ihrer strategischen Verwendung kritisch hinterfragt.
Allgemeines Wissen	In die eigene Darstellung werden einige Bezugnahmen auf Bestände des kulturellen Gedächtnisses und auf aktuelle Ereignisse im Weltgeschehen sinnvoll mit aufgenommen.	Zahlreiche Bezugnahmen auf die Bestände des kulturellen Gedächtnisses werden organisch in den Zusammenhang der eigenen Darstellung eingefügt und subjektiv bewertet.	Der Essay weist einen auffallend weiten Interessenhorizont des Verfassers aus. Bezugnahmen erfolgen mit anspielungsreichem Hintersinn und sind Ausdruck eines souveränen Umgangs mit der Tradition.
Reflektierte Subjektivität	Persönliche Erlebnisse und Erfahrungen werden glaubhaft erzählt und in einen Zusammenhang mit der eigentlichen Thematik gestellt.	Persönliche Erlebnisse und Erfahrungen werden mit einem sicheren Bewusstsein für das Exemplarische ausgewählt. Eigene Standpunkte werden pointiert zum Ausdruck gebracht.	Eigene oder versuchsweise eingenommene Standpunkte werden hinsichtlich ihrer subjektiven Voraussetzungen reflektiert und im Licht abweichender Auffassungen gespiegelt.

*Merkmale einer höheren Niveaustufe sind innerhalb ein und desselben Kriteriums i. d. R. als Präzisierung bzw. als Ergänzung der Merkmale der vorangehenden Stufe zu verstehen.

Inhaltliche Originalität	Ein einfacher »szenischer Einstieg« i. S. einer fiktiven Einzelfallschilderung führt in die Problematik ein.	Bekannte Zusammenhänge werden mit Hilfe von ungewöhnlichen Vergleichen, Analogien und Gedankenexperimenten prägnant und treffend vermittelt.	Neue – realitätsnahe oder utopische – Problemlösungen bzw. alternative Sichtweisen werden vorgestellt und hinsichtlich ihrer Tragweite beurteilt.
Unterhaltende Elemente	Der Text verfügt über ein einleitendes Element, das zum Weiterlesen motivieren soll.	Der Text verfügt über einen gelungenen motivierenden Einstieg und über zahlreiche weitere Unterhaltungselemente. Rhetorische Fragen fordern den Leser zum Mitdenken auf.	Der Text reflektiert seine eigenen medialen Voraussetzungen hinsichtlich gelingender Kommunikation. Er inszeniert sich als belebter Dialog mit dem Leser.
Transparenter Aufbau	Der Text ist nachvollziehbar und inhaltlich sinnvoll gegliedert. Die einzelnen gedanklichen Schritte werden durch entsprechende Überleitungen zum besseren Nachvollzug sprachlich markiert.	Das Thema wird in der für den Essay typischen Weise assoziativ eingekreist, ohne unkohärent zu erscheinen.	Eine Entscheidung für konkrete, dem Lernenden bekannte Denkoperationen ist deutlich erkennbar (z. B. Deduktion oder Induktion, Dialektik).
Stilistische Gestaltung	Einige stilistische Merkmale werden bewusst zur strategischen Unterstützung inhaltlicher Aussagen und zur Auflockerung des argumentativen Sprachstils verwendet.	Eine größere Anzahl stilistischer Mittel wird bewusst verwendet und unterstützt nicht nur den Inhalt, sondern verleiht dem gesamten Text den charakteristischen Ton des Essayistischen.	Die Sprache verfügt sicher über Ironie und Temperament, ist Ausdruck eines individuellen Charakters und ist insgesamt elaboriert, ohne erzwungen zu wirken.
Sprachliche Regelkonformität	Der Text enthält auf mangelnder Regelkenntnis basierende Fehler.	Der Text enthält wenige, überwiegend nur flüchtigkeitsbedingte Fehler.	Der Text enthält keine nennenswerten Fehler.

ist aber auch eine Meditation über Gegenstände im Raum, über Darstellungen bildender Künstler, über Aphorismen und Zitate sowie über häufig verwendete Metaphern.[44]

Als eigenständige Übungsgelegenheiten für die essayistische Originalität haben sich ferner *Gedankenexperimente* als nützlich und motivierend erwiesen. Diese können von fiktiven Prämissen ausgehen (»Ein Tag ohne ...«; »Was wäre wenn ...«). Sie können aber auch gesellschaftliche Tabus probehalber in Frage stellen (»Wie lebt es sich in der Welt der Polygamie?«). Und es kann sich schließlich um satirische Vorschläge zur Lösung ernsthafter Probleme handeln.[45]

Wichtige Annäherungen an die Herausforderungen des essayistischen Schreibens ergeben sich aber auch über die produktive Auseinandersetzung mit jenen Textsorten, die zusammen mit dem Essay zuweilen als *Gattungen der nicht-fiktionalen Kunstprosa* subsumiert worden sind.[46] Solche Übergänge scheinen umso sinnvoller, als einige dieser Gattungen im Rahmen des so genannten Produktiven Schreibens ohnehin längst Bestandteile schulischer Schreibcurricula sind. Zudem weisen sie in ihren Besonderheiten jeweils spezifische Gemeinsamkeiten mit dem Essay auf, so dass auf dem Weg zu diesem gezielt an Teilkompetenzen gearbeitet werden kann:

1. In diesem Sinne fördert das Verfassen von *Briefen* die Sensibilität für den Umgang mit einem Adressaten, der trotz der Mittelbarkeit schriftlicher Äußerungen als Konversationspartner mit eigenen Gefühlen, Gedanken und Standpunkten wahrgenommen werden will.

2. Ferner kann das Spiel der direkten Rede und Gegenrede im *Dialog* ein direkter Brückenschlag zum dynamischen, publikumsorientierten Sprachstil des Essays sein.

3. Außerdem schulen *Tagebucheinträge* den subjektiven Ausdruck und die reflexive Brechung von Erlebnissen, Stimmungslagen und Gedanken sowie die Suche nach individuellen Problemlösungen. In ihrer Fingiertheit als Produkt schulischen Schreibens tragen sie zudem zu den Fähigkeiten der Empathie und des perspektivischen Rollenwechsels bei.

4. Ebenso ermöglichen *literarische Reiseberichte* persönliche Annäherungen und Sichtweisen, indem fremde Umgebungen jenseits vorgefertigter Wahrnehmungsmuster »phänomenologisch« erkundet werden.

5. Und schließlich leben *Aphorismen* von der pointierten, eine Erkenntnis zum

---

44 Vgl. Pfeifer 2003, S. 132 f.

45 Zu diesen drei Richtungen des Gedankenexperiments vgl. Ann B. Dobie; Andrew J. Hirt: *Comprehension and Competition. An Introduction to the Essay.* New York 1980.

46 Vgl. Weissenberger, Klaus (Hrsg.): *Prosakunst ohne Erzählen. Die Gattungen der nicht-fiktionalen Kunstprosa.* Tübingen: Niemeyer, 1985.

eindrücklichen Bild verdichtenden Schreibweise, die auch dem Essay zu seinem unverwechselbaren Esprit verhilft. (Allerdings bedarf es auch hier einer längeren Schulung, die mit der Lektüre von Textbeispielen beginnen wird.)

– Die Unterstützung der Lernenden sollte sich aber nicht in einer langfristig angelegten Ausbildung von Teilfertigkeiten erschöpfen. Vielmehr wird es auch darauf ankommen, Anregungen für die konkrete Vorarbeit am eigenen Essay zu geben. Die folgenden *Leitfragen* können dabei helfen, Ideen zu sammeln, Schreibblockaden zu vermeiden und insbesondere die Momente der Subjektivität und der Kreativität noch vor dem eigentlichen Schreibprozess zur Geltung zu bringen:

1. Welche *Gefühle* überkamen mich bei der ersten Auseinandersetzung mit dem Thema?

2. Welche *bildlichen Vorstellungen* ruft das Thema bzw. der Text in mir hervor?

3. Welche *Ähnlichkeiten* mit anderen Problemen, Vorgängen etc. weist das Thema auf?

4. Welche *eigenen Erfahrungen* kann ich zur Sichtweise auf das Problem beisteuern?

5. Mit welchen *Erfindungen* (falsche Voraussetzungen, übertriebene Auswirkungen, abwegige Beispiele) könnte ich das Problem experimentell zuspitzen?

6. Welche *Sachkenntnisse* benötige ich, um mich auf dem Themengebiet kompetent und selbstbewusst zu äußern?

7. Welche *Begriffe* sollte ich für mich und meine Leser klären?

8. Welche öffentlich vertretenen oder immerhin denkbaren *Positionen* gibt es in dieser Frage und wie stelle ich mich dazu selbst?

Um die Schülerinnen und Schüler nicht zu überfordern und eine Vergleichbarkeit ihrer Essays zu ermöglichen, wird es zudem darauf ankommen, bereits in der *Aufgabenstellung* auf das Vorhandensein einer gemeinsamen Wissensgrundlage zu achten. Als inhaltliche Bezugsbasis für einen Essay kommen längst nicht nur eigens hierfür zusammengestellte Dossiers in Betracht.[47] Denkbar ist ebenso die Verarbeitung der Inhalte einer Unterrichtsreihe, aber auch die Bezugnahme auf einen einzelnen Text, einen Sinnspruch, ein Bild, einen Film oder ein vergleichbares Medium.

Auf der Grundlage dieser Impulse sollte es möglich sein, essayistische Schreib-

---

47 Vgl. zu dieser Verfahrensweise: Landesinstitut für Erziehung und Unterricht Stuttgart 2004.

prozesse zu initiieren und zu begleiten. Abschließend sei aber noch die Bemerkung gestattet, dass die eigentliche Arbeit an dieser Stelle auch für die Lehrperson erst beginnt: Gerade weil es sich bei Essays um besonders komplexe sprachliche Gebilde handelt, wird es von Nöten sein, mehrere Phasen der Überarbeitung einzuplanen, bei denen es darum gehen sollte, jeweils einzelne der im 4. Kapitel erarbeiteten Gütekriterien in den Fokus zu nehmen. Dieser Prozess kann durchaus beschwerlich sein. Er muss aber nicht zu Motivationsabbrüchen führen, wenn klar gemacht wird, dass auch die Fortschritte, die das Projekt von Revision zu Revision nimmt, ein gewichtiger Aspekt der abschließenden Bewertung sein werden. Am Ende entsteht jedenfalls ein Essay, der sich innerhalb der beschriebenen Niveaustufen befindet und sich in den meisten Fällen wirklich sehen lassen kann.

7. Anhang: Beispiele für Schüler-Essays

Die nachfolgenden Beispiel-Essays wurden nach der im 4. Kapitel abgebildeten Bewertungsmatrix benotet. Sie stellen, zusammen mit weiteren Schülerarbeiten, ihrerseits eine empirische Grundlage für die vorgenommene Niveaukonkretisierung dar. Insofern können sie zur Verdeutlichung der entsprechenden Tabelle im 5. Kapitel herangezogen werden.

Die Essays selbst entstanden im Rahmen eines Seminarkurses in der Klassenstufe 12, der im Schuljahr 2007/08 unter dem Titel »Denkumbrüche« am Grimmelshausen-Gymnasium in Offenburg angeboten wurde. Im Unterricht waren mehrere Stunden zur Psychologie Sigmund Freuds und zur Bewegung der »68er« vorangegangen, wobei neben Auszügen aus der Primärliteratur und aus wissenschaftlichen Quellen auch aktuelles Zeitschriftenmaterial ausgewertet worden war. Die konkrete Aufgabenstellung bestand darin, sich mit einem zeitnah im »Spiegel« erschienen Artikel zur Jugendsexualität auseinanderzusetzen und in den Essay zugleich fundierte Kenntnisse aus den genannten Themenbereichen einzubringen. Der Arbeitsauftrag war bewusst so offen formuliert, um die Lernenden zur Entwicklung eigener Fragerichtungen zu bewegen.

In dem erwähnten Artikel selbst geht es um den damaligen Gesetzesentwurf der Bundesregierung zur Ausweitung des Sexualstrafrechts. Wäre die Gesetzesänderung zustande gekommen, was zum damaligen Zeitpunkt noch nicht entschieden war, wären »bestimmte sexuelle Annäherungen, die bisher nur gegenüber Jugendlichen unter 16 Jahren strafbar waren, bei allen Minderjährigen unter Strafe gestellt« worden. Zudem hätten sich auch Jugendliche des »sexuellen Missbrauchs« strafbar machen können. Und schließlich wären als »aufreizend« eingestufte Privatfotos von 14- bis 17-Jährigen in der Hand Dritter als »Jugendpornografie« zum Delikt erklärt worden. Der Spiegel-Artikel hebt neben diesen nachvollziehbaren Anliegen aber auch hervor, dass der Gesetzesvorstoß mit dem Recht Jugendlicher auf eine selbstbestimmte Sexualität zu stark kollidiere. So hätten bei erfolgreicher Initiative z. B. bereits realistische Schilderungen von Jugendsexualität in der »Bravo«, aber auch einvernehmliche erregende Berührungen Heranwachsender im Kino kriminalisiert werden können.[48]

Bei dem Beispiel 1 handelt es sich um den ersten Versuch einer Schülerin, einen eigenen Essay zu verfassen. Tatsächlich können an ihm einige typische Probleme aufgezeigt werden, die sich bei der anfänglichen Erprobung der Textsorte und der Anwendung der entsprechenden Kriterien ergeben:

1. So ist zunächst einmal eine Art szenischer Einstieg gegeben, worin – neben einigen rhetorischen Fragen im weiteren Verlauf – auch ein gewisser Adressatenbezug besteht. Dieser Einstieg eröffnet allerdings noch nicht alle notwendigen Facetten des Themas und ist, da ein sehr ähnliches Beispiel im Spiegel-Artikel verwendet wird, auch nicht besonders originell.

2. Das Sachwissen ist fundiert und stellt zusätzliche eigene Recherchen unter Beweis; es wird allerdings noch deutlich im Stil einer Abhandlung bzw. eines Berichts dargestellt, wofür neben der sprachlichen Gestaltung auch der recht weitgehende Verzicht auf Subjektivität maßgeblich ist.

3. Bezüge auf Allgemeinwissen führen (insbesondere in den Äußerungen zu früheren Epochen) zuweilen zu plakativen und undifferenzierten Behauptungen.

4. Die Besprechung der Freudschen Theorie erfolgt unvermittelt, da sich dieser Schritt nicht direkt aus den zuvor gestellten Problemfragen ergibt; eine größere Sensibilität für gedankliche Überleitungen wäre daher i. S. der Kohärenz und argumentativen Stringenz des Textes wünschenswert.

5. Aus dem bewussten Verzicht auf das übliche »Korsett« des traditionellen Erörterungsaufsatzes folgt noch kein freieres Spiel mit argumentativen Strukturen, sondern zunächst eher eine Unterbegründung des eigenen Standpunktes.

Beispiel 1: Niveaustufe A (Textauszug)

Sexualität und Legalität
Darf mein Freund mich in Zukunft noch zu einem Eis einladen und mich dann in der Eisdiele küssen? Oder ist das extra große Erdbeereis schon ein Entgelt, der Kuss

---

48 Vgl. Der Spiegel. 10. 12. 2007, S. 17.

eine »sexuelle Handlung«, die mein Freund an mir vornimmt, und er muss in den Knast oder zumindest eine Geldstrafe zahlen?

Aufgrund des Rahmenbeschlusses des Rates der europäischen Union zur Bekämpfung der sexuellen Ausbeutung von Kindern und der Kinderpornographie muss das Strafgesetzbuch der BRD erweitert werden. Nach §182, Abs. 1 StGB (Sexueller Missbrauch von Jugendlichen) musste das Opfer eines sexuellen Missbrauchs bis jetzt unter sechzehn, der Täter über achtzehn sein (»Eine Person über achtzehn Jahre, die eine Person unter sechzehn Jahren...«). Im Änderungsvorschlag ist das Opfer auf Personen unter achtzehn Jahren ausgeweitet und der Täter muss kein Mindestalter mehr haben (»Wer eine Person unter achtzehn Jahren...«). Der Täter kann also jünger sein als das Opfer. Des Weiteren wird §184 b Abs. 1 (Verbreitung, Erwerb und Besitz kinderpornographischer Schriften) um die Verbreitung, den Besitz und den Erwerb jugendpornographischer Schriften erweitert. Vereinfacht lässt sich sagen, dass »Jugendliche« abgeschafft werden, Opfer, die noch keine achtzehn sind, werden wie Kinder behandelt, Täter jedoch grundsätzlich wie Erwachsene. Der Bundestag hat die Abstimmung zwar verschoben, aber dennoch wirft der Gesetzesentwurf eine Menge Fragen auf. Die Gesetzesänderung würde gründlich vor sexuellem Missbrauch schützen, aber könnte sie nicht auch die freiwillige (!) sexuelle Annäherungen zwischen Jugendlichen einschränken? Verhindert die Befreiung von ungewollter Sexualität etwa die Freiheit zu gewollter Sexualität? Sollte man als Jugendlicher besser enthaltsam bleiben, um nicht aus Versehen straffällig zu werden?

Fest steht, dass es in der Geschichte Phasen der sexuellen Freizügigkeit gab, wie in der Antike, als Orgien etwas völlig Normales und Sexualität gesellschaftsfähig waren. Dann wiederum gab es Zeiten, in denen sie verpönt und beinahe verboten war. Im Mittelalter wäre es der übermächtigen Kirche am liebsten gewesen, wenn die Menschen Geschlechtsverkehr nur aus Gründen der Reproduktion und nur in der Ehe praktiziert hätten. Bewegen wir uns zurück in Richtung Mittelalter? Oder wäre eine Verschärfung des Jugendsexualstrafrechts ein Fortschritt? Wie haben sich das Sexualstrafrecht und das Denken über Sexualität im Laufe der Zeit überhaupt entwickelt?

Was würde Sigmund Freud zu dem Gesetzesvorschlag sagen? Er sah den Menschen als vom Trieb gesteuert. Besondere Bedeutung hat dabei seiner Meinung nach der Sexualtrieb, der – im wahrsten Sinne des Wortes – die »Triebfeder« des menschlichen Handelns darstellt. Was würde nun geschehen, wenn man seine sexuellen Wünsche und Begierden nicht auslebt? Freud sei Dank gibt es da noch die Möglichkeit der Sublimierung: Unerfüllte sexuelle Triebwünsche können in anerkannte Tätigkeiten umgewandelt werden. Die sexuelle Begierde lässt sich Freud zufolge durch Ersatzhandlungen, die meist künstlerischer oder intellektueller Natur sind, befriedigen. Die Libido wird schlicht und einfach umgelenkt und äußert sich in kulturellen Leistungen. Das wäre doch eine nette Vorstellung: Statt sich beim ungeschütztem Geschlechtsverkehr mit AIDS anzustecken, würde die Jugend auf einmal beginnen wie verrückt zu dichten, zu malen oder sich anderweitig schöpferisch zu betätigen...

Weniger rosig sieht eine Welt aus, in der Sexualität unterdrückt wird, wenn man Wilhelm Reich Glauben schenkt. Er war der Auffassung, dass ein unterdrückter Sexualtrieb den Menschen zum Negativen verändert. In seinem Buch »The Sexual Revolution«, das 1945 erschien, schlägt er die Brücke von Freud zu Marx, verbindet die Psychoanalyse mit kommunistischen Ideen. Durch Unterdrückung der Sexualität werden laut Reich autoritäre und faschistische Staatssysteme begünstigt. Denn die unterdrückte Begierde würde sich in Machthunger und der Bereitschaft, anderen Leid zuzufügen oder sie sogar zu töten, Luft verschaffen. Eine Befreiung der Sexualität jedoch würde eine friedliche Revolution einleiten, die gesellschaftlichen Strukturen ohne blutige Kämpfe zum Besseren verändern. Die Jugend der 68er-Jahre nahm Reichs Ideen mit Begeisterung auf. In der Nachkriegszeit nämlich war Sexualität verpönt und wurde totgeschwiegen. Aufklärungsunterricht war ein Fremdwort, über Verhütungsmittel wurde erst recht nicht informiert, im Gegenteil, 1959 wurde der Verkauf von Verhütungsmitteln sogar per Gesetz verboten. Die Gesellschaft der 50er und 60er Jahre war extrem prüde: Nicht nur der Verkauf von jugendgefährdenden – also pornographischen – Schriften war verboten, der »Kuppeleiparagraph« (§180 StGB) verbot sogar, unverheirateten Paaren die Möglichkeit zum Beischlaf zu geben. Auf gleichgeschlechtliche Liebe zwischen Männern stellte §175 StGB bis zu zwei Jahre Haft in Aussicht und der Schwangerschaftsabbruch war verboten (§218 StGB). Hinzu kam, dass die Jugend der 68er diese Verklemmtheit als Erbe des Nationalsozialismus interpretierte. Dies ist jedoch falsch, sie war eine Reaktion auf das Sexualverhalten in der Zeit des Nationalsozialismus. Die Nazis tolerierten vorehelichen Geschlechtsverkehr, solange er zwischen Ariern erfolgte und nicht gleichgeschlechtlich war. Man denke nur an die »Lebensborn«-Heime, in denen ledige arische Mütter betreut wurden, um den Nachschub an Soldaten und potenziellen Müttern zu garantieren. Nichts desto Trotz begann in den 68ern die sogenannte »Sexuelle Revolution«. Begünstigt durch die Antibabypille, die 1961 auf den deutschen Markt kam, versuchten die Jugendlichen, ihre Vorstellungen von der »freien Liebe« zu verwirklichen. Angetrieben wurden sie von den Wünschen, die Gesellschaft zu verändern, Konservative und Kirche zu provozieren, sich gegen die Eltern aufzulehnen und natürlich auch von dem Bedürfnis nach individueller Befriedigung. Zunächst schien es, als hätte ihre sexuelle Revolution Erfolg. Ende der 60er und Anfang der 70er Jahre wurde das Sexualstrafrecht deutlich gelockert, beispielsweise wurde »Ehebruch« als Verbrechen abgeschafft, der »Kuppeleiparagraph« wurde gestrichen, gleichgeschlechtliche Beziehungen zwischen Erwachsenen und weiche Pornographie wurden legalisiert. Doch mit diesen Gesetzesänderungen schaufelte sich die sexuelle Revolution gewissermaßen ihr eigenes Grab. Die Sexualität war zwar noch nicht wirklich befreit, wurde aber schon mal kräftig kommerzialisiert. Sexshops schossen aus dem Boden und der Pornomarkt boomte. Darüber zerstritten sich die »Revolutionäre«. Die Frauenbewegung protestierte gegen die frauenfeindlichen Darstellungen in den Pornos, die Männer wiederum sahen die Schuld für die mangelnde Befriedigung bei den Frauen. Hinzu kam die Enttäuschung darüber, dass sich die Gesellschaft nicht – wie Reich es prophezeit hatte – durch eine veränderte Sexualität von Grund auf verbesserte, es wollte einfach nicht zu der ersehnten politischen Revolution kommen. Der AIDS-Schock in den 80ern schließlich gab der sexuellen Revolution den Rest: Genau so plötzlich, wie sie begonnen hatte, endete sie.

Wie sieht es heutzutage aus? In vermeintlich harmlosen Online-Netzwerken wie dem SchülerVZ gelangen Kinder und Jugendliche problemlos an pornographische Bilder von anderen Jugendlichen. Sexistische und frauenverachtende Werbung gehört schon längst zur Tagesordnung. Würde eine Verschärfung des Sexualstrafrechts Abhilfe schaffen? Würde die auch durch die Legalisierung der Pornographie abgebrochene sexuelle Revolution wieder ins Rollen kommen? So weit würde ich nicht gehen. Meiner Meinung nach würde der aktuelle Gesetzesvorschlag über das Ziel hinausschießen und die Sexualität von Jugendlichen erheblich einschränken. Außerdem wäre die konsequente Durchsetzung mit einem hohen Kosten- und Personalaufwand verbunden. Dennoch bin ich grundsätzlich der Ansicht, dass eine Ausweitung des Schutzes von Kindern und Jugendlichen vor Pornographie durchaus sinnvoll ist.

Die Beispiele 2 und 3 stellen verschiedene Bearbeitungsstände ein und desselben Essays dar. Bereits in der Erstfassung beginnt dieser Text – im Unterschied zum vorangegangenen Beispiel – mit einem wirklich originellen Einstieg, der sich in kreativer Weise einer passenden Analogie bedient. Auch werden eigene Ansichten und Passagen des Wissenstransfers bereits organischer miteinander in Bezug gesetzt und zu einem argumentativen Ganzen entwickelt. Ferner wird ein eigener Lösungsansatz zur Debatte beigetragen. Zudem nähert sich die sprachliche Gestaltung augenscheinlich dem essayistischen Stil an.

Beispiel 2: Niveaustufe B (Erstfassung)

Auf der Suche nach einer neuen Moral

- Zehen strecken, Po anspannen, kräftig Anlauf nehmen, und vor den Augen von 80 Millionen Zuschauern startet sie zur Rolle rückwärts. Die Technik muss stimmen, die Muskeln müssen stark genug und der Platz zum Anlaufen ausreichend sein. Die Regierung strengt sich mächtig an, eingezwängt in

einen sittlichen Turnanzug und äußerlich zurechtgemacht, startet sie entschlossen den Versuch. Doch ob der Richtungswechsel wirklich gelingt?

– Der neue Gesetzentwurf der Bundesregierung scheint uns in die Vergangenheit zurück zu katapultieren. Justizministerin Zypries will den Sex unter
Jugendlichen einschränken, um diese vor Prostitution, Missbrauch und Pornographie zu schützen. Doch die Einschränkung des Sexlebens steht in star-
kem Widerspruch zu der sonst so lockeren Haltung zu Sex. Schließlich leben
wir im 21. Jahrhundert. Nacktszenen sind in Film und Fernsehen längst Gang
und Gebe, öffentliche Diskussionen über Sexpraktiken und Vorlieben sind
Aushängeschilder für den normalen und aufgeklärten Umgang mit Sexualität. Sexuelle Handlungen sind selbst für Jugendliche Normalität. Von den
meisten Eltern akzeptiert und erlaubt, zeigen auch sie geradewegs unsere
offene Weltanschauung. Doch wird das nicht allmählich zuviel? Haben wir
nicht langsam genug von Nacktbildern, wo man auch nur hinsieht, von dut-
zenden Erotiksendern, die einem beim Zappen nur nerven, vom Sex als
Kommerzgegenstand und vom Verdacht auf erotische Zweideutigkeit, egal
um was es gerade geht? Vielleicht ist es wirklich Zeit für einen Richtungswechsel, etwa einen, wie ihn Bundesministerin Zypries mit ihrem Gesetzentwurf plant.

Unser Umgang mit Sexualität wurde vor allem durch die 68er beeinflusst. Die
prüde und weitgehend konservative Nachkriegsgesellschaft wurde von ihnen
gehörig auf den Kopf gestellt. Die Einführung der ersten Antibabypille vom Chicagoer Pharmakonzern C.D Searle im Jahre 1960 hat Frauen zu mehr Entscheidungs-
freiheit und damit zu mehr Bereitschaft zu Sex verholfen. Die Abschaffung des
Kuppelei-Paragraphen, der bis 1974 unehelichen Paare das gemeinsame Über-
nachten verbot, führte zum Rückgang der zahlreichen Frühehen und zur Möglichkeit, schon vor der Ehe sexuelle Erfahrungen zu sammeln. Diese Erfahrungen
wurden durch Pioniere, wie den Journalisten und Filmproduzenten Oswald Kolle,
der breiten Masse zugänglich gemacht. Kolle informierte schamlos in zahlreichen Büchern und Filmen über Sexualität. Viele seine Werke waren auch inter-
national erfolgreich, allein seine Filme fanden weltweit 140 Millionen Zuschauer.
Doch Oswald Kolle war Einzelkämpfer, denn in den 60ern wurde Aufklärung
offiziell nicht viel Sympathie entgegengebracht. Die »Himmlersche Polizeiverordnung« untersagte sogar Werbung für Verhütungsmittel, und damit den sorglosen
Umgang mit Sexualität.

Doch all diese Einschränkungen wurden von der 68er Revolution bekämpft.
In Mitten der Flower-Power Bewegung entstand ein ganz neues Bewusstsein für
Sexualität. In Film und Fernsehen wurde mehr Haut gezeigt, Zeitschriften wie »Jas-
min« lieferten enthüllende Reportagen mit gewagtem Bildmaterial und Studenten

initiierten die ersten Intimberatungsstellen. Alles in Allem ging man viel lockerer mit der Sexualität und dem anderen Geschlecht um.

Hart erkämpfte Errungenschaften sehen Experten nun in Gefahr. So warnt auch der FDP-Rechtsexperte Jörg van Essen, dass die Balance zwischen sexueller Selbstbestimmung und dem Schutz vor Missbrauch schwer zu halten sei. Gerade der Pubertät muss man Raum für Entfaltung und Selbstbestimmung lassen, ohne Jugendliche durch die Androhung von Freiheitsentzug einzuschüchtern. Und auch der Rechtsexperte der Grünen-Fraktion, Jerzy Montag, nennt weitere Gefahren. Das geplante Gesetz bestraft die Ausnutzung Minderjähriger durch sexuelle Handlungen unter Zwang oder gegen Entgelt. Jerzy Montag betont jedoch, dass der Begriff der sexuellen Handlungen Vieles umfasse, und so warnt Montag, dass ein Richter anhand des Gesetzes auch wegen eines Kusses bei der Einladung ins Kino verurteilen könne.

Die Opposition jedenfalls ist sich sicher, dass die Verschärfung des Sexualstrafrechts auch harmlose Zärtlichkeiten unter Jugendlichen ins Strafregister aufnehmen könne.

Somit seien Jugendliche gezwungen ihre Sexualität einzuschränken, doch das kann verheerende Folgen nach sich ziehen.

Renommierte Wissenschaftler behaupten in ihren Studien, dass eine Unterdrückung der sexuellen Triebe durchaus beachtliche Schäden hervorrufen kann. Der österreichische Psychologe Sigmund Freud veröffentlichte schon ab dem Jahr 1900 revolutionäre Werke zum Innenleben der menschlichen Seele. Laut Freud ist die menschliche Psyche in drei Bereiche einzuteilen, das Ich, das Es und das Über-Ich. Das Ich ist das Selbstbewusstsein des Menschen und vermittelt zwischen den anderen beiden Instanzen sowie der Umwelt, es denkt, nimmt bewusst etwas wahr und ist für die Gedächtnisleistung verantwortlich. Das Über-Ich ist die moralische Instanz des Menschen, sein Gewissen, das Wertvorstellung und Moral verinnerlicht. Das Es jedoch ist der unbewusste und triebhafte Teil der Psyche, es ist von uns kaum zu kontrollieren und teils angeboren, teils Produkt sekundärer Entstehung, zum Beispiel durch Aggression oder Frust.

Freud betont, dass dieses Es für sexuelle Begierde und aggressive Impulse zuständig ist, die den Menschen sein Leben lang, ja schon seit frühster Kindheit bewegen, und unerwartet zu Tage kommen können. Verdrängt der Mensch jedoch seine sexuellen Wünsche, kann es laut Freud, zu psychischen Krankheiten, zu Aggression und Frustration führen.

- Das bedeutet, auf den Gesetzesentwurf übertragen, dass das potentielle Verbot von sexuellen Handlungen zur Unterdrückung der sexuellen Triebe bei Jugendlichen führen kann. Die Jugendlichen haben Angst sich strafbar zu machen und unterdrücken deshalb ihr Verlangen, doch dadurch können Neurosen und psychische Krankheiten entstehen, mit der Folge, dass

Jugendliche erst recht Sex wollen und eher bereit sind »illegal« mit einander
zu schlafen oder andere zum Sex zu drängen. Somit könnte die Bundesregierung genau das Gegenteil erreichen, indem ein Verbot eine Zunahme der
Sexualstraftaten provoziert.
- Doch wirklich beweisen kann das niemand, und so reiht sich dieses Gedankenexperiment passgenau in die große Anzahl wilder Spekulationen ein.
Bundesministerin Zypries selbst versucht diesen Spekulationen den Nährboden zu entziehen. Sie betont, dass auch nach der Einführung des geplan-
ten Gesetzes sexuelle Handlungen zwischen Jugendlichen straflos bleiben.
Lediglich Sex gegen Entgelt, sprich gegen Versprechen von Gütern oder
Geldsummen, sowie die Weitergabe selbst gemachter Nacktbilder an Dritte
sei strafbar.

Und so stellt sich die Frage, was das Gesetz wirklich bewirken kann. Während die
Opposition zu ahnen glaubt, das Gesetz gehe weit am realen Leben vorbei, so hat
es doch irgendwo seinen Sinn. Es soll vor Misshandlung und Pornographie von
Jugendlichen schützen. In einer Welt, in der Sex immer normaler wird, und in der
die Schamgrenze stetig sinkt, tut so ein Richtungswechsel vielleicht auch einmal
gut. Als Warnschuss für übermütige Teenager in einer Welt, in der Moral von MTV
und Bravo verkörpert wird. Bedarf gibt es jedenfalls für ein neues Gesetz, und
genügend Jugendliche, die Schutz brauchen, damit der Exfreund nicht mit dem
Nacktbild die Nachbarschaft unterhält.

Die Regierung sollte vielmehr an einer neuen Moralvorstellung arbeiten. Vielleicht kann sich dann die moralische Instanz des Über-Ichs gegen das triebhafte
Verhalten des Es durchsetzen, und unsere Gesellschaft schraubt ihren Umgang
mit Sexualität auf Normalmaß herunter. Denn was früher ein Tabu war, und wo
Jugendliche früher gezwungen wurden ihre Triebe zu unterdrücken, da scheinen
sie heute geradezu gezwungen zu werden sich sexuell zu betätigen. Damit sie dazu
gehören, mitreden können, cool sind.

Einen Richtungswechsel jedenfalls stellt das geplante Gesetz nicht dar, es versucht lediglich Jugendliche zu schützen. Ob es in der Praxis allerdings taugt, bleibt
abzuwarten. Der Umgang mit Sexualität scheint ohnehin zu schwanken und, wer
weiß, vielleicht katapultieren wir uns aus lauter Trotz bald selbst zurück in die
Welt der prüden 50er. Der Gesetzentwurf ist sicherlich kein Grund dafür, lediglich
potenzieller Überdruss am heutigen Kommerz der Sexualität. Und so scheint mir
weniger das Verdrängen der Triebe die Jugend zu gefährden, sondern eher die
fragwürdige Wertevermittlung und die permanente Präsenz von viel nackter Haut.
Um dies allerdings zu ändern, verlangt es nach mehr, als Justizministerin Zypries
momentan zu bieten hat.

Die überarbeitete Version dieses Essays weist gegenüber der Erstfassung noch einige deutliche Verbesserungen auf, welche für die Niveaustufe C kennzeichnend sind. So wirkt die Sprache noch einmal pointierter und weist Merkmale einer individuellen Schreibweise auf. Ferner wird der subjektive Standpunkt klarer markiert. Außerdem erfolgt eine bedeutende Straffung der darlegenden Sequenzen zugunsten der Auseinandersetzung. In den Modi der Anspielung, der Ironie und der Reflexion wird aber dennoch deutlich, dass die Faktenbasis genau verstanden worden ist. Zudem wird das Thema in einen größeren rechtstheoretischen Zusammenhang gestellt. Ferner kommt das bereits in der Erstfassung bemühte Gedankenexperiment in gelungenerer Weise zum Einsatz. Und schließlich bildet sich mit dem Aufgreifen des anfänglichen Bildes eine gelungene inhaltliche Abrundung für den Leser, der auch mit neu eingefügten Zwischenüberschriften noch komfortabler durch den Text geleitet wird.

Beispiel 3: Niveaustufe C (Überarbeitung)

Auf der Suche nach einer neuen Moral
Zehen strecken, Po anspannen, kräftig Anlauf nehmen, und vor den Augen von 80 Millionen Zuschauern startet sie zur Rolle rückwärts. Die Technik muss stimmen, die Muskeln müssen stark genug und der Platz zum Anlaufen ausreichend sein. Die Regierung strengt sich mächtig an, eingezwängt in einen sittlichen Turnanzug und äußerlich zurechtgemacht, startet sie entschlossen den Versuch. Doch ob der Richtungswechsel wirklich gelingt?

Eine neue Idee der Bundesregierung scheint uns eher in die Vergangenheit zurück zu katapultieren: Unsere Justizministerin will den Sex einschränken. Und ja: Sie will uns Jugendliche damit vor Prostitution, Missbrauch und Pornographie zu beschützen. Nur widerstrebt diese Einschränkung der freizügigen Haltung unserer Bürger zu allem Geschlechtlichen. Schließlich leben wir im 21. Jahrhundert; da sind Nacktszenen in der Filmkunst Gang und Gebe, da sind öffentliche Diskussionen über Sexpraktiken die Aushängeschilder einer gesund entwickelten Persönlichkeit. Und da sind eben auch sexuelle Handlungen unter Jugendlichen Normalität. Auch von meinen eigenen Eltern sind sie übrigens akzeptiert und erlaubt, und dies allein zeugt, meiner Meinung nach, noch nicht von einer auffällig offenen Weltanschauung.

Gewiss: Unser Umgang mit Sexualität wurde vor allem durch die 68er beeinflusst. Die prüde und weitgehend konservative Nachkriegsgesellschaft wurde von ihnen gehörig auf den Kopf gestellt. Und diese große Erzählung der Generation haben auch wir als Geschichte einer Befreiung verinnerlicht: Selbstbestimmter und häufigerer Sex der Frauen durch das Chicagoer Patent der Antibabypille. Abschaffung des Kuppelei-Paragraphen und die Legalisierung erotischer Erfahrungen vor der Ehe, Flower Power gegen die »Himmlersche Polizeiverordnung« und Oswald Kolles filmische Aufklärungsarbeit an 140 Millionen sexinteressierten Weltbürgern... Vierzig Jahre danach gehen wir jedenfalls ziemlich locker mit der körperlichen Liebe und mit dem anderen Geschlecht um.

Doch ganz ehrlich: Wird das nicht allmählich zuviel? Haben wir nicht langsam genug vom entblößten Fleisch, wo man auch hinsieht, von den dutzend Erotiksendern, die einem beim Zappen nur nerven, vom Sex als Kommerzgegenstand und vom Verdacht auf erotische Zweideutigkeit, egal um was es gerade geht? Vielleicht ist es wirklich Zeit für einen Richtungswechsel – etwa einen, wie ihn Bundesministerin Zypries mit ihrem Gesetzentwurf plant?

Ein gesunder Richtungswechsel?

Hart erkämpfte Errungenschaften sehen Rechtsexperten der Opposition nun allerdings in Gefahr: Die Balance zwischen sexueller Selbstbestimmung und dem Schutz vor Missbrauch sei nicht gewährleistet; gerade in der Pubertät müsse aber Raum für Entfaltung und Selbstbestimmung gelassen werden; eine Verschärfung des Sexualstrafrechts könne hingegen auch harmlose Zärtlichkeiten unter Jugendlichen ins Strafregister aufnehmen. Gleich mehrere Standards der Rechtsethik stehen also auf dem Spiel: Das Recht auf Freiheit zugunsten der Sicherheit und das Prinzip der Verhältnismäßigkeit zugunsten eines prüden Reitens auf dem Paragrafen.

Und kann eine Unterdrückung der sexuellen Triebe Heranwachsender nicht durchaus beachtliche Schäden hervorrufen? Mahnend sehen wir den Freudschen Teekessel vor uns, in dem der Druck bereits ansteigt! Und traurig denke ich an mein Triebschicksal, wenn ich im Kino vielleicht noch ein Händchen halten darf, aber nun wirklich nichts mehr zu küssen habe. Aggressive Impulse rumoren dann in der Verdrängung, Frustrationen und Neurosen verbittern mein Leben, und wenn ich gesund bleiben will, dann tue ich »Es« eben illegal – mit dem Reiz des Verbotenen, »Nachahmungstäter« nicht ausgeschlossen.

An dieser Stelle muss ich mich nun nicht weiter bespiegeln, um zu wissen: Im besten Fall gerät das Gesetz noch zum wirkungslosen Treppenwitz der jüngeren Rechtsgeschichte. Im schlimmsten Fall trüge es aber zu einer wirklichen Kriminalisierung erst noch mit bei: Wie, wenn sich meine unterdrückte Libido einen gewaltsamen Weg ans Licht bahnte?

Alle Wege führen nach Rom, aber welcher zu einer neuen Moral? Bekanntlich blieb aber Freuds Theorie nicht unwidersprochen, und so reiht sich unser Gedankenspaziergang durch die jugendliche Seele gut ein in die größere Anzahl der

Spekulationen. Bundesministerin Zypries selbst versucht diesen Mutmaßungen ja den Nährboden zu entziehen: Sexuelle Handlungen zwischen Jugendlichen seien doch auch nach der Einführung des Gesetzes straflos; lediglich Sex gegen ein Entgelt und die Weitergabe selbstgemachter Nacktbilder an Dritte werde verfolgt.

Nur: Welche »sexuellen Handlungen« genau sind nun eigentlich erlaubt? Es ist nie sehr befriedigend, einen Begriff nur im Ausschlussverfahren zu definieren. In der Rechtspraxis kann daraus jedoch eine fatale Unsicherheit werden: Ist die Einladung ins Kino bereits ein »Entgelt«? Kann ich selbst vor einer Kamera posieren und den Film bei YouTube einstellen? Wie also will man nach diesem Kriterium Recht von Unrecht unterscheiden? Und diese Frage stellt sich auch in ganz praktischer Hinsicht: Wer passt in der Straßenbahn denn nun eigentlich auf den korrekten Austausch meiner Zärtlichkeiten auf? George Orwells big brother is watching me? Iranische Sittenwächter demnächst auch in Deutschland...

Nicht geklärt ist also vor allem die Frage, was das Gesetz in der gesellschaftlichen Wirklichkeit tatsächlich bewirken könnte. Während die Opposition zu ahnen glaubt, die Initiative gehe weit am realen Leben vorbei, hat es doch seinen ganz nachvollziehbaren Sinn: Es soll vor Misshandlung und Pornographie von Jugendlichen schützen! Und es könnte ein echter Warnschuss für übermütige Teenager sein, deren minima moralia von MTV und Bravo verkörpert wird.

Indes: Ist es wahrscheinlich, dass ein Gesetz den gekränkten Exfreund davon abhält, mit dem Nacktbild die Nachbarschaft zu unterhalten? Die Regierung sollte wohl vielmehr an einer neuen Moralvorstellung arbeiten; sie sollte ein Stellschräubchen am Über-Ich nachziehen, statt das Es auf das Streckbett zu zwingen. Sie sollte, mit anderen Worten, das fortsetzen, was die 68er versäumt haben: Dem nur Spielerischen wieder ein wenig Ernst beizumischen und nach der Aufklärung über die Sexualität als Selbstverwirklichung auch noch über die Verantwortlichkeit für die Intimsphäre der anderen aufzuklären.

Einen solchen Richtungswechsel stellt das geplante Gesetz jedenfalls nicht dar. Vielleicht katapultieren wir Bürger uns aus lauter Trotz vor der permanenten Präsenz der nackten Haut aber bald selbst zurück in die Welt der prüden 50er.

Und so gerät die Regierung vor 80 Millionen Zuschauern ins Taumeln, sie stockt und stolpert über die eigenen Füße. Es ist aus mit dem Richtungswechsel, sie steht still, unfähig einen Fortschritt zu machen. Eine letzte Verbeugung, und unter sparsamem Applaus endet der Auftritt. Wer jetzt noch etwas bewegen will, der muss bis zum nächsten Anlauf warten, vielleicht gelingt er dann, der Richtungswechsel.

Johannes Bierbrodt und Henning Röhr

Unzensierbarkeit *oder* Freies Denken unter Zwang

Zur Bewertung kreativer Schülerleistungen, dargestellt am Beispiel des Philosophischen Tagebuchs

Welche Ausprägungen das Zensieren in den modernen Gesellschaften auch immer gefunden hat: Jede moderne Gesellschaft kennt das Instrument der Bildungszertifikate, die Bildungsgänge begleiten und Berufslaufbahnen eröffnen. Die Zensur ist eine der modernen Institutionen, die das Verhältnis des Individuums zur Gesellschaft regeln, und in diesem Umstand liegt der Grund ihrer Emotionalität. Prüfungen sind einschneidende Ereignisse einer Bildungskarriere und Zensuren dürften in den meisten Familien ein alltäglicher Anlass sein, über Bildungsfragen und Fragen der Berufsorientierung zu sprechen. Kommt das Gespräch auf Noten, dann werden Klassenkameraden, Freunde, Eltern und Geschwister zum Vergleich herangezogen, kommen die Lernfortschritte paralleler Lerngruppen zur Sprache, die Zensuren, die dort erteilt worden sind, die Lösbarkeit von Aufgaben oder die Schwierigkeit von Prüfungsgegenständen, also die Anforderungen, die ein Ausbildungsgang oder Lehrer stellen. Sicher geht es dann auch um Begabungen und Interessen: Zensuren können das Verhältnis der Geschwister untereinander mitprägen, Interessen mindern oder verstärken. Äußern sich Freunde, Eltern oder Geschwister über Zensuren, werden auf eine manchmal verschwiegene Art soziale Rollen und gegebenenfalls Milieuwechsel thematisiert und antizipiert. Man kann daran zweifeln, ob all diese Effekte wirklich erwünscht sind. Jedenfalls lernen Kinder und Jugendliche auch mit der Zensur, sich selbst zu beschreiben. Am Zensurendiskurs orientierte Selbstbeschreibungen bestimmen die Laufbahn von Einzelpersonen in offenen Gesellschaften mit.

Das schulische Zensurenurteil ist für Schüler, Eltern und Lehrer emotional, weil seine Objektivität im Grundsatz nicht bezweifelt wird, weil es eben kein persönliches Urteil zu sein hat, sondern ein amtliches. Der Lehrer muss unvoreingenommen urteilen. Sind die Aufgaben oder Prüfungen fair gestellt? Fordert ein Lehrer seinen Schülerinnen und Schülern mehr ab als seine Kollegin? Schlechte Zensuren nötigen die Eltern, für die Ausbildung ihrer Kinder mehr Engagement zu zeigen, Nachhilfe zu zahlen usf. Wird das Urteil spontan nicht als gerechtfertigt angesehen, bricht die Frage auf, welche Grundlage es hatte, welche Maßstäbe angelegt worden sind, ob der Lehrer sich von subjektiven oder persönlichen Faktoren leiten ließ, ob er bei der Urteilsfindung sorgfältig vorgegangen ist usw. Eltern fragen nicht nur nach der Transparenz des Urteils, sondern auch nach pädagogischer Zuwendung, nach dem Verständnis, das ein Lehrer der besonderen Situation ihres Kindes entgegenbringt. Den Zensurendiskurs bestimmen ausgesprochene und verschwiegene Erwartungen und der Diskurs bestimmt die Zensur.

Das Urteil ist geprägt: durch die Akzeptanz der Maßstäbe und Begründungen, die es von der Person des Lehrers lösen, durch die Situation des Unterrichts, den Blick der Kollegen, durch antizipierte Emotionen, durch die zuvor oder zugleich erteilten Zensuren, die Zensuren, die noch erteilt werden müssen oder können, durch die Intensität, mit der die Schüler sich auf die Unterrichtsgegenstände eingelassen haben, den Kontext der Lerngruppe und in geringem Umfang der Schule. Der Zensurendiskurs formiert auch die soziale Rolle mit, die ein Lehrer einnimmt, und definiert damit eine seiner Arbeitsgrundlagen. Die meisten Lehrer, die wir kennen, nennen das Zensieren als ihre unangenehmste und schwierigste Aufgabe.

Einerseits entlasten Zertifikate die Einzelperson davon, ihre Kompetenz immer wieder neu ausweisen zu müssen, und sorgen andererseits aber auch dafür, dass qualifizierte Personen in geeignete Positionen gelangen. So schützen etwa Staatsexamina in wesentlichen gesellschaftlichen Bereichen vor ungewissem Sachverstand. Die auf der Zahl der Bildungsabschlüsse beruhende Statistik ist zudem das einzige zuverlässige Instrument, die Effektivität des Bildungssystems einzuschätzen. Prüfungen und Zensuren disziplinieren das Bildungssystem, da in Prüfungen auch der erteilte Unterricht transparent wird. Kein Zertifikationssystem wird all diese Aufgaben optimal erfüllen; umgekehrt aber steht die Abschaffung der Bildungszertifikate nicht ernsthaft zur Debatte. Da dem Zensurenurteil als einem skalierenden Pauschalurteil eine so wichtige Funktion zukommt, muss sich Transparenz als fundamentale Forderung erheben. Diese notwendige Transparenz wird durch die in Lehrplänen formulierten Erwartungen hergestellt, die essentielle Maßstäbe des Zensurenurteils formulieren. An Zensurenentscheidungen, die eine Laufbahn wesentlich beeinflussen können, sind in der Regel mehrere Personen beteiligt, etwa im Abitur, im Staatsexamen oder in Nachprüfungen. Lehrpläne formulieren Bildungsstandards in einem ziemlich umfassenden Sinn, während es ihre primäre Aufgabe ist, Unterrichtsprozesse zu steuern: Obwohl in Lehrplänen auch Anforderungen an Fähigkeiten, Verhaltensformen und Fertigkeiten formuliert werden, werden doch Kenntnisanforderungen sehr viel detaillierter formuliert. Kenntnisanforderungen lassen sich transparenter formulieren und überprüfen.

Man spricht hier von der Operationalisierbarkeit von Lernzielen und meint damit die Möglichkeit, das Erreichen des Ziels methodisch zu beobachten oder zu bewerten. Wie die Kreativität einer Schülerleistung ins Urteil spielt, formulieren Lehrpläne und Prüfungsordnungen nur vage. Offensichtlich sind kreative Ziele schwer zu operationalisieren.

Seit dem 18. Jahrhundert hat die bürgerliche Erziehung Kreativität zu einem ihrer wesentlichen Erziehungsziele bestimmt. Die Fähigkeit, Entwicklungen abzuschätzen, Zusammenhänge zu sehen und Beziehungen herzustellen, ein waches und Grenzen überspringendes Interesse, das originelle Gespür für Entwicklungschancen und die schöpferische Zielstrebigkeit bei der Formulierung von Aufgaben und tragfähigen Konzepten: All dies ist in den modernen dynamischen Gesellschaften zu einer wesentlichen Voraussetzung für Erfolg geworden. Spätestens im Ausgang des 18. Jahrhunderts stellten Unternehmer fest, dass sie die Zukunft ihres Unternehmens nicht mehr sichern konnten durch geheim gehaltenes Wissen, sondern nur zu bestehen vermochten, setzten sie auf Innovation und Kreativität. In Erziehung und Bildung wurden Selbständigkeit, Spontaneität und Originalität daher wesentliche Ziele. Methodenlernen, Autonomie und Vernetzung sind keine Ideen der letzten Jahrzehnte, sondern gehören – oft nur unter anderem Namen – zum Grundbestand bürgerlicher Erziehungsideale.

Nun hat schon das frühe 18. Jahrhundert festgestellt, dass ästhetische Perfektion nach exakten Maßstäben nicht zu bemessen ist. Wo Kreativität beginnt, da enden Regeln und Grundsätze. Unter welchen Umständen ist eine Lösung als kreativ anzusehen, ein Entwurf, ein Einfall? Wann ist sie bloße Routine, also die Anwendung altbekannter Grundsätze? Darüber lässt sich im Einzelfall streiten. Aber die an Kreativität geknüpften Erwartungen lassen sich eben nicht so beschreiben, dass sie als Grundlage für ein operationalisierbares und transparentes Zensurenurteil fungieren könnten. Wo Schüler detaillierte Erwartungen ihrer Lehrer zu erfüllen haben und sich exakten Maßstäben stellen müssen, kann von Kreativität keine Rede sein – und zwar ganz gleichgültig, ob die Lehrer ihre Erwartungen formal oder inhaltlich formulieren: bezogen auf die philosophische Methode oder bezogen auf die philosophischen Gegenstände. So befinden sich Lehrer in einem Dilemma: Sie wollen und müssen Kreativität und Selbständigkeit fördern, als besonders anspruchsvolle Leistungen müssen sie kreative Lösungen im Zensurenurteil berücksichtigen, und wissen zugleich, dass ihre Maßstäbe dann keine exakten Maßstäbe sind und sein können, weil Kreativität einem projektiven Exaktheitsideal nicht gehorcht. Will man die kreativen Einfälle seiner Schüler fördern, dann muss man sich im Einzelnen auf diese Einfälle einlassen und sie nach individuellen Maßstäben bewerten. Dies allerdings steht im Gegensatz zum Lernen in großen Lerngruppen, welches die Synchronisation der Lernprogression erfordert, weil ein Lehrer bei 25 oder 30 Schülern nicht mehr wissen kann, welche gedanklichen

Wege die einzelne Schülerin oder der einzelne Schüler geht. Lässt der Lehrer sich im Einzelnen auf die Gedanken seiner Schüler ein, dann braucht er mehr Zeit, als ihm im Alltag oft zur Verfügung steht. Mit der Synchronisation der Lernprogression aber schwinden die kreativen Spielräume.

Damit stellt sich also die Frage: Ist es überhaupt möglich, konkrete Handreichungen oder Hilfen zur Bewertung kreativer Leistungen zu formulieren? Kann man zum Bewerten kreativer Schülerleistungen anleiten? Auf diese Frage möchten wir vorweg drei Antworten formulieren. Zunächst: Ausschließen müssen wir schematische Bewertungsmuster, wie sie etwa im zentralen Abitur für die sprachlichen Fächer entwickelt werden. Solche Bewertungstaxonomien wollen die Leistungsdimensionen einzeln erfassen und im Urteil gewichten. Wir schließen diese Ansätze für kreative Schülerleistungen aus, wie weiter unten noch deutlicher begründet wird. Wohl aber können wir, zweitens, die Erfahrungen, die das Urteilen tatsächlich mit sich bringt, zusammenfassen und reflektieren. Wollen wir kreative Aufträge im Unterricht fördern, dann stellt sich die berechtigte Forderung nach ihrer Anerkennung. Der Widerstreit von berechtigten Forderungen nach Urteilstransparenz einerseits und der Öffnung kreativer Spielräume andererseits kann nicht aufgelöst werden. Was bleibt, ist die (philosophische) Reflexion als Mittel, die Widersprüche zu begreifen. Wir können also nur versuchen, Begriffe zu bilden, mit denen die Situation zu beschreiben ist, in der wir uns als Urteilende angesichts kreativer Leistungen im Philosophieunterricht befinden. Dies führt uns schließlich, drittens, zur Unterscheidung zwischen dem, das wir ein hermeneutisches Urteil und dem, das wir ein strukturales Urteil nennen möchten. Geht es ums Kreative, dann ist üblicherweise das Spontane und Individuelle gemeint, das die Erwartungen Sprengende, das taxonomisch nicht zu fassen ist. Es bleibt dann nur noch das hermeneutische Urteil, das die Autor-Werk-Dyade ins Auge fasst, die Einzelperson und das Werk, das sie hervorgebracht hat. Es bleibt nur ein Urteil, das die Urteilskriterien aus dem einzelnen Werk gewinnt und somit verstehend Autor und Werk gerecht zu werden trachtet. Die solchermaßen angestrebte Transparenz verweigert sich allerdings weitgehend dem interindividuellen Vergleich.

Als Praxisbeispiel entwickeln wir ein Projekt zum Thema »Philosophisches Tagebuch«. Dabei wird deutlich werden, dass die Unterscheidung zwischen einem hermeneutischen und einem strukturalen Urteil im Unterrichtsprozess selbst wieder auftritt. Wir haben es oben angedeutet. Für den Unterrichtsaufbau und das Gewicht kreativer Spielräume und Schülerleistungen ist die Größe der Lerngruppe von zentraler Bedeutung. Den kreativen Gedanken seiner Schüler kann ein Lehrer nur in einer Lerngruppe von begrenzter Größe folgen, weil er diesen Gedanken *im Einzelnen* folgen muss. Wird die Lernprogression mittels klarer Arbeitsanweisungen synchronisiert, dann kann transparent werden, woran jeder einzelne Schülerbeitrag zu messen ist; eröffnet der Unterricht kreative Spielräume, fallen die überindividuellen Maßstäbe.

Kreativität

Bevor wir das Projekt eines philosophischen Tagebuchs vorstellen, soll noch auf einen Aspekt unseres Themas näher eingegangen werden, der leicht übersehen wird. Dass man ihn leicht übersieht, liegt allerdings nicht daran, dass er durch anderes verstellt wird oder als unbedeutsam gilt, sondern im Gegenteil daran, dass er von allen Seiten immer wieder hervorgehoben und gleichsam unisono als von überragender Wichtigkeit beurteilt wird. Wir beschäftigen uns in diesem Aufsatz mit der Bewertung von *kreativen* Schülerleistungen und fragen uns deshalb: Warum findet die Kreativität im Bildungssystem – aber auch darüber hinaus – in jüngerer Zeit eine derartige Aufmerksamkeit? Was zeigt sich darin? Welche Schlüsse lassen sich daraus über das gegenwärtige Halten von Schule ziehen?

Stellt schon die Bewertung reproduktiver Schülerleistungen vor Probleme, so verschärfen sich diese beträchtlich, wenn es um kreative Spielräume geht. Bevor wir darauf näher eingehen, soll aber zunächst kurz darauf reflektiert werden, warum sich die Bewertung kreativer Schülerleistungen gerade in den letzten Jahren als ein besonders drängendes Problem erwiesen hat. Die Forderung nach und die Förderung von Kreativität hat sich nicht nur in der Wirtschaft angesichts globalisierter Konkurrenzverhältnisse gleichsam zu einem Erlösungsmantra ausgewachsen, sondern sie ist auch in die Bildungsinstitutionen und dort vor allem auch in die Schule eingesickert und hat auf einem durch die Reformpädagogik gut bereiteten und durch die neueren Schulevaluationen in Folge von Pisa abermals gedüngten Boden tiefe Wurzeln geschlagen. Frontalunterricht und Lehrgangsbeschulung sollen zugunsten von Selbstverantwortung und Kreativität fördernder Frei- und Projektarbeit reduziert, wenn nicht weitgehend durch sie ersetzt werden. Wo das nicht möglich ist, sollen zumindest entsprechende Elemente in die gängigen Unterrichtsstrukturen eingebaut werden. Diese Entwicklung legt es nahe, einmal genauer zu prüfen, was es mit der Kreativität auf sich hat, die mitunter mit übergroßen Hoffnungen belastet wird. Denn erst auf dieser Folie werden die Schwierigkeiten hinreichend deutlich, die sich mit ihrer schulischen Bewertung allen Beteiligten stellen.

Bei näherer Beschäftigung mit dem Kreativitätsbegriff fällt zunächst auf, dass der Grad seiner Bestimmtheit geradezu in einem umgekehrt proportionalen Verhältnis zum Grad seiner Popularität steht.[1] Ähnlich wie bei dem Bildungsbegriff scheint

---

1 Vgl. unter anderem Hentig, Hartmut von: *Kreativität: Hohe Erwartungen an einen schwachen Begriff.* München [u. a.]: Hanser, 1998.

seine Faszination eng mit seiner relativen Unbestimmtheit zusammenzuhängen. So bietet er sich als Projektionsfläche für die unterschiedlichsten Erwartungen und Hoffnungen an.[2] Die Forderung, es gälte vor allem die Kreativität der Schüler zu fördern, scheint ein probates Mittel, Probleme zu überspielen, die sich angesichts knapper Kassen, hoher Stundenvolumina für Schüler wie Lehrer (nicht zuletzt dank G8) sowie heterogener Lerngruppen ergeben. Eine individualistisch interpretierte Kreativität erlaubt es, auch die im Bildungssystem vorhandenen Probleme zu individualisieren.[3] Als Mangel des traditionellen Schulehaltens erscheint so nicht ein Zuwenig, sondern ein Zuviel an lehrergeführtem Unterricht. Die gemeinsame Lernzeit wird reduziert zugunsten so genannter eigenständiger Lernzeit. Denn nur hier erhalte der Schüler den nötigen Freiraum, um seine Kreativität angemessen entfalten zu können. Der dabei im Hintergrund stehende Gedanke lautet: Kreativität und individuelle Selbstentfaltung werden durch formelle und für die ganze Gruppe verbindliche Vorgaben eher behindert als gefördert. Die angesprochenen Probleme scheinen sich damit wie von selbst zu erledigen. Die hohen Stundenvolumina erscheinen in einem anderen Licht, da die Schüler sich nun die Zeit selbst einteilen können und zudem, so die offizielle Hoffnung, viel mehr Spaß an ihren ›Schularbeiten‹ haben. Schließlich können sie nun ihre Kreativität und – was üblicherweise nahezu als gleichbedeutend angesehen wird – ihre Individualität ausspielen. Andererseits werden die Lehrer entlastet: Sie können Arbeitsaufträge erteilen, die den Schülerinnen und Schülern große Spielräume geben, also nur vagen Kriterien unterworfen sind und somit in der Regel weniger Korrekturaufwand bedeuten. Aktives Unterrichten wird durch eine bloß vage, mehr oder weniger von den Schülern entfernte Begleitung ersetzt. Auch die Heterogenität der Lerngruppen

---

2 Selbst so ein reflektierter Autor wie Mihaly Csikszentmihalyi gerät angesichts der Bedeutung von Kreativität ins Schwärmen: »Creativity is a central source of meaning in our lives for several reasons. Here I want to mention only the two main ones. First, most of the things that are interesting, important, and human are the results of creativity. [...] Without creativity, it would be difficult indeed to distinguish humans from apes.
The second reason creativity is so fascinating is that when we are involved in it, we feel that we are living more fully than during the rest of life. The excitement of the artist at the easel or the scientist in the lab comes close to the ideal fulfillment we all hope to get from life, and so rarely do. Perhaps only sex, sports, music, and religious ecstasy—even when these experiences remain fleeting and leave no trace—provide as profound a sense of being part of an entity greater than ourselves. But creativity also leaves an outcome that adds to the richness and complexity of the future. « (Csikszentmihalyi, Mihaly: *Creativity. Flow and the psychology of discovery and invention.* New York: Harper 1997, S. 1 f.)
3 Dass eine individualistische Interpretation der Kreativität keineswegs alternativlos ist, lässt sich unter anderem von Mihaly Csikszentmihalyi lernen: »The real story of creativity is more difficult and strange than many overly optimistic accounts have claimed. For one thing, as I will try to show, an idea or product that deserves the label ›creative‹ arises from the synergy of many sources and not only from the mind of a single person. It is easier to enhance creativity by changing conditions in the environment than by trying to make people think more creatively. And a genuinely creative accomplishment is almost never the result of a sudden insight, a lightbulb flashing on in the dark, but comes after years of hard work.« (Csikszentmihalyi 1997, S. 1)

scheint in dieser Perspektive seine Schrecken zu verlieren, weil die Schüler weniger Zeit (konkurrierend) in der Gruppe verbringen und in der Einzelarbeit ganz nach ihrem individuellen Lerntempo vorgehen können. Schließlich scheint ein drittes Problem von der Dominanz einer Kreativitätsorientierung zu profitieren: Da die Bewertung von Kreativität im Vergleich etwa zur Bewertung von korrektem Wissen und nachvollziehbaren Argumentationen deutlich schwieriger zu begründen und damit auch zu überprüfen ist, können so auch je nach politischen Vorgaben die gewünschten Versetzungs- und Abschlusszahlen erreicht werden.

Zu diesen gesellschafts- bzw. bildungspolitischen Vorbehalten gesellen sich dann noch jene Probleme, die sich aus einer individualistischen Interpretation der Kreativität für den einzelnen Schüler ergeben. Per definitionem verlangt nämlich der auf individuelle Kreativität abstellende Arbeitsauftrag, dass der Schüler sich gerade nicht an bereits behandelte Vorgaben hält, oder dass er sie zumindest in bedeutsamer Weise überschreitet und dadurch nicht nur etwas irgendwie Abweichendes, sondern etwas für den in Rede stehenden Problemzusammenhang Innovatives erdenkt und präsentiert. Schüler aus bildungsferneren Schichten zwingen Aufgaben dieses Zuschnitts deshalb allzu leicht in Situationen, die ihnen nahezu eine creatio ex nihilo abverlangen und sie deshalb nicht selten deutlich überfordern. Schüler aus Haushalten mit einem entsprechenden kulturellen Kapital bekommen demgegenüber von ihren Eltern schnell vermittelt, dass solche Aufgaben durch Rekombination bereits vorhandenen Wissens aus anderen Feldern zu erledigen sind. Damit werden solche Aufgaben für sie nicht nur bearbeitbar, sondern aller Wahrscheinlichkeit nach sogar zur Quelle von Lust und Bestätigung, da sie anderweitig erworbenes Wissen produktiv wieder verwenden können. Auch nach dieser Seite hin zeigt sich also die tiefe Ambivalenz der Kreativitätsorientierung.

Mit diesen kritischen Bemerkungen sei freilich nicht in Abrede gestellt, dass die Förderung von Kreativität nicht auch gute Gründe für sich reklamieren kann. Sie wollen lediglich darauf aufmerksam machen, dass Lobeshymnen auf die Kreativität mit Vorsicht zu genießen sind und dass man bei allen konkreten Maßnahmen genau auf ihre institutionelle Einbettung und ihre spezifische Umsetzung zu achten hat, will man sich nicht zum Handlager einer zweifelhaften Ideologie machen.

Das philosophische Tagebuch als Projekt

Mit gewissem Recht lässt sich behaupten, dass so gut wie keine menschliche Handlung ohne ein Mindestmaß an Kreativität auskommt. Nur im Grenzfall einer rein mechanischen Wiederholung konvergierte sie wohl gegen Null. Andererseits zweifeln wir üblicherweise nicht daran, dass sich bei den unterschiedlichen Tätigkeiten

doch auch unterschiedliche Grade an Kreativität zeigen. Für den Philosophieunterricht lässt sich mithin zwar einräumen, dass etwa auch das Textverstehen, wie
jedes sinngenerierende Denken und Handeln, ein gehöriges Maß an Kreativität
erfordert. Im engeren Sinne kreative Leistungen werden aber doch in der Regel
eher dort erwartet, wo es beispielsweise um die relativ eigenständige Herstellung
von Zusammenhängen oder die Formulierung von Einschätzungen und Bewertungen geht. Hier paart sich die gerade für den Philosophieunterricht so zentrale
Stringenz und Nachvollziehbarkeit des Denkens mit dem Unvorhersehbaren und
– im günstigsten Falle – dem Innovativen. Gilt für den ökonomischen Markt, dass
nur dasjenige Neue kreativ ist, das sich durchsetzt[4], so ließe sich analog für den
(Philosophie-) Unterricht sagen, dass nur dasjenige Neue bzw. Überraschende
kreativ ist, das die Anerkennung des Lehrers erfährt. Dies bürdet dem Lehrer eine
große Verantwortung auf, von der er sich auch nicht durch den Rückzug auf formale
Kriterien wie die Konsistenz und Kohärenz in Argumentation oder Darstellung entlasten kann, weil diese nicht den Nerv des Kreativen treffen; eine Verantwortung,
der er zumeist wohl nur recht unvollkommen gerecht zu werden vermag. Dies hat
aber zumeist weniger, wie bereits oben angemerkt, seine Ursache in der Person
des Lehrers als vielmehr in der Komplexität der Sache. Dies soll im Folgenden kurz
anhand der Bewertungsschwierigkeiten skizziert werden, die sich im Zusammenhang eines Projekts zum Führen eines philosophischen Tagebuchs zeigten.

Das philosophische Tagebuch unterscheidet sich einerseits von dem weithin
bekannten Tagebuch, in dem alles und jedes seine berechtigte Aufnahme und
Berücksichtigung findet, und andererseits von den schul- und ausbildungsspezifi-
schen tagebuchähnlichen Formen des Lerntagebuchs und des Portfolios. Damit
ist das philosophische Tagebuch, negativ gefasst, weder ein Sammelbecken der
Erinnerung oder ein Ort der Selbsttherapie noch ein Instrument zur Reflexion und
Optimierung von institutionalisierten Lernprozessen. Das philosophische Tagebuch ist eher ein Bereichstagebuch oder Arbeitsjournal, in dem man den Gedanken in Bezug auf bestimmte, nämlich philosophische Sachprobleme freien Lauf
lassen kann. Zu diesem Zweck tragen auch seine offene, kaum formale Zwänge
auferlegende Form sowie seine permanente Verfügbarkeit bei. So wie der Einfall
kommt, kann er verschriftlicht werden. Damit fallen dem philosophischen Tagebuch im Vergleich mit dem lebendigen philosophischen Gespräch etliche Vorteile
zu. Im Wesentlichen handelt es sich dabei um eine Entlastungs-, eine Entschleu-
nigungs- und eine kreativitätsfördernde Disziplinierungsfunktion.

Das lebendige Gespräch fesselt und reißt mit, gleichzeitig sorgt seine Dynamik
aber auch dafür, dass die Reflexions- und Ausdrucksfähigkeit doch nur auf eine

---

4 Bröckling, Ulrich: Kreativität. In: Bröckling, Ulrich; Krasmann, Susanne; Lemke, Thomas (Hrsg.):
Glossar der Gegenwart. Frankfurt am Main: Suhrkamp, 2004, S. 139–144, hier S. 142.

ganz bestimmte, eben die gesprächsadäquate Weise kultiviert wird. Der Rhythmus des Gesprächs gibt gleichsam denjenigen des Denkens und des Formulierens vor. Positiv daran ist, dass aus diesem Zusammenwirken der Schülerinnen und Schüler häufig etwas entsteht, was keinem von ihnen – oder selbst dem Lehrer – alleine gelänge. Die Philosophie kennt aber auch noch einen anderen, und zwar ebenso wichtigen ›Arbeitsmodus‹, nämlich die vom Handlungs- bzw. Kommunikationsdruck entlastete Reflexion, ein wenn auch nicht zeitloses, so doch entschleunigtes Nachdenken, das sich ohne schlechtes Gewissen und mit einer gewissen Lust seinen Gedanken überlässt, weil es spürt, dass diese zumeist nur dann kommen, wenn sie und nicht unbedingt wenn wir es wollen; ein Nachdenken, dem manche unter dem Titel des Grübelns gerne den Vorwurf des Anachronistischen, und das heißt heutzutage ja in der Regel des Unnützen, machen; ein Nachdenken, das es sich leistet, die ausgetretenen Pfade des Denkens auch einmal zu verlassen; ein Nachdenken, das den Abweg nicht sogleich als bloßen Umweg zu einem vermeintlich vorgegebenen Ziel, einer gesuchten Antwort oder einer erwünschten Lösung verurteilt. Die in den Alltag eingesickerte moderne Zielstrebigkeit und der globalisierte Effektivitätsdruck stehen aber auch dem »Nicht-fertig-Werden-mit-etwas« dieses Nachdenkens und seiner variierenden und modifizierenden Wiederaufnahme einer Problematik, die eben nicht bloße Wiederholung zum Zwecke der Einübung oder des besseren Funktionierens ist, verständnislos bis feindlich gegenüber. Philosophisches Nachdenken im hier gemeinten Sinne braucht Muße im klassischen Sinne der »scholé«, um sich intensiv auf einen Sachverhalt einlassen oder mit einer Frage auseinander setzen zu können. Damit ist aber nicht dem philosophischen Elfenbeinturm das Wort geredet, sondern einer Haltung, die über die nötigen Voraussetzungen verfügt, um mit den omnipräsenten Beschleunigungs- und Effizienzimperativen einer neoliberalen Leistungsgesellschaft so fertig zu werden, dass die Seele durch diese keinen irreparablen Schaden erleidet. Zusammen mit der Kultivierung eines philosophischen Nachdenkens gehört zu diesen Voraussetzungen auch eine entsprechende Artikulationsfähigkeit. Man unterschätzte diese, wenn man in ihr lediglich ein Instrument sähe, seine Gedanken und Bedürfnisse zu veröffentlichen. Insofern sprachliche Artikulation und Denken auf das Engste miteinander verflochten sind, fördern sie sich auch wechselseitig bzw. ist das Eine ohne das Andere gar nicht denkbar. Dies gilt es zu berücksichtigen und zu nutzen.

Das Lerntagebuch und das Portfolio sollen den Lernprozess optimieren. Sie dienen der Dokumentation des Lernprozesses und der Bewertung – das philosophische Tagebuch nicht. Bei ihm geht es um die Sache und die durch das Schreiben vertiefte Reflexion, welche auch jenseits der Schule als lohnend erfahren und deshalb aus eigenem Antrieb praktiziert werden sollte. Das philosophische Tagebuch sollte zu einer täglichen Praxis werden. Es soll dazu beitragen, dem

»Schreiben einen höheren Stellenwert« einzuräumen und den Schülerinnen und Schülern einen besonderen »Anreiz zum selbständigen Arbeiten« zu schaffen.[5] Für Thies ist das philosophische Tagebuch »eine Arbeitsform, bei der die Schüler und Schülerinnen, ausgehend von persönlichen Erfahrungen oder subjektiven Meinungen, über das im Philosophieunterricht behandelte Thema [nachdenken] und die eigenen Überlegungen in beliebiger Form schriftlich [festhalten sollen]«[6]. Das philosophische Schreiben wird so zu einem »Lernmedium«. Es bildet mithin »nicht einfach Denkprozesse ab, sondern zwingt zur Ordnung und Ausarbeitung der Gedanken: erst beim Schreiben wird man sich darüber klar, was man wirklich meint«[7]. Neben der »Entwicklung allgemeiner intellektueller Fähigkeiten« sieht Thies das zweite wichtige Lernziel, das mit Hilfe des philosophischen Tagebuchs erreicht werden könne, in der »reflexiven Selbstvergewisserung«[8].

So wie die schriftliche Klärung des Denkens nicht durch eine bloße Beschreibung von Welt zu erreichen ist, so darf die reflexive Selbstvergewisserung nicht mit der Präsentation von subjektiven Befindlichkeiten oder dem Bekenntnis zu ebensolchen Vorlieben verwechselt werden. Auch das Führen eines philosophischen Tagebuchs impliziert einen Bruch mit dem alltäglichen Dahinleben. Die individuelle Auseinandersetzung mit einer Sache, so sie es verdienen soll, philosophisch genannt zu werden, muss im Horizont intersubjektiv vermittelbarer und nachvollziehbarer Einsichten verbleiben. So dürfen die Schüler zwar durchaus von persönlichen Erfahrungen ausgehen; diese müssen dann aber im Weiteren auf eine philosophische, mithin phänomenologisch und argumentativ zugängliche Ebene gehoben werden. Dafür benötigen die Schüler freilich eine entsprechende Unterstützung. Man muss ihnen die notwendigen Instrumente an die Hand geben, um ihre Erfahrungen philosophisch durcharbeiten zu können.

---

5 Thies, Christian: Das Philosophische Tagebuch. In: *Zeitschrift für Didaktik der Philosophie* 12 (1990), Nr. 1, S. 26–32, hier S. 26.
6 Thies 1990, S. 27.
7 Thies 1990, S. 27. Vgl. dazu auch Engels, Helmut: Plädoyer für das Schreiben von Primärtexten. Oder: Über die künstliche Erzeugung von »serendipity«. In: *Zeitschrift für Didaktik der Philosophie und Ethik* 15 (1993), Nr. 4, S. 250–257, hier S. 255.
8 Vgl. Thies 1990, S. 27. Vgl. dazu auch Engels 1993, S. 254. Die reflexive Selbstvergewisserung kann gerade im und durch das philosophische Schreiben gelingen, weil der Prozess des Schreibens im Allgemeinen und der des philosophischen Schreibens im Besonderen schon strukturell bzw. prozessual betrachtet durch die unausweichliche Linearisierung von Gedanken eine Distanznahme zu Welt und Selbst induziert. Gleichzeitig vermag dieser Prozess auch eine bildungsrelevante Entschleunigung bzw. Verzögerung herbeizuführen.

Projektverlauf

Eine Hürde in der Initiierungsphase des philosophischen Tagebuchs besteht darin, dass die Schülerinnen und Schüler zunächst ein wenig ratlos sind, was sie wohl wie in das Tagebuch schreiben sollen. In der Eingangsphase des Projekts brauchen sie deshalb eine hinreichend klare Vorstellung davon, welche Möglichkeiten sich ihnen hier bieten. Jedoch empfiehlt es sich nicht, zu diesem Zeitpunkt schon allzu detaillierte Hinweise zu geben, weil sie allzu leicht als verbindliche Vorgaben wahrgenommen werden, die nun zu erfüllen sind. Wie bereits oben ausgeführt, sollte klar gestellt werden, dass man zwar sehr wohl von persönlichen Erfahrungen beim Schreiben eines philosophischen Tagebucheintrags ausgehen kann, dass aber darauf zu achten ist, dass dies nicht zu bloßen Bekenntnistexten oder subjektiven Erlebnisberichten führt. In einem philosophischen Tagebucheintrag sollte möglichst genau und nachvollziehbar beschrieben, analysiert, interpretiert und argumentiert werden. Zudem sollten die Texte nur solche Themen, Sachverhalte oder Phänomene behandeln, die auch einer (begrenzten) Öffentlichkeit, wie etwa dem Klassenverband, vorgestellt und in dieser diskutiert werden können.

Über die rechten Fragen kommt man allererst ins Philosophieren hinein und gewinnt die ihm eigentümliche Perspektive. Da der Zeitgeist – und nicht selten auch die Schule selbst – eher das Geben von Antworten als das Stellen von Fragen und eher das Lösen von Problemen als ihr Auffinden oder Aufwerfen prämieren, kann es auch nicht allzu sehr verwundern, dass die Schülerinnen und Schüler allererst wieder das rechte Fragen kultivieren müssen. Philosophisches Fragen ist vor allem radikales Weiterfragen, das den Dingen auf den Grund geht. Philosophische Fragen zielen zudem auf Allgemeines »im Sinne des Grundsätzlichen wie des Übergreifenden«, oder auf »oberste[...] Zwecke[...] und Ziele[...]«[9]. Als Hilfestellung und Anregung für die Schüler empfiehlt sich jedoch eine weitergehende Ausdifferenzierung. Folgender Fragenkatalog kann den Schülern an die Hand gegeben werden:

- Was soll das?
- Warum machen die/ich das (so)?
- Was bedeutet das?
- Was ist (eigentlich) ›XY‹?
- Wie lässt sich das ordnen/strukturieren?
- Stimmt das? Ist das wahr?
- Das bringt mich zum Nachdenken. Warum?

9 Engels, Helmut: Heuristik – oder: Wie kommt man auf philosophische Gedanken? In: Rohbeck, Johannes (Hrsg.): *Methoden des Philosophierens*. Dresden: Thelem, 2000, S. 46–75, hier S. 54. Als Beispiele nennt Engels die Was-ist-das-Frage und die Ist-das-wahr-Frage (vgl. Engels 2000, S. 54–57).

- Das ist interessant/irritierend. Warum?
- Das finde ich gut gesagt. Warum?
- So hab' ich das noch nicht gesehen/gehört. Inwiefern?

Fragen und Methoden bleiben folgenlos, werden sie nicht auf Gegenstände, Sachverhalte, Phänomene oder Probleme bezogen. Die Möglichkeiten, die sich hier bieten, sind nahezu grenzenlos. Diese Grenzenlosigkeit hat sich aber in der unterrichtlichen Praxis nicht nur als förderlich erwiesen. Die Schülerinnen und Schüler hatten durchaus Schwierigkeiten, Schreibanlässe zu finden. Es empfiehlt sich mithin konkretere Anregungen zu geben.

In jedem Falle ist allerdings darauf zu bestehen, dass, wie bereits oben angemerkt, die entsprechenden Einträge so ausfallen, dass in ihnen eine philosophische Perspektive erkennbar wird und sie sich in der Klasse diskutieren lassen. Konkret könnte man hier an im Unterricht besprochene Probleme, private Erfahrungen, öffentliche Ereignisse, an Bücher und Zeitungsartikel, an Aphorismen und Gedichte, an Bilder und Cartoons oder auch an Filme und das Internet denken. Bei dieser Art von Schreibanlässen findet – wie sich in der konkreten Umsetzung gezeigt hat – eine relativ starke Identifikation der Schülerinnen und Schüler mit ihren Einträgen statt. Hier exponieren sie sich am meisten.[10] Dies liegt aber nicht nur an den Schreibanlässen, sondern auch an der im Vergleich zum gesprochenen Wort höheren Verbindlichkeit des geschriebenen Wortes.

Kreativität, Individuierung, Abweichung und riskantes Sich-Exponieren beim Geschriebenen, zumal dem nicht unter Zeitdruck »Zu-Hause-Geschriebenen«, entfällt in der Wahrnehmung der Schüler die schützende Entschuldigungsoption des Handlungsdrucks einer Gesprächssituation. Im Gespräch, so die Quintessenz der Schüler-Äußerungen, können sie sich stets der Kritik durch die anderen mit dem Hinweis entziehen, dass das, was sie gesagt haben, nur so dahin gesagt war und sie es bei längerem Nachdenken »natürlich« anders gesagt hätten. Zudem verklingt das gesprochene Wort unmittelbar, sodass das Gesagte nur noch in der Erinnerung weiterlebt und man nicht so einfach darauf zu verpflichten ist wie auf das geschriebene Wort. Fürderhin kann man dem gesprochenen Wort unmittelbar beispringen und echte bzw. vorgebliche Missverständnisse sofort korrigieren.

Das riskante Sich-Exponieren verschärft sich nochmals erheblich, wenn es sich erklärtermaßen um kreative Leistungen handelt, die die Schülerinnen und Schüler

---

10 Deshalb ist mit diesen Einträgen, insbesondere wenn sie in der Klasse diskutiert werden, besonders vorsichtig umzugehen. So das Klassenklima gut ist, kann eine Diskussion eines Tagebucheintrags auch eine befreiende und das Selbstvertrauen stärkende Wirkung haben. Die Schülerinnen und Schüler machen die Erfahrung, dass man sich für seine Einträge nicht schämen muss und sie von anderen ernst genommen werden.

zu erbringen haben und die der Lehrer bewerten muss. Dies hängt auf das Engste mit dem fundamentalen Dilemma kreativer Arbeitsaufträge zusammen, nämlich mit dem Umstand, dass in dem Maße, in dem die Kreativität betont und damit Handlungsspielräume eröffnet werden, die Orientierung und Sicherheit gebenden transparenten Erwartungshorizonte in einem Nebel verschwinden. Erwartete Kreativität ist ähnlich paradox wie verabredete Spontaneität. Die Situation verkompliziert sich nochmals dadurch, dass nach einem hartnäckigen Vorurteil Kreativität und Individualität gemeinsame Wurzeln haben. So vergrößert sich die Last des kreativen Arbeitsauftrags, indem er von heteronomen Vorgaben in vergleichsweise großem Maße befreit und damit angeblich der individuellen Phantasie auf die Beine hilft sowie ihre Artikulation ermöglicht. Die Kehrseite einer derartigen Befreiung im Namen der Kreativität wird aber umgehend spürbar: »Jetzt stehe ich selbst auf dem Spiel. Jetzt habe ich keine Entschuldigung mehr. Jetzt bin ich selbst verantwortlich. Jetzt zeigt sich, wozu ich wirklich in der Lage bin. Jetzt kann ich mich auf nichts mehr herausreden.«

Diese Situation hat der auf kreative Schülerleistungen abzielende Arbeitsauftrag und dann vor allem seine Bewertung stets zu berücksichtigen. Wo der einzelne Schüler stärker als sonst auch als Person auf dem Spiel steht, wird leicht jede Kritik an den vorgelegten Arbeitsergebnissen auch, wenn nicht vor allem, zu einer Kritik an eben dieser Person. Deshalb sollte man gerade einen auf kreative Leistungen gerichteten Arbeitsauftrag so formulieren, dass dem Schüler genug Spielraum verbleibt, sich von seinen Arbeitsergebnissen später auch noch distanzieren zu können. Die inszenierte Verbindung von Schüler und Arbeitsergebnis sollte nicht zu eng und fest sein. Konkret bedeutete dies in dem skizzierten Tagebuchprojekt etwa, die Frage zu entscheiden, ob man die Schüler darauf verpflichten sollte, ihre selbst verfassten Texte im Unterricht vorzulesen und zu diskutieren. Einerseits kann gerade der Philosophieunterricht sehr von der Präsentation kreativer, eigenständiger Reflexionen profitieren, andererseits ist er damit immer auch durch eine unangemessene Personalisierung des Gedachten gefährdet.

Das Verfassen von philosophischen Tagebucheinträgen und ihre Rückbindung an den Unterricht ermöglicht den Schülern andererseits viele bedeutsame Lernsituationen bzw. Erfahrungen. Selten wird so explizit und direkt das eigenständige Denken gewürdigt. Wer hier wagt, der kann viel gewinnen. Für die eigenen Gedanken einstehen heißt zwar sich riskieren, bedeutet die Gefahr, unter Umständen das Gesicht zu verlieren, aber es hält auch die Aussicht auf eine beglückende Anerkennung derjenigen Gedanken parat, die sich allererst im Schreibprozess eingestellt haben. Im günstigsten Falle erführen die Schüler eine Belohnung dafür, dass sie sich dem Schreibprozess überlassen haben, und den sie so als etwas erleben konnten, das mehr ist als die bloß nachträgliche Niederschrift eines bereits Gedachten. Das Denken wird sich im Schreiben damit aber auch seines Quantums an Anonymität bewusst, das es gerechtfertigt erscheinen lässt, davon zu sprechen, dass es nicht so sehr *ich* bin, der denkt, sondern vielmehr dass *es* in mir denkt. Dies hätte dann wiederum eine erleichternde Wirkung hinsichtlich der Bürde, mit der die Kreativität den einzelnen, das vermeintlich einzigartige Individuum belastet. In dem Maße, in dem den Schülern diese partielle Unverfügbarkeit ihres eigenen Denkens bewusst wird, können sie auch leichter wieder auf Distanz zu ihren Arbeitsergebnissen gehen.

Unzensierbarkeit, Urteilstoleranz und Urteilstransparenz

Transparente Urteilsmaßstäbe sind eine nahe liegende Forderung, wenn man sich zielgenau auf eine Prüfung vorbereiten will: Dann hätte man gerne die verschiedenen Prüfungsanforderungen in Paragraphen geordnet, nebst einer Reihe von Prüfungsbeispielen mit exemplarischen Lösungen. Urteilstoleranz gibt die Genauigkeit an, mit der Kenntnisse oder Fähigkeiten in Prüfungen umrissen und bemessen werden. Je genauer die Urteilskriterien formuliert werden, desto geringer fällt die Toleranz des Urteils aus. Wer das Erwartete genau formuliert und die Urteilsbemessung exakt festlegt, depersonalisiert den Urteilsprozess; zugleich schafft er die Voraussetzung für Vergleiche. Vergleichbarkeit ist eine zentrale Forderung von Prüfungsordnungen. Exakte Prüfungsanweisungen und damit Vergleichbarkeit reduzieren die Urteilstoleranz.

Nun haben wir gesehen, dass bei kreativen Aufträgen genaue Anweisungen nicht wünschenswert sind. Es empfiehlt sich gerade nicht, den Schülern allzu viele Hilfestellungen zu geben, zu detaillierte Anweisungen oder Hinweise, wenn man die Kreativität eigener Beobachtungen, Beschreibungen, Argumentationen stimulieren will. Vielmehr sollte man sich auf eine prägnante Art unbestimmt ausdrücken und die Schülerinnen und Schüler ermuntern, auf die eigenen Einfälle zu vertrauen. Gibt man detaillierte Beispiele, dann bleiben die Schülerinnen und Schüler nahe bei diesen Beispielen. Gerade die Suche mit *unbestimmten* Vorgaben wird zu einem kreativen Akt, indem die Suche sich im Prozess des Suchens selbst bestimmt und klärt. Gibt man wenig detaillierte Anweisungen, aktiviert man Kreativität nachdrücklicher, muss aber mit Abseitigem oder Abwegigem rechnen. Außerdem sind keine Maßstäbe zur Hand, die Ergebnisse später transparent zu zensieren. Man sollte nicht gleich mit einem vorgefassten Bild an die Texte der Schüler herangehen. Besser folgt man ihren Beobachtungen und Einfällen und gewinnt die Maßstäbe in der Auseinandersetzung mit den Schülern und ihren Texten. Dass sich eine solche Haltung nicht gut mit den Anforderungen an beispielsweise zentral gestellte Prüfungen verträgt, liegt auf der Hand. Man gewinnt differenzierte Einzelurteile, aber keine skalierbaren Pauschalurteile. Den Wert eines Tagebuchtextes im Vergleich zu einem anderen zu bestimmen fällt schwer, zumal dann, wenn man dem Schüler und seiner besonderen Lernsituation gerecht werden will.

Dass man im Zuge einer konsequenten Schüler- und Kreativitätsorientierung bewusst mit einem lückenhaften Erwartungshorizont arbeitet, heißt jedoch nicht, dass man sich bequem zurücklehnt und die Schülerinnen und Schüler sich selbst überlässt. Denn wie bereits oben angemerkt, kann eine allzu große Zurückhaltung gerade bei Kindern aus bildungsfernen Milieus eine derartige Ratlosigkeit induzieren, dass sie zu nahezu gar nichts mehr in der Lage sind. Hier die rechte Balance zu finden ist aber nur das eine Problem. Das andere drängt sich in den Vordergrund, wenn es darum geht, die erbrachten Leistungen im Nachhinein zu bewerten. Legt man nicht im Vorhinein ausgedachte Erwartungshorizonte zugrunde, bleibt einem nur noch die Möglichkeit, den Beobachtungen und Einfällen der Schüler zu folgen und in Auseinandersetzung mit dem jeweiligen kreativen Prozess zu vergleichsweise individuellen Bewertungen zu gelangen. Dass sich solch ein Vorgehen nicht gut mit traditionellen relationalen Zensurenurteilen verträgt, liegt auf der Hand. Damit wird auch die Rechtfertigung der Bewertung schwierig und zwar sowohl dem einzelnen Schüler als auch der Klasse gegenüber.

Jedem Lehrer werden im Berufsalltag immer wieder Arbeiten vorgelegt, bei denen er sich außer Stande sieht, eine angemessene Zensur zu erteilen: Er gewinnt den Eindruck, persönliche Maßstäbe unangemessen in Anschlag bringen zu müssen, weil die vorgelegte Arbeit die etablierten Maßstäbe unterläuft. Beurteilt er die Arbeit nach diesen herkömmlichen, strukturalen Maßstäben, dann wird er ihr nicht gerecht, weil sie zum Beispiel mit großer geistiger Energie und Mühe erarbeitet worden ist, aber eine Qualität besitzt, die im schulischen Zusammenhang nicht beispielhaft sein kann. Dann heißt es, die Arbeit sei im Grunde unzensierbar. Schöpferische Texte sprengen die Urteilsbegriffe.

Es wird indes nicht bezweifelt, dass man philosophische Originalität beurteilen kann; wir fällen solche Urteile laufend, wenn wir einen Text weiter lesen oder die Lektüre abbrechen. Sicher sind wir auch bereit, mit anderen in einen Dialog einzutreten über unser Urteil, selbst wenn uns keine Urteilsregeln zur Hand sind, die unabhängig von jedem Text anzuwenden wären. Der Urteilende muss dann bereit sein, immer wieder neue Maßstäbe zu gewinnen und zu akzeptieren, die er auf andere Texte vielleicht nicht anwenden darf. Das klingt theoretisch, macht aber auf einen grundsätzlichen Zwiespalt des skalierbaren Pauschalurteils aufmerksam, wenn es kreative Spielräume berührt. Kunstlehrer sind mit dem Dilemma vertraut: Sobald sie einen Maßstab formulieren, werden sie durch die Kunstgeschichte widerlegt, weil jedes künstlerische Anliegen in der Kunstgeschichte selbst dementiert worden ist. Wer in ästhetischen Fragen nur die Maßstäbe des Unterrichts gelten lässt, lässt sich auf die Kreativität seiner Schüler nicht ein. Der Lehrer, der sich durch die Kreativität seiner Schüler nicht in seinem Urteil herausfordern lässt, zwängt sie in ein Korsett; lässt er ihnen Freiheit, muss er mit den Ambivalenzen seines Urteils leben.

Der Schüler als Medium und nicht als Genie

Das Unbehagen, das sich im Zuge der Bewertung solcher Leistungen auf allen Seiten einstellt, gründet zu einem nicht geringen Teil in einer *metabasis eis allo genos.* Diese besteht darin, dass Kreativität auf das Engste mit Individualität verbunden wird, so dass bei der Bewertung der Kreativität immer zugleich auch, wenn nicht vor allem die Individualität bewertet wird. Vor dem Hintergrund der Genieästhetik des 19. Jahrhunderts neigen wir heute in Sachen Kreativität immer noch zu einer Hypostasierung der Individualität und erschweren damit ein rationales Ausloten seiner Bewertungsmöglichkeiten; denn jedes Bewerten eines Produktes wird in dieser Perspektive zugleich zu einer gegenüber sonstigen Bewertung verschärften Bewertung seines Produzenten, da hier nicht irgendeine isolierte Kompetenz oder ein bestimmtes Wissen auf dem Prüfstand steht, sondern vermeintlicherweise dasjenige, was geradezu das Wesen dieses Produzenten ausmachen soll. Dies ist aber irreführend.

Die Schwierigkeiten der Bewertung kreativer Leistungen ergeben sich nicht aus dem Umstand, dass das Individuum »ineffabile« ist und ihm deshalb mit der Bewertung dessen, in dem es sich dann doch selbst zum Ausdruck gebracht hat, Gewalt antut, sondern daraus, dass – um es kantisch zu sagen – die bestimmende Urteilskraft auf etwas angewendet werden soll und muss, dem nur die reflektierende Urteilskraft gerecht zu werden vermag.[11]

Ein rationaler Umgang mit dem Problem der Bewertung kreativer Schülerleistungen setzt deshalb zunächst einmal voraus, dass sich die Lehrerinnen und Lehrer dieser Differenz bewusst werden und dass sie in der Anlage ihres Bewertungsprozesses davon Abstand nehmen, mangels kriterialer Orientierungsrahmen die Leistungen der Schüler ihrer unvergleichbaren Individualität zu attribuieren. Der einzelne Schüler darf durch den Bewertungsprozess nicht als potentielles Genie inszeniert werden, sondern er sollte vielmehr als das anerkannt werden, was dem Sachverhalt deutlich näher kommt, nämlich als ein Medium, das gleichsam seinen eigenen Zustand möglichst so beeinflussen sollte, dass sich in ihm ein kreativer Prozess ereignen kann. Schüler und Lehrer könnten auf diese Weise viel eher zu Kollaborateuren werden, die gemeinsam an der Verbesserung der Anbahnung

---

11 Vgl. Kant, Immanuel: Kritik der Urteilskraft. In: ders.: *Werke in zehn Bänden.* Wilhelm Weischedel. (Hrsg.) Sonderausgabe. Bd. 8. Darmstadt: Wiss. Buchgesellschaft, 1983.

kreativer Ereignisse arbeiten. Auch begleitende Bewertungen würden dann keine oder doch zumindest nicht mehr eine derartige Belastung bzw. Bedrohung für die Schülerinnen und Schüler bedeuten, weil allen Beteiligten klar wäre, dass eine genialische Individualität, die für gelingende bzw. gescheiterte Kreation verantwortlich wäre, eine Chimäre des 19. Jahrhunderts und seines Bildungsbürgertums ist.

Elementarisierung, Lernprogression und Lernsynchronisation

Soll der Lernerfolg in Zensuren dokumentiert werden, so müssen selbstverständlich Instrumente bereit stehen, den Zuwachs an Können und Wissen transparent nachzuweisen. Neben einer Reihe von Beobachtungsverfahren, die sich unmittelbar auf das Unterrichtsgeschehen beziehen, ist hierfür die Prüfung das klassische Instrument. Prüfung und Zensur müssen sich auf den Unterricht beziehen. Was niemals Unterrichtsgegenstand war, darf allenfalls ausnahmsweise geprüft werden. So gesehen geht vom Zensieren ein Zwang aus: Der Unterricht muss auf die Lernerfolgskontrolle vorbereiten und somit weitgehend von Lerninhalten bestimmt sein, die geprüft werden können. Die Urteilskriterien der Prüfung oder anderer Evaluationen werden darum unterrichtsbestimmend. Was nicht Gegenstand der Überprüfung werden kann, darf zum Unterricht nur ausnahmsweise und begründet hinzutreten. Das skalierende Pauschalurteil prägt dem Unterricht also eine bestimmte Struktur auf. Soll die Zensur transparent erteilt werden, dann muss dies auch für den Unterricht gelten, der zur Zensur führt. Diese Zusammenhänge sind selbstverständlich, haben aber bedenkenswerte Konsequenzen. Schüler richten ihr Engagement, wenn auch nicht immer, so doch oft nach dem Zensurenurteil aus. So liegt es eben auch nahe, die Lernprogression so anzulegen, dass sie auf Anforderungen hin ausgerichtet ist, die den Schülern einsichtig sind. Dies erfordert dann eine weitgehende Synchronisierung der individuellen Lernprogressionen in einer Lerngruppe. Allen Mitgliedern der Gruppe müssen die gleichen Ziele gestellt werden. Erst diese Synchronisierung der Lernprogression schafft die Voraussetzung für Transparenz, also für die Anwendung verbindlicher Maßstäbe. Zensurentransparenz hat daher unmittelbar damit etwas zu tun, wie stark elementarisiert wird, wie eigenständig die Lernwege der Schüler sind, wie zugänglich die Unterrichtsaktivitäten für Evaluationen sind. Ein Unterricht, der nicht zur Routine des Prüfens und Zensierens passt, muss die Ausnahme bleiben. Wie auch immer der einzelne Lernprozess ausgesehen hat: Die Prüfung am Ende entscheidet darüber, was im Unterrichtsverlauf stattfinden durfte. Kreative Aufträge ohne Prüfungserträge sind nur ausnahmsweise erlaubt, weil bei ihnen nicht ausreichend genau absehbar ist, welcher Lernerfolg sich einstellen wird und somit zum Gegenstand einer Prüfung werden kann. Auch ein Holzweg kann ein individuell fruchtbarer Lernweg sein, auch Abwegiges kann auf einem philosophisch fruchtbaren Lernweg liegen, aber in einer Schule, in der zensiert wird, muss der Holzweg eine Ausnahme bleiben. Je größer der kreative Spielraum wird, desto weniger verallgemeinerungsfähig ist das Urteil, weil der Lehrer nicht mehr verbindlich formulieren kann, was jeder einzelne Schüler lernen wird, also wissen oder können muss. Dass alle Schüler zum gleichen Zeitpunkt das Gleiche denken sollen, ist sicher keine schöne Vorstellung. Wird die Synchronisierung der Lernprogression aber aufgegeben, dann hat der Lehrer großer Lerngruppen nicht mehr viele Mittel in der Hand, die Effektivität des Lernprozesses einzuschätzen. Lehrer sagen manchmal, sie hätten einen Schüler verloren, und meinen damit, dass der Schüler dem Unterricht nicht mehr folgt. Je größer eine Lerngruppe ist, desto strikter muss elementarisiert werden, damit die Gruppe zusammen bleibt. Hat die Lerngruppe eine bestimmte Größe überschritten, dann muss synchron gelernt werden; sonst wäre nicht mehr zuverlässig zu sagen, welcher Schüler was zu welchem Zeitpunkt lernt, und der Lernprozess wäre nicht mehr wirksam zu steuern.

Unterrichtsdisziplin und didaktische Unzeit

Eine praktische Folge für die Unterrichtsgestaltung kann hier nur angerissen werden. Aus der Notwendigkeit von Lernsynchronisation folgt das Problem didaktischer Unzeit. Gute Schülerbeiträge, die gerade nicht in die Lernsituation passen, kommen zur Unzeit. Unzeit gibt es im didaktischen Prozess nur in großen Gruppen, weil eine Äußerung zur Unzeit viele Mitschüler warten lässt, die Orientierung im Lernprozess sprengt und somit die Disziplin überfordert. Der Lehrer muss angemessen reagieren, wenn kreative Beiträge die geplante Lernprogression beeinträchtigen. Große Lerngruppen in Verbindung mit kreativen Schülern lassen didaktische Unzeit überhaupt erst entstehen; kleine Lerngruppen können auch verschlungene Denkwege gehen. Im kollektiven Denkprozess müssen immer wieder gedankliche Grundstrukturen transparent werden, damit ein Gesprächszusammenhang entstehen kann. Aber große Lerngruppen erfordern hier mehr Professionalität, nämlich geplante Gesprächstransparenz. Dieser Sachverhalt ist in der Unterrichtsplanung etwa als Problem einer »Gelenkstelle« geläufig, wenn nämlich aus spontanen und vielfältigen Eindrücken ein Thema, eine Problemstellung herauskristallisiert und dann ein Untersuchungsgang entworfen werden muss. Gelungene Unterrichtsplanung versieht das Unterrichtsgespräch mit einer Struktur, die den Schülern verdeutlicht, zu welchem Thema sie sich wann äußern sollen, damit der Unterricht auf einem sicheren Weg zu einem Ziel kommt. Gerade interessante, kreative Unterrichtsbeiträge sind oft schwer einzuordnen und zu würdigen. Sie formulieren Gedanken, denen der Unterricht folgen müsste, aber nicht kann, weil der vorangegangene oder nächste Beitrag in eine andere Richtung zielt.

Wenn Prüfung und Zensur den Unterricht bestimmen und kreative Spielräume es erfordern, ein hermeneutisches von einem strukturalen Urteil zu differenzieren, dann rückt der Gegensatz von expositorischen und offenen Unterrichtkonzeptionen ins Blickfeld. Es liegt auf der Hand, dass bei unserem Tagebuchprojekt nicht alle Schüler zur gleichen Zeit etwas didaktisch Geplantes, überspitzt also das Gleiche zugleich denken werden und sollen. Hier liegt kein expositorisches, vielmehr ein offenes Unterrichtskonzept vor. Es gibt allerdings auch nur einen losen Unterrichtszusammenhang, in dem eine – sicherlich philosophische – Äußerung kaum zur Unzeit fallen wird. Nahezu jeder philosophische Beitrag wird jederzeit willkommen sein, wenn er nur vagen Vorgaben folgt. Das Tagebuchprojekt und andere kreative Projekte reklamieren somit eine privilegierte Situation, weil nur noch wenig übergeordnete Strukturen den Unterricht disziplinieren. Es sollen und können keine systematischen Einsichten aus der Vielzahl einzelner Beiträge gewonnen werden. Beitrag steht gleichberechtigt neben Beitrag und das Interesse bezieht sich nur und nachdrücklich auf ihn. Der Lehrer, der nur noch wenige Strukturvorgaben machen und überwachen muss, gewinnt eine neue Rolle, in der er den Schülern in einem höheren Maß als Lernender und Fragender auf Augenhöhe begegnen kann. Es ist eine alte Lehrerfahrung, dass derjenige Unterricht leichter gelingt, den die Schüler als wertvoll einschätzen, also zum Beispiel Unterricht, der auch zuhause mit Engagement verbunden war und ist. Dort, wo es auf Kreativität ankommt, wo eine Verbindung zur eigenen Existenz hergestellt wird, kann der Unterricht zusätzlich Bedeutung bekommen. Der einzelne Beitrag steht im Scheinwerferlicht des ungeteilten Interesses. Kreative Beiträge fallen nur dann zur Unzeit, wenn der strukturierte Unterricht sie nicht mehr integrieren kann. Anders formuliert lässt Unterrichtsdisziplin didaktische Unzeit entstehen, dann nämlich, wenn Kreativität, die stets die Idee nur eines einzelnen Schülers repräsentiert, quer steht zur Struktur des Unterrichts.

Lehrerrollen

Fassen wir zusammen: Die Zensur ist das wichtigste Steuerungsinstrument des Bildungssystems und somit eine wesentliche Arbeitsgrundlage des Lehrers. Das strukturale Urteil kann nur ausnahmsweise ausgesetzt und durch hermeneutische Urteilsprinzipien ersetzt werden; kreative Schülerbeiträge fließen in das Zensurenurteil nur ausnahmsweise ein. Sind Prüfung und Zensur auf den Lernzuwachs hin ausgerichtet, und zwar so, dass er geplant, legitimiert und überprüft werden kann, dann steht nicht das Kreative, Persönliche, Unerwartete im Vordergrund,

sondern das Erwartbare, Evaluierbare, Plangemäße. Mit Zensur und struktura-
lem Urteil diszipliniert die Gesellschaft Unterricht und Schule. So stellt sie sicher,
dass die Zeit sinnvoll genutzt wird und die Lehrpläne eingehalten werden. Über
das Zensieren motiviert sie mit mehr oder weniger attraktiven Zertifikaten und
bedroht mit längerem Schulaufenthalt. Das Zensieren ist die Amtshandlung des
Lehrerbeamten.

Fördert der Lehrer die Kreativität seiner Schüler, zielt er auf das Nicht-Erwart-
bare, Persönliche, dann wächst ihm eine weitere Rolle zu. Er tritt in ein anderes,
stärker von Vertrauen und Zuwendung bestimmtes Verhältnis. Er nimmt eine
Rolle ein, der sich kein Pädagoge entziehen kann: Er berücksichtigt die individuelle Lernsituation und den persönlichen Lernfortschritt. Er teilt dann mit seinen
Schülerinnen und Schülern die Erfahrungen des Lernens in besonderem Maße. Er
stellt individuelle Anforderungen, regt sie an, über den Unterricht hinaus Interessen zu entwickeln, er bemüht sich zu verstehen, was in ihnen vorgeht, ermuntert
sie, sich einzusetzen und persönlich auszudrücken, er ermutigt und tröstet und
urteilt mit Blick auf die Person. Die Divergenz dieser beiden Rollen ist die Ursache
seines Konflikts.

Mandy Schütze

»Balance-Akte« – Zur Bewertung projektorientierten Unterrichts

1. Ein produktionsorientierter Zugang zu Gerechtigkeitstheorien

Die vielfältige Nutzung verschiedener Medien gehört zum Alltags- und Freizeiterleben gegenwärtiger Schülergenerationen. Der durchschnittliche Jugendliche verbringt in seinen ersten 14 Lebensjahren 18 000 Stunden[1] vor einem Bildschirm – sei es vor dem Fernseher oder dem Computer. Aber nur 14 000 Stunden war er in diesem Lebensabschnitt in der Schule anzutreffen. Damit einher gehen unter anderem Veränderungen der Konzentrationsfähigkeit und Rezeption von Medien. Immer wieder stelle ich fest, dass Schüler sich zu schnell mit oberflächlichen Gedanken zufrieden geben und den Wert geistiger Arbeit unterschätzen. Aus den genannten Gründen ist es mir ein besonderes Anliegen, ein audiovisuelles Medium als Rahmen zu nutzen, um die Schüler an intensive Textarbeit sowie an produktorientiertes Arbeiten heranzuführen. Dazu verwende ich den Kurzfilm »Balance«[2], der auf Grundlage der Gerechtigkeitstheorien von Jean-Jacques Rousseau, Adam Smith und John Rawls umgeschrieben werden soll. Die Bewertung der Unterrichtsreihe erfolgt sowohl prozess- als auch produktorientiert.

Um verschiedene Möglichkeiten zur Bewertung projektorientierten philosophischen Unterrichts angemessen diskutieren zu können, werde ich im vorliegenden Aufsatz zunächst auf das Medium Kurzfilm eingehen und dann die konkrete Unterrichtsreihe darstellen. Erst unter Kenntnis dieser Rahmenbedingungen können Bewertungsmaßstäbe sinnvoll entwickelt werden.

---

[1] Vgl. Menzen, Karl-Heinz: *Erziehungsschwierige Kinder* URL http://www.offenburg.de/dynamic/assets/menzen.pdf. Aktualisierungsdatum: 20.10.08, S. 25.
[2] Lauenstein, Christoph; Lauenstein, Wolfgang: *Balance* (Kurzfilm). In: Hochschule für Bildende Künste Hamburg (Hrsg.): 24 Animationsfilme. Hamburg: Material-Verlag, 2003.

2. Das Medium Kurzfilm im Unterricht

Kurzfilme sind, im Wortsinn, kurze Filme. Laut Kurzfilmliste der Filmbewertungs-
stelle Wiesbaden beträgt die maximale Länge eines Kurzfilmes 60 Minuten. Jedoch
werden allgemein Filme, die länger als 30 Minuten sind, als mittellange Filme
bezeichnet[3], da sie vom Alltagsverständnis her nicht mehr unter die Rubrik »Kurzfilm« fallen. Innerhalb der Gruppe der Kurzfilme gibt es, ähnlich wie bei Langfil-
men auch, drei verschiedene Hauptgattungen: Kurzspielfilme, Experimentalfilme,
Animationsfilme.[4] Darüber hinaus gibt es Tatsachenfilme (wie Bildungsfilme)
sowie die sogenannten Industriefilme, die z. B. Werbefilme oder Musikclips sein
können und Schülern bekannt sind. Letztere wiederum sind lediglich durch ihre
fast einseitig kommerzielle Ausrichtung definiert, künstlerisch können sie sowohl
Spielfilm- als auch Animationsfilm- oder Experimentalfilmcharakter haben.

Insbesondere durch Formen des Industriefilms (Werbung und Musikvideo)
sind Schüler meist schon mit Kurzfilmen in Berührung gekommen – und haben
deshalb bereits eine gewisse Sehgewohnheit dafür entwickelt.

Kurzspiel- und Animationsfilme bieten meist in wenigen Minuten eine abge-
schlossene Handlung, die sich auf das Wesentliche konzentriert. Es werden nur
wenige Hauptfiguren eingeführt und mit ihnen eine Geschichte von Anfang bis
Ende durchgespielt. Dabei können philosophische oder ethische Fragen berührt
werden, die einen Einsatz im Ethikunterricht rechtfertigen. Im Rahmen der vorgestellten Unterrichtsreihe spielt der Animationsfilm »Balance« die Hauptrolle.

Filmarbeit im Unterricht ist ein zweischneidiges Schwert. Es gibt viele Gründe,
die dagegen sprechen: Schüler empfinden die erzwungene Diskussion als ein Zer-
reden[5] des Filmes, häufig überflüssig und dem Filmgenuss abträglich. Schulische
Alltagspraxis scheint es zu sein, Filme (insbesondere Spielfilme) als Lückenfüller
für Vertretungsstunden ohne eine didaktische Aufbereitung einzusetzen, sodass
die Schüler, insbesondere kurz vor Ferienbeginn, von Filmen übersättigt sind.

Für Schüler ist jedoch eine fundierte Filmarbeit mit pädagogischem Hintergrund in der Regel sehr wichtig für das Filmverständnis gegenüber dem bloßen
Konsumieren in der Freizeit. Außerdem haben Jugendliche in ihrer Freizeit meist
wenig Berührung mit Kurzfilmen (abgesehen von Werbefilmen und Musikvideos)
und sind neugierig auf die Art und Weise der Umsetzung des Themas in aller Kürze.
Diese Neugierde sollte didaktisch genutzt werden: Filme als Konstitution von

---

3 Vgl. Heinrich, Katrin: *Der Kurzfilm: Geschichte, Gattungen, Narativik.* Alfeld/Leine: Coppi-Verlag,
1998, S. 28.
4 Die Aufstellung folgt Heinrich: 1998, S. 22 ff.
5 Wörther spricht von einer Wegnahme des Filmes durch »Pädagogisierung«, in: Wörther, Matthias:
Spielfilme im Unterricht: Didaktik, Anregungen, Hinweise. URL http://www.mediaculture-online.de/
fileadmin/bibliothek/woerther_spielfilme/woerther_spielfilme.pdf. Aktualisierungsdatum: 20. 10. 08,
S. 6.

Wirklichkeiten sind ein Kunstprodukt einzigartiger Weise: Schüler haben einen unmittelbaren Zugang, Filme rufen Emotionen hervor, erzählen Geschichten, Arbeiten mit Symbolen, Musik, Farben, Bewegungen, etc. Die »Unmittelbarkeit eigenen Erlebens ist Ausgangspunkt und einzig tragfähiger Bezugspunkt jeder Beschäftigung mit Kunst und jedes Lernprozesses überhaupt.«[6] Da Filme eine Form der »hochgradig symbolischen Vermittlung von Realität(-en)«[7] darstellen, ist es in den seltensten Fällen möglich, diese mittels Filmgespräch, also der Versprachlichung des Gesehenen, ausreichend zu erfassen, zu thematisieren und zu verarbeiten. Deshalb sind »für die Filmdidaktik Methoden verlangt, die in experimentierender Weise nichtsprachliche Zugangsweisen zum Film und zum Filmerleben erschließen.«[8]

3. Der Kurzfilm Balance

Der Film wurde im Jahr 1989 von den Brüdern Christoph und Wolfgang Lauenstein gedreht, im selben Jahr erhielt er den Oscar in der Kategorie »Bester animierter Kurzfilm«. Der sieben Minuten lange Film zeigt in monochromen Farben fünf androgyne Figuren die auf einer Plattform stehen. Einziges Unterscheidungsmerkmal der Figuren sind unterschiedliche Ziffern auf ihren Rücken. Die Plattform scheint im Raum zu schweben, um sie in Balance zu halten, müssen sich die Figuren im Gleichgewicht bewegen. Zunächst beginnen alle zu angeln, nach kurzer Zeit zieht Nr. 51 eine Kiste auf die Plattform. Da diese offensichtlich sehr schwer ist, kann sich immer nur eine Person bei ihr aufhalten, alle anderen müssen auf der Gegenseite für Gewichtsausgleich sorgen. Nacheinander erkunden alle Figuren die Kiste und jede entdeckt ein neues, aufregendes Merkmal oder einen neuen Verwendungszweck: unter einer dicken Staubschicht ist sie rot, sie spielt Musik, man kann dazu tanzen, usw. Doch schon nach kurzer Zeit schlägt die Begeisterung der Figuren in Neid und Egoismus um. Keine will die Kiste mehr mit den anderen teilen und ein unerbittlicher Kampf auf Leben und Tod beginnt. Nacheinander fallen fünf der sechs Figuren in den Abgrund. Als letzter steht Nr. 23 auf der einen Seite der Plattform, auf der anderen Seite die Kiste: er hat keine Möglichkeit zu ihr zu kommen, da sie sonst hinunterfallen würde.

Zur Interpretation der einzelnen Gegenstände soll folgende Tabelle eine erste Orientierung bieten. Nach meiner Erfahrung finden die Schüler recht schnell

---

6 Ebd., S. 3.
7 Schreckenber, Ernst: *Arbeit mit Film.* In: Brinkmöller-Becker (Hrsg.): *Die Fundgrube für Medienerziehung* in der Sekundarstufe I und II. Berlin: Cornelsen Scriptor, 1997, S. 81
8 Ebd.

Ansätze zur Interpretation und vor allem Diskussionsfragen, die sich in diesem Zusammenhang stellen.

Objekte	Plattform	Abgrund	Figuren	Kiste
mögliche Deutungen	– Erde – Lebensraum – Begrenztheit – bewegt sich in der Unendlichkeit, bildet aber Grenze – Gefängnis – Gleichheit, – Harmonie – schwebt	– Nichts – Unendlichkeit – Tod – große Freiheit – versteckt sich etwas Gutes/ Schlechtes? – unsichtbar	– Stereotype – unvollkommen (ungerade Zahlen) – ausdruckslos – identitätslos – uniformiert – Menschheit – stumm – sprechen nicht – nonverbale Kommunikation	– Glück – Abwechslung – Konsum – Luxus (unnötig?) – Zivilisation – Veränderung des Gleichgewichts – Reiz – Neuheit – wird leichter[9]

Der Film kann in verschiedenen Deutungszusammenhängen[10] im Unterricht eingesetzt werden. Für das Thema Gerechtigkeit ist jene Szene von zentraler Bedeutung, in der der Kampf um die Kiste einsetzt. An dieser Stelle könnte eine der Gerechtigkeitstheorien ganz praktisch zum Einsatz kommen und den weiteren Verlauf der Geschichte ändern.

4. Die Unterrichtsreihe Gerechtigkeit

4.1 Ziele

Im Laufe der Unterrichtsreihe sollen die Schüler die basalen Fähigkeiten, die sich zur moralischen Kompetenz zusammenfügen, anhand einer komplexen Aufgabenstellung üben: Wahrnehmen, Kommunizieren, Argumentieren, Urteilen.[11] Kognitives Ziel der Unterrichtsreihe ist das »Kennen von Gerechtigkeitstheorien«[12]

---

9 Zu Beginn wiegt die Kiste genau so viel wie 5 Personen, am Ende steht sie im Gleichgewicht mit nur noch einer Person. Dieser Punkt kam erstmals in der Diskussion mit Schülern der Klasse 11 auf. Ihre Interpretation ging dahin, dass die Kiste im Laufe des Films die Bedeutung für immer mehr Menschen verliert. Das wird dadurch ausgedrückt, dass sie auch bei schwindender Figurenanzahl im Gleichgewicht steht.

10 zum Beispiel: Freiheit, (fehlende) Kommunikation, Spannungsfeld Mensch – Maschine, Begründungen für Handlungen, Zivilisations-/Technikkritik.

11 Vgl. Pfeiffer, Volker: *Didaktik des Ethikunterrichts: Bausteine einer integrativen Wertevermittlung.* Stuttgart: Kohlhammer, 2009, S. 50.

12 Sächsisches Staatsministerium für Kultus (Hrsg.): *Lehrplan Ethik Gymnasium: Klassen- und Jahr-*

anhand der Theorien von Adam Smith, Jean-Jacques Rousseau und John Rawls.[13] Außerdem sollen sich die Schüler Wissen sowohl über die relative, als auch die absolute Strafzwecktheorie sowie über die Vereinigungstheorie aneignen.

Medien, insbesondere audiovisuelle Medien spielen in der Lebenswelt der Schüler eine große Rolle, sie geht allerdings selten über die passive Rezeption hinaus. Deshalb ist es mir ein besonderes Anliegen, die Schüler zu kreativem und produktivem Umgang mit dem Medium herauszufordern. Die Förderung der Medienkompetenz stellt sich als instrumentelles Ziel über die gesamte Unterrichtseinheit.

Während der Unterrichtsreihe sind die Schüler aufgefordert, schöpferisch mit den vorgegebenen Materialien zu arbeiten. Die verschiedenen Gerechtigkeitstheorien erarbeiten die Schüler selbstständig. In einem zweiten Schritt werden sie die Theorie soweit abstrahieren, dass sie in einem Rollenspiel umgesetzt werden kann. Die Aufgabe besteht darin, eigenverantwortlich die von ihnen erarbeitete Theorie szenisch umzusetzen. Dabei geht es neben der Theorie auch um die Vorgaben des Kurzfilmes, an die sich die Schüler halten müssen. Diese Herausforderung gibt den Schülern gleichzeitig einen Anhaltspunkt und eine erste Anschauung für ihre eigene Arbeit, da sie Rahmenbedingungen und Orientierung für die eigene Umsetzung bieten.

4.2 Überblick

Die Unterrichtsreihe ist für Schüler der Oberstufe konzipiert und gliedert sich in zwei Teile:

Nach einer kurzen Einführung ins Thema Gerechtigkeit sehen sich die Schüler den Kurzfilm Balance erstmals an. Anschließend folgt ein Unterrichtsgespräch, in dessen Verlauf Zusammenhänge des Films mit den Schülern verdeutlicht und präzisiert werden.

Anschließend werden die Schüler in vier Gruppen eingeteilt, bestehend aus fünf bzw. sechs Schülern, sowie die Bekanntgabe und Besprechung der konkreten Aufgabenstellung und der damit verbundenen Zielorientierung sowie die Bereitstellung der notwendigen Materialien und Quellen. Mit Hilfe dieser konkreten Zielorientierung schauen sich die Schüler nochmals den Kurzfilm an. Es werden zentrale Gestaltungsmerkmale herausgearbeitet, die in der szenischen Umset-

---

gangsstufen 5–12. Dresden: 2009, S. 43 – In den Lehrplänen/Kompetenzrichtlinien der anderen Bundesländer finden sich ähnliche Formulierungen

13 Eine Variation der Philosophen ist hier sehr gut möglich: es können weiterhin z. B. Thomas Hobbes, Aristoteles oder Thomas von Aquin hinzugezogen werden. Meine Auswahl beruht auf der Einteilung nach den Grundlagen der verschiedenen Theorien gerechter Verteilung: Egalitarismus (Rousseau), liberaler Egalitarismus (Rawls) und Liberalismus (Smith).

zung[14] erkennbar sein sollen. Nun haben die Schüler Zeit zur selbstständigen Erarbeitung ihrer Theorie (Smith, Rousseau, Rawls) sowie zur Umsetzung dieser in Form eines Rollenspieles. Den Präsentationen der einzelnen Gruppen folgt eine gemeinsame Auswertung sowie eine zusammenfassende Klärung zentraler Aspekte der vorgestellten Theorien. Zum Zweck der Zusammenfassung und zur Überprüfung des Gelernten erhalten die Schüler die Aufgabe, die Theorien von Rawls, Smith und Rousseau mit Hilfe bestimmter Kriterien zu systematisieren. Diese tabellarische Übersicht sowie eine detaillierte Auswertung der Gruppenarbeit können Grundlage für zwei Noten der Schüler sein.

In einem zweiten Schritt erhält die Lerngruppe Einblick in drei verschiedene Straftheorien. Diese Kenntnisse sowie Kritik und Hinweise aus der vorangegangenen Auswertung der ersten Rollenspiele wiederum nutzen die Schüler, um ihr Spiel zu überarbeiten und fakultativ einen eigenen Kurzfilm zu drehen. Die Unterrichtsreihe endet mit einer gemeinsamen Auswertung der Arbeitsergebnisse.

1. Doppelstunde:	*Einführung Gerechtigkeit* (Definition, Dimensionen, Kurzfilm »Balance«, Organisation der Gruppenarbeit, Beginn der Arbeit in den Gruppen)
2. und 3. Doppelstunde:	*»Balance«* (Arbeit in Gruppen, Probe des Rollenspiels)
4. Stunde:	kurze Absprachen in den Gruppen, *Präsentation der Gruppenarbeit* (Rollenspiel/szenische Umsetzung sowie deren Diskussion)
5. Doppelstunde:	*Erstellung einer Matrix zu Gerechtigkeitstheorien* (in Stillarbeit, später im Plenum; unter Verwendung von Mitschriften und Quellentexten)
6. Doppelstunde:	*Strafzwecktheorien* (absolute und relative Straftheorien sowie Vereinigungstheorie; vorher Auswertung der Einzelarbeiten)
7. Doppelstunde:	Zusammenfassung zu Strafzwecktheorien anhand von Fallbeispielen, *Erweiterung der Rollenspiele um den Aspekt der Strafe*
8. Doppelstunde:	*Präsentation der Rollenspiele/Kurzfilme*, gemeinsame *Auswertung* im Plenum

Die Aufgabenstellung (am Beispiel Rousseau) für die ersten drei Stunden lautet:

1. Fasse (in Einzelarbeit) die wesentlichen Punkte des Egalitarismus sowie der Gerechtigkeitstheorie von Rousseau zusammen.
2. Erarbeitet (in Gruppenarbeit) auf Grundlage der Gerechtigkeitsvorstellun-

---

14 Rollenspiel und szenische Umsetzung wird im weiteren Verlauf synonym verwendet: es behandelt in dieser Arbeit die jeweilige Umsetzung der philosophischen Theorie in Form von verschiedenen Rollen, sie sich zueinander verhalten.

gen von Rousseau sowie dem Kurzfilm »Balance« ein Rollenspiel/eine szenische Umsetzung. Beachtet, dass bestimmte Rahmenbedingungen erhalten bleiben, insbesondere die fehlende bzw. geringe Kommunikation zwischen den Charakteren.

3. Bereitet euch darauf vor, sowohl eure szenische Umsetzung als auch den theoretischen Hintergrund (mit Hilfe geeigneter medialer Unterstützung) dem Kurs in maximal 20 Minuten zu präsentieren.
   Bewertung
4. Bewertet euch selbst und maximal 3 der anderen Gruppenmitglieder im Bewertungsbogen so genau wie möglich mit einem Punktwert (0 bis 15 P; zusätzliche Bemerkungen auf die Rückseite).

Die Aufgabenstellung beinhaltet also vier Schritte: Zunächst arbeiten die Schüler selbstständig an der Theorie und entwerfen im Idealfall bereits zum besseren Verständnis eine Mindmap. Diese Vorgehensweise erwies sich als sinnvoll, da die Schüler damit das Gelesene besser verarbeiten und sich tiefgründiger damit beschäftigen müssen. Die Mindmap ist zum einen Ausgangspunkt für die Diskussion innerhalb der Gruppe. Zum anderen kann sie Grundlage für ein Handout sein, welches den Vortrag unterstützen soll.

Während der Gruppenarbeit werden zunächst die theoretischen Grundlagen geklärt, sodass alle Schüler der Gruppe einen ähnlichen Leistungsstand haben. Anschließend wird die Umsetzung der Theorie als Rollenspiel geplant, entwickelt und geprobt. Während dieser Arbeitsphase mehren die Schüler ihre Argumentier-, sowie ihre Kommunikationskompetenz.

Zur Vorbereitung auf die Präsentation gehört neben der Organisation von möglicherweise benötigten Requisiten auch die Konzeption einer Visualisierung (Handout, Präsentation, Folien) für die Mitschüler, damit diese den theoretischen Hintergrund mit der Umsetzung in Form der Rollenspiele verknüpfen können. Anschließend präsentieren alle Gruppen zunächst ihre Rollenspiele und ihre Referate in einer von ihnen gewählten Reihenfolge. Im Plenum werden diese besprochen und verbal beurteilt.

Es folgt ein möglicher Zwischenschritt zur Sicherung des präsentierten Wissens: die Erstellung eines Vergleichs der verschiedenen Gerechtigkeitstheorien. Dazu erhalten die Schüler folgende Aufgabenstellung:

Erarbeitet einen tabellarischen Vergleich der Theorien von Smith, Rousseau und Rawls. Mögliche Vergleichskriterien:

1. Definition von Gerechtigkeit
2. Entstehung und Eigenschaften des Natur-/Urzustandes

3. Merkmale einer gerechten Staatsform
4. Rolle/Bedeutung von Eigentum (Beschaffenheit)
5. Menschenbild

Nach der Erstellung der Matrix wird das Rollenspiel um zusätzliche, über den Kurzfilm weiter hinausgehende Aspekte erweitert. Der folgenden Aufgabenstellung geht ein Einblick in die theoretischen Begründungen der Strafzwecktheorien voraus:

Erarbeitet eine Erweiterung für euer Rollenspiel, indem ihr den Aspekt der Strafe mit einbezieht. (Fakultativ: Arbeiten Sie Ihr Rollenspiel in einen Kurzfilm um.)

5. Ansätze zur Bewertung

Der komplexen Struktur der Aufgabenstellung muss auch bei der Bewertung Rechnung getragen werden. Möglich sind sowohl eine »prozessorientierte« als auch eine »ergebnisorientierte« Bewertung. Im Folgenden stelle ich einzelne Varianten vor. Wie im Einleitungsartikel von Donat Schmidt und Peter von Ruthendorf dargestellt wurde, ist eine Trennung der prozessorientierten von der produktorientierten Bewertung faktisch nicht möglich. Dennoch wird – aus Gründen der Übersichtlichkeit – im Folgenden eine derartige Unterscheidung vorgenommen.

Die Bewertungsmodalitäten sind den Schülern bereits vor Beginn vertraut. Im Verlauf der Unterrichtsreihe, die für die Oberstufe angelegt ist, erweitern die Schüler ihre Kompetenzen in fast allen Bereichen, die von Pfeifer zur moralischen Kompetenz[15] zusammengefasst sind: Ich- bzw. Personalkompetenz, Du- bzw. Sozialkompetenz, Es- bzw. Sachkompetenz, Methodenkompetenz sowie Argumentationskompetenz. Diesen Teilkompetenzen sind bei Pfeifer entsprechende Fähigkeiten zugeordnet, die im Ethikunterricht – und hier am konkreten Beispiel der Unterrichtseinheit fast vollständig – entwickelt bzw. erweitert werden sollten. Um die Fähigkeiten, die die Schüler erlangen, zu überprüfen und schließlich zu bewerten, müssen einzelne, als wichtig erscheinende ausgewählt und operationalisiert werden. Dabei werden sowohl die Schüler als auch der Lehrer gefordert. Der Lehrer hat die Aufgabe, die Schüler während der Arbeit zu beobachten, die Schüler reflektieren ihren eigenen Arbeitsprozess.

---

15 vgl.: Pfeifer 2009, S. 347 f.

5.1 Prozessorientierte Bewertung

Die Bewertung der Arbeit in den Gruppen erfolgt sowohl durch die Schüler selbst als auch durch die Lehrperson. Beide Arten werde ich im Folgenden kurz vorstellen.

Die Selbstbewertung durch die Schüler erfolgt auf zwei Ebenen: jeder Schüler bewertet sein eigenes Arbeitsverhalten sowie das von drei weiteren Mitschülern seiner Gruppe anhand konkreter Kriterien zu den unterschiedlichen Teilkompetenzen. Viele der Kriterien lassen sich aufgrund ihrer Komplexität – wie im Folgenden gezeigt wird – mehreren Kompetenzen zuordnen[16]:

Personalkompetenz

- *Aktive und konstruktive Mitarbeit in der Gruppe*: das Gruppenmitglied kann seinen eigenen Standpunkt argumentativ begründen, seine Meinung kritisch reflektieren und beherrscht sprachlich-diskursive Ausdrucksformen.
- *Einhaltung der Arbeitsteilung:* das Gruppenmitglied ist sich seiner Fähigkeiten und Grenzen bewusst, akzeptiert die Festlegungen der Gruppe.
- *Toleranz gegenüber anderen Meinungen:* das Gruppenmitglied besitzt Konfliktfähigkeit und kann seinen eigenen Standpunkt sowohl vertreten als auch bei besseren Argumenten ändern.
- *Verantwortung für die Gruppe bzw. das Ergebnis:* jeder Schüler nimmt sich gleichzeitig als Individuum und als Teil der Gruppe wahr. Dadurch können eigene Gefühle, z. B. Unverstandensein, fehlendes Vertrauen in die Fähigkeiten der Gruppe oder Frustration reflektiert und ausgedrückt werden.

Sozialkompetenz

- *Aktive und konstruktive Mitarbeit in der Gruppe sowie Kooperation mit anderen Gruppenmitgliedern* es gibt Kommunikationsregeln, die dem jeweiligen Gruppenmitglied bekannt sind und praktiziert werden. An dieser Stelle finden auch die Kriterien *Einhaltung der Arbeitsteilung* sowie *Gruppenarbeitsförderliche Disziplin* Anknüpfungspunkte: die Gruppenmitglieder werden in ihrer Individualität respektiert und jedem wird eine Aufgabe zuteil, die seinen Fähigkeiten entspricht.
- *Toleranz gegenüber anderen Meinungen:* auch bei anderen Meinungen kann das Gruppenmitglied sich in die Perspektive der anderen hineinversetzen

---

16 in Anlehnung an: Pfeifer 2009, S. 346 f.

und Empathie üben. Es kann ihm möglicherweise fremde Denk- und Verhaltensweisen akzeptieren und verstehen helfen.

- *Verantwortung für die Gruppe bzw. das Ergebnis:* wie oben bereits erläutert, fühlt sich jedes Gruppenmitglied gleichermaßen für die Gruppe und das Ergebnis verantwortlich.

Methodenkompetenz

- *Einhaltung der Arbeitsteilung sowie Einhaltung der Zeitvorgaben:* dem Gruppenmitglied sind die Regeln einer funktionierenden Gruppenarbeit bekannt und es hält diese ein.
- *Beherrschung notwendiger Arbeitstechniken:* dazu gehören in diesem Fall insbesondere alle Kompetenzen zum Lesen und Verstehen von philosophischen Texten als auch das Entwickeln von Kreativität zur Inszenierung philosophischer Konzeptionen.

Argumentationskompetenz

- *Aktive und konstruktive Mitarbeit in der Gruppe:* das Gruppenmitglied argumentiert logisch und kohärent.
- *Toleranz gegenüber anderen Meinungen:* das Gruppenmitglieder akzeptiert sich und andere als gleichberechtigte Partner der Diskussion.

Der Beobachtungsbogen weist diese verschiedenen Teilkompetenzen aus. Außerdem gibt es für jedes Gruppenmitglied eine Spalte, in der nochmals vier Spalten abgetrennt sind. Jeweils die erste (S) dient der Selbsteinschätzung, die anderen drei (F) der Fremdeinschätzung durch drei der anderen Gruppenmitglieder. Jeder Schüler vergibt dabei entweder Schulnoten (1–6) oder die Punkteskala des Kurssystems (0–15). Zu Beginn sollte dafür eine einheitliche Regelung gefunden werden. Die differenzierten Abstufungen des Punktesystems haben sich als vorteilhaft erwiesen.

Die Grundlage dazu bildet die Annahme, dass eine Schülergruppe ihre eigene Arbeit wesentlich besser einschätzen kann als der Lehrer durch seine Beobachtungen von außen. Sofern die Schüler bereits in dieser Art der Selbstreflexion geübt sind, ergibt sich dadurch ein recht realistisches Bild, wie die Arbeit innerhalb der Gruppe verteilt war. Voraussetzung dafür ist es, dass die Schüler ihre Punktverteilung so objektiv wie möglich vornehmen. Meiner Erfahrung nach sind jüngere Schüler selbstkritischer und auch kritischer gegenüber ihren Mitschülern. Sie beurteilen den tatsächlich erlebten Arbeitsablauf. Ältere Schüler gehen dagegen bei ihrer Einschätzung teilweise berechnend bzw. nach Sympathien vor und geben sich gegenseitig ungerechtfertigt sehr gute bzw. sehr schlechte Werte. Jedoch lassen sich bei älteren Schülern durchaus auch Abstufungen von 1 oder 2 Punkten erkennen, die im Arbeitsverhalten begründet liegen. Eine Möglichkeit um die Schüler unabhängiger von Antipathien oder Sympathien bewerten zu lassen ist es, jedem einen Bewertungsbogen zu geben. So entscheidet jeder in der Gruppe für sich allein, wie viele Punkte er den anderen gibt. Dadurch entfallen die Gruppenzwänge weitgehend.

Für Schüler ist es außerdem von größter Wichtigkeit, die Selbstbewertung bzw. die Bewertung der Gruppe als Instrument zur Selbstreflexion kennenzulernen und zu nutzen. Mit dieser Hilfe können der Lernprozess hinterfragt und Ratschläge zur Verbesserung erarbeitet werden.

Die Beobachtungen der Lehrperson erfolgen nach denselben Kriterien wie die Schülerselbstbewertung. Da nicht immer alle Schüler unter Beobachtung stehen können, ist es sinnvoller, sich über die Stunden der Schülerselbsttätigkeit verteilt einzelnen Gruppen bzw. einzelnen Schülern zu widmen und diese gezielt zu beurteilen. Ergänzungen und Korrekturen sollten jedoch auch im Verlauf der anderen Stunden möglich sein. Da der Lehrer unter Umständen auch den einzelnen Gruppen Hilfestellungen geben muss, könnte diese Doppelbelastung problematisch sein. Sofern die Gruppen recht verantwortungsbewusst mit der Selbstbewertung umgehen, kann auch auf die Lehrerbeurteilung gänzlich verzichtet werden.

Eine andere Möglichkeit besteht darin, die Gruppe insgesamt zu betrachten und den Arbeitsprozess der gesamten Gruppe mit einem Punktwert zu bewerten. Diesen Wert multipliziert mit der Anzahl der Gruppenmitglieder wird der Gruppe kommuniziert und die Gruppe entscheidet selbst, wie die Punkte konkret verteilt werden sollen. Auch dadurch ergibt sich ein Bild über den Arbeitseinsatz der einzelnen Gruppenmitglieder. Allerdings wird dadurch der Prozess komplett bewertet und nicht, wie eigentlich gewollt, einzelne Fähigkeiten reflektiert.

5.2 Produktorientierte Bewertung

Im Rahmen der Unterrichtsreihe gibt es drei Produkte, die durch die Schüler hergestellt werden: einerseits die Erläuterungen zu den theoretischen Grundlagen der jeweiligen Gerechtigkeitstheorie, weiterhin die Matrix zu den verschiedenen Gerechtigkeitstheorien, außerdem das Rollenspiel/der Kurzfilm. Zusätzlich ist eine Beurteilung des Zwischenschrittes bei der Erstellung der szenischen Umsetzungen möglich: die Rollenspiele nach der ersten Aneignung der Theorien. Diese erste Auseinandersetzung sowohl mit dem schwierigen theoretischen Konstrukt als auch mit den Vorgaben des Kurzfilms sollten motivierende, verbale Kommentare nach sich ziehen. Dabei können folgende Fragen bestimmend sein:

– Wurde die Theorie verständlich erläutert?
– War die Situation angemessen gewählt? (Umsetzung der Theorie)
– Beurteilt die schauspielerische Leistung. (Umsetzung der Rollen durch die Spieler)

Diese Fragen sollten vor der Präsentation der Lerngruppe als Beobachtungsaufgaben gestellt werden, sodass eine gemeinsame Auswertung ermöglicht wird. Praktikabel ist auch eine kurze und spontane Reaktion aller Mitschüler direkt nach der Aufführung beispielsweise durch Blitzlichter (mündlich) oder Telegramme (schriftlich) an die Präsentationsgruppe. Da die Rollenspiele nochmals überarbeitet werden, sollten die Kommentare konstruktive Verbesserungsvorschläge beinhalten. Die Schüler haben nun bereits einen Einblick sowohl in die Arbeitsweise als auch in die Ergebnisse der anderen Gruppen, daher sollten an dieser Stelle Kriterien erarbeitet werden, nach denen die endgültigen Produkte bewertet werden.

Die Bewertung der Rollenspiele kann folgende Kriterien beinhalten: Verarbeitung des Originals (Kurzfilm), Umsetzung der Theorie, Auswahl der gespielten Szene/des gewählten Konflikts, schauspielerische Leistung.

Die Erläuterungen zu den theoretischen Grundlagen können wie Referate/ Präsentationen bewertet werden. Die Kriterien sollten der Lerngruppe zu Beginn der Arbeit transparent gemacht werden. Ich ziehe eine Bewertung der Vorträge vor basierend auf dem im Werkstatt-Teil auf Seite 180 vorgestellten Bewertungsbogen, der Inhalt, Vortrag und Präsentation beinhaltet. Für diese Art der Aufschlüsselung entschied ich mich, da sie den Schülern konkrete Kriterien bietet, wie ihre Punktzahl zustande kommt. Neben dieser Transparenz ist es auch für mich als Lehrer leichter, konkrete Noten festzulegen, da die subjektiven Einflüsse der Bewertung durch die strengen Vorgaben gemindert werden.

Zur Ergebnissicherung bzw. zur Ergebnisüberprüfung ist die Erstellung einer Matrix sinnvoll. Die möglichen Vergleichspunkte wurden oben genannt. Diese Matrix kann entweder in Still- oder Partnerarbeit oder im Plenum erfolgen. Um die Kenntnis der Theorien zu Prüfen kann ein Multiple Choice Test. Dieser kann in die Bewertung der Produkte mit einfließen.

5.3 Kombination aus prozess- und produktorientierter Bewertung

Wie bereits angesprochen, erscheint mir eine Kombination aus den verschiedenen Varianten am sinnvollsten. Durch eine unterschiedliche Gewichtung der einzelnen Anteile können die Schwerpunkte der Arbeit nochmals verdeutlicht werden. Möglich sind beispielsweise folgende Vorgehensweisen:

zu bewertende Leistungen	Variante 1	Variante 2	Variante 3
Selbst-, Fremd- und Lehrerbeobachtungen	25 %	33 %	33 %
Rollenspiel/Kurzfilm	25 %	33 %	33 %
Vortrag/Präsentation	25 %	33 %	33 %
Matrix oder Test	25 %	100 %	

Die Bewertung kann zum einen anteilig erfolgen, indem jeder Teil zu 25 % in die Gesamtnote einfließt. Zum anderen kann die Bewertung der Matrix oder des Tests als Extra-Note gelten oder in den eher kognitiv ausgelegten Präsentationsteil mit aufgenommen werden, sodass alle Teile zu je einem Drittel in die Note eingehen und somit sich die kreativen Anteile stärker in der Bewertung widerspiegeln.

6. Schlussbemerkungen

Die Unterrichtsreihe führte ich in einer 12. Klasse (Abiturjahrgang) sowie in einer 12. Klasse (G9, also noch ein Jahr vor dem Abitur) durch. Im Abiturjahrgang waren 26 Schüler anwesend, davon 22 Jungen. Trotz einiger spontaner Unmutsäußerungen bezüglich der umfangreichen Anforderungen wurde letztlich der kreative und gestalterische Freiraum, den die Aufgaben bieten, sehr gut ausgeschöpft. Im Vorabiturjahrgangskurs waren nur 5 Jungen anwesend, alles andere waren Mädchen. Die Schüler waren sofort für diesen projektartig angelegten Unterricht zu begeistern. Die Ergebnisse wiesen in ihrer Gestaltung eine erstaunliche Bandbreite auf. Eine Gruppe drehte einen Kurzfilm mit Lego-Figuren zu Rousseaus Gerechtigkeitstheorie.

Für die Umsetzung der Aufgabe zur Gestaltung eines Rollenspiels insgesamt hatte ich mir im Vorfeld zwei Varianten vorgestellt: Entweder die Schüler spielen den Kurzfilm so wie er ist erneut und ändern lediglich das Ende entsprechend ihrer Gerechtigkeitstheorie, oder sie wählen ein eigenes Beispiel zur Veranschaulichung und nutzen lediglich minimale Vorgaben des Kurzfilmes als Rahmenbedingungen. Diese sind neben den monochromen Farben und den fehlenden Sprechanteilen der Figuren auch zum Beispiel die abgegrenzte Plattform als Bühne, die Ausdruckslosigkeit der Gesichter, die Benennung der Figuren durch Nummern oder die fehlende Umwelt.

Bei der Auswertung stellte ich fest, dass sich alle Gruppen für den zweiten Weg entschieden hatten und sich damit in ihrer Umsetzung im Anforderungsbereich 3 bewegten. Dennoch haben sich die Gruppen unterschiedlich an die Vorgaben des Kurzfilmes gehalten.

Alle Gruppen haben den Kurzfilm verändert und ihre Theorie kreativ umgesetzt. Jede Gruppe arbeitete, aufgrund der fehlenden bzw. minimalen Verständigungsmöglichkeiten durch Sprache, mit Symbolen: Die Gruppe *Hobbes* nutzt beispielsweise die Möglichkeit, verschiedenfarbige Luftballons zu verteilen, um einerseits die Gleichheit aller Menschen gegenüber dem Leviathan darzustellen, andererseits zeigen die verschiedenen Farben, dass es Differenzen unter den Menschen im Hinblick auf ihr Eigentum gibt. Besonders deutlich wird die Metapher des Gesellschaftsvertrages bei der Gruppe *Rousseau*, die ihn als Band zwischen den Menschen darstellten. Die Anschaulichkeit ist ein großer Vorteil dieser Art der Auseinandersetzung mit den Theorien.

Die Erläuterungen der Schüler zu den Theorien machen deutlich, dass sich die einzelnen Gruppen über eine Vielzahl von Gestaltungselementen bewusst waren und diese gezielt einsetzten. Durch diesen Sprechanteil wurden verschiedene Deutungsmöglichkeiten seitens des Kurses bereits vorweggenommen. Dennoch stellte ich fest, dass den Schülern dadurch das Verständnis wesentlich leichter fiel.

Einer Feedbackrunde jeweils am Schluss der Unterrichtssequenz zufolge wurde durch die hier vorgestellte Vorgehensweise sowohl die Schüleraktivität erhöht als auch das Verständnis der Gerechtigkeitstheorien gefördert. Die Bewertungsmodalitäten wurden durchweg als gerecht empfunden. Außerdem machte es den Schülern – wie eigene Beobachtungen und eine Evaluation zeigten – sichtlich Freude, sich intensiv mit einem Kurzfilm und seiner Analyse bzw. seiner Veränderung zu beschäftigen.

Sicher ist die gerechte und valide Bewertung projektorientierten Unterrichts ein wahrer »Balance-Akt«. Diesen zu meistern, bedarf es der Einbeziehung von Selbst-, Fremd-, und Lehrerbeobachtungen, der klaren Formulierung von Bewertungskriterien sowie deren transparente Gewichtung – vor allem aber eines angemessenen Bewertungsdiskurses. Die ausgewogene Mischung verschiedener Bewertungsinstrumente führte in diesem Fall letztlich zu einer von allen Seiten akzeptierten und didaktisch sinnvollen Bewertung der kreativen Arbeiten.

Schüler-Beobachtungsbogen

Verhalten/Leistungen in der Gruppe Namen:	S	F	F	S	F	F	S	F	F	S	F	F	S	F	F	S	F	F	S	F	F	S	F	F
Aktive und konstruktive Mitarbeit in der Gruppe																								
Einhaltung der Arbeitsteilung																								
Gruppenarbeitsförderliche Disziplin																								
Toleranz gegenüber anderen Meinungen																								
Einhaltung der Zeitvorgaben																								
Beherrschung notwendiger Arbeitstechniken																								
Kooperation mit anderen Gruppenmitgliedern																								
Verantwortung für die Gruppe bzw. das Ergebnis																								

Teil II
Bewertungspraxis im philosophischen Unterricht

Werkstatt Leistungsbewertung – Bewertungspraxis im philosophischen Unterricht

Anregungen für die Bewertungspraxis

In der Unterrichtspraxis erweisen sich viele theoretisch fundierte und durchdachte Bewertungsmethoden als wenig praktikabel. Das liegt nicht an der Qualität der theoretischen Ansätze, sondern daran, dass in Bewertungssituationen keine Laborbedingungen herrschen. So ist es beispielsweise bei nur einer Wochenstunde in Klassen mit 28 Schülern kaum möglich, Wortmeldungen eines jeden Schülers angemessen zu würdigen und zu bewerten.

Viele Unterrichtspraktiker klagen in diesem Zusammenhang über die Praxisferne der Didaktiken und fordern konkrete und praktikable Transformationen der theoretischen Vorüberlegungen für unterrichtliche Bewertungssituationen ein. Innerhalb dieses Werkstatt-Teils werden nun einige typische Bewertungssituationen vorgestellt und praxiserprobte Anregungen zu einer Leistungsbewertung und -beurteilung in diesen Situationen gegeben.

Der Titel dieses Praxisteils ist indes Programm: Es handelt sich um eine »Werkstatt«. Einerseits sind die aufgeführten Bewertungsbögen ein *mögliches Werkzeug* der Leistungserfassung in den entsprechenden Situationen. Andererseits sind die dargebotenen Bewertungsmatrizen keinesfalls auf jede Klasse und auf jede ähnliche Situation übertragbar. Es gibt zu viele Variablen, die es zu berücksichtigen gilt: der vorherige Unterricht, die Vorgehensweise des Lehrenden, Kompetenzen sowie Vorwissen der Schüler usw. Daher sind die präsentierten Bewertungsmatrizen eher als Diskussionsgrundlage, als *Werkstoff und Ausgangsmaterial* zu verstehen, aus dem sich Unterrichtspraktiker selbst eigene Bewertungsbögen schaffen können. Insbesondere die in den Matrizen aufgeführten Kriterien können hierbei als Orientierung in ähnlichen Bewertungssituationen dienen. Möglicherweise ist zuweilen auch nur der Ausprägungsgrad des jeweiligen Kriteriums anzupassen.

Festzuhalten bleibt: Bewertungspraxis ist eine Arbeit, die nicht abgenommen werden kann. Die Materialien des Werkstatt-Teils sind entsprechend zu modifizieren. Auch dazu werden in den Kommentaren zu den Standardsituationen Anregungen gegeben.

Inhalte des Werkstatt-Teils

Folgende Standardsituationen für Leistungsbewertungen im philosophischen Unterricht werden in alphabethischer Reihenfolge vorgestellt:
- bildnerisch-gestalterische Aufgaben (S. 148 ff.)
- Collagen und Plakate (S. 151 ff.)
- Debatte (Pro-Contra-Debatte; S. 154 ff.)
- Disputation (Podiumsdiskussion; S. 157 ff.)
- Essay (S. 160 ff.)
- Gruppenarbeit mit Ergebnispräsentation (S. 163 ff.)
- literarische Formen (S. 166 ff.)
- Multiple-Choice (S. 169 ff.)
- mündliche Leistungskontrolle (S. 172 ff.)
- Portfolio (S. 175 ff.)
- Referat (S. 179 ff.)
- schriftliche Leistungskontrolle (S. 184 f.)
- sokratisches Gespräch (S. 186 ff.)
- Standbilder/theatral-präsentative Ausdrucksformen (S. 189 ff.)
- Stationenarbeit (S. 192 f.)
- Webblog-Beiträge (S. 194 f.)

Diese Standards werden in einer Übersicht kommentiert durch:
- Beispiele für konkrete Aufgabenstellungen,
- Anwendungsmöglichkeiten (Was lässt sich in dieser Leistungssituation messen? Für welche Lerngruppe ist sie geeignet?),
- fachspezifische Besonderheiten (Was gilt es im philosophischen Unterricht im Besonderen zu bedenken?),
- Hinweise für die Unterrichtspraxis (Was sollte man bei einer Leistungsbewertung in dieser und ähnlichen Leistungssituationen aus didaktischer Sicht beachten?),
- Varianten (Welche alternativen Gestaltungsmöglichkeiten zur dargestellten Leistungssituation und/oder Bewertungsmatrize sind denkbar?) sowie
- häufige Fehlerquellen (Welche Fehlerquellen sind in dieser und ähnlichen Bewertungssituationen wiederholt Ursache für Fehleinschätzungen?).

Darüber hinaus gibt es zu jeder dieser Standardsituationen Bewertungsmatrizen, die aufzeigen, wie eine Bewertung in der konkreten Bewertungssituation aussehen *kann*. Bei der Anwendung solcher Matrizen besteht allerdings die Gefahr, dass man ein in seinen Denkrichtungen oftmals mehrdeutiges Fach schematisch zu erfassen versucht. Daher sollte das Ergebnis einer Bewertung mit Hilfe der Matrizen in erster Linie als Orientierung gelten.

Wieso Bewertungsmatrizen?

Bei allen Unzulänglichkeiten, die Bewertungsmatrizen aufweisen, bleibt dennoch festzuhalten, dass ihr Einsatz im Unterricht sinnvoll ist: Bewertungsmatrizen ...

- ... ermöglichen in Bewertungssituationen, in denen unter Druck Schülerleistungen erfasst werden müssen, eine *schnelle und effiziente Bewertung*. Bewertende müssen häufig gleichzeitig die Leistung des Schülers wahrnehmen, gezielt bestimmte vorher gesetzte Kriterien an die Leistung herantragen, den Ausprägungsgrad hinsichtlich des Kriteriums einschätzen, das Ergebnis der Leistungserfassung notieren, entsprechend gewichten und letztendlich auch bewerten. Dies ist ohne Bewertungsmatrizen oder andere gut handhabbare Formulierungen eines Erwartungsbildes nur schwer möglich.
- ... zeigen *Bewertungskriterien* auf und stellen somit sicher, dass kein wesentlicher Aspekt bei der Bewertung übersehen oder schlichtweg vergessen wird.
- ... halten zu einer *validen und reliablen Bewertung* an, indem sie die Leistungserfassung auf wesentliche Kriterien fokussieren und zur *gezielten Beobachtung* anhalten. Dadurch werden Messfehler (insbesondere Halo-Effekt, Einfluss von Sympathie sowie von Vor- und Zusatzinformationen) reduziert.
- ... machen Bewertungen für Schüler *transparent* und intersubjektiv nachvollziehbar.
- ... geben Schülern Anhaltspunkte für eine fundierte *Selbsteinschätzung* und Hilfestellung zu einer sachgemäßen und detaillierten *Schülerfremdbewertung*.

Daher sollen diese Bewertungshilfen innerhalb des Werkstatt-Teils Impulse und Hinweise für eine weitgehend valide, reliable und intersubjektiv nachvollziehbare Bewertungspraxis geben.

Bewertungssituation	bildnerisch-gestalterische Aufgaben
Beispiel für eine Aufgabenstellung	1. Gestalten Sie ein Bild/einen Comic/ein Photo/eine Photo-Reihe/ einen kurzen Videofilm, in dem/der Sie sich kritisch mit einer Gerechtigkeitstheorie Ihrer Wahl auseinandersetzen. 2. Erklären Sie in einem Text Ihr Werk und begründen Sie, wieso Sie es so gestaltet haben.
Anwendungsbereiche (didaktische Funktion, Altersgruppe)	Bildnerisch-gestalterische Aufgaben können einerseits eingesetzt werden, um Vorerfahrungen/Einstellungen und begrifflich noch nicht explizit Erschlossenes einer Reflexion zugänglich zu machen (also zur Annäherung an ein Thema); andererseits jedoch auch als Weiterdenken, Anwendung bzw. als Transfer begrifflich-argumentativ erschlossener Sachverhalte in Form einer symbolischen Verdichtung von Gedanken. Im Sinne der Validität (philosophische Kompetenzen abprüfen) ist nur eine Bewertung der zweiten Option sinnvoll. Wegen der hohen kognitiven Voraussetzungen (reflektierter Schaffensprozess, Abstraktionsvermögen) ist aus entwicklungspsychologischer Sicht diese zweite Variante erst ab der Sekundarstufe I möglich.
fachspezifische Besonderheiten	Das Hauptaugenmerk liegt im philosophischen Unterricht nicht auf der künstlerischen Leistung des Schülers bzw. ästhetischen Qualität des Produkts, sondern auf der Intention des Schülers, seine Idee ins Bild zu setzen. Diese ist über eine (schriftliche) Reflexion des Schaffens einzuholen, in der der Schüler seine Grundidee erklärt und die Wahl seiner gestalterischen Mittel begründet. Die Form sollte nach Möglichkeit die Note um maximal einen Grad heben oder senken.
Hinweise für die Unterrichtspraxis	Insbesondere bei Kreativität erfordernden Aufgaben ist es wichtig, einen angemessenen Rahmen zu schaffen: genug Zeit, angstfreies Klima, transparente Bewertungskriterien. Es ist möglich, im Unterricht Vorüberlegungen schreiben bzw. erste Skizzen gestalten zu lassen und die konkrete Gestaltung dann zu Hause vornehmen zu lassen, da ohnehin an erster Stelle die Grundidee und Konzeption bewertet wird – allerdings sollte bedacht werden, dass dann Dritte eingreifen können. Die Reflexion sollte in der Regel schriftlich vorliegen, kann aber ggf. auch mündlich (Präsentation an der Tafel oder bei Galerierundgang) erfolgen.
Varianten	Alternativ könnten vorhandene Bilder mit Fehlstellen ergänzt werden. Die Ergänzung wird dann entsprechend begründet. Gerade bei kreativen Aufgaben ist eine Einbeziehung der Schüler in die Bewertung sinnvoll.
Fehlerquellen	Bei bildnerisch-gestalterischen Aufgaben besteht die Tendenz, formal und ästhetisch gelungene Werke allein aufgrund ihrer ästhetischen Qualität besser zu bewerten, als es (inhaltlich gesehen) angemessen wäre.

Bewertung einer bildnerisch-gestalterischen Aufgabe (Sek. II)

Inhalt	**Themenbezug/Schwerpunktsetzung/Problemerfassung**		**2**
	nachvollziehbare inhaltliche Schwerpunktsetzung, reflektierte Thematisierung zentraler philosophischer Problemaspekte	2	
	vertretbare Schwerpunktsetzung, Thematisierung wesentlicher Problemaspekte	1	
	unpassende Schwerpunktsetzung, wesentliche Problemaspekte werden nicht thematisiert	0	
	Bewertung/Erläuterung:		
	Anwendung bekannter Inhalte		**4**
	im Unterricht vermitteltes Wissen zum thematischen Schwerpunkt wird in angemessenem Umfang nachvollziehbar im Werk umgesetzt und wird in der Reflexion benannt	4	
	vermitteltes Wissen in weitgehend angemessenem Umfang erkennbar umgesetzt, in Reflexion benannt	3	
	vermitteltes Wissen in Teilen umgesetzt, m. E. erkennbar, in Reflexion benannt	2	
	vermitteltes Wissen in Ansätzen und schwer erkennbar umgesetzt, in Reflexion angedeutet	1	
	vermitteltes Wissen fließt nicht in die Gestaltung des Bildes ein	0	
	Bewertung/Erläuterung:		
	Einbringen eigener/weiterführender inhaltlicher Überlegungen/eigene Positionierung		**3**
	tiefgründige eigene Überlegungen zum Thema werden nachvollziehbar im Werk umgesetzt und in der Reflexion benannt/eine wohlbegründete eigene Positionierung zum Problem ist klar erkennbar	3	
	weiterführende Überlegungen/eigene Positionierung sind erkennbar umgesetzt und in Reflexion benannt	2	
	an vermitteltes Wissen anknüpfende eigene Überlegungen sind erkennbar umgesetzt oder benannt	1	
	keine eigenständigen inhaltlichen Überlegungen erkennbar und in Reflexion benannt	0	
	Bewertung/Erläuterung:		

Gestaltung	reflektierter Einsatz bildnerischer Gestaltungsmittel		
	stimmige Gesamtkomposition, in der bildnerische Gestaltungsmittel reflektiert eingesetzt werden	2	2
	einige bildnerische Gestaltungsmittel werden eingesetzt und ihr Einsatz in der Reflexion begründet	1	
	kein bewusster Einsatz bildnerischer Gestaltungsmittel erkennbar und in Reflexion benannt	0	
	Bewertung/Erläuterung:		
	begründete Wahl der dargestellten Objekte/Figuren/Personen		
	Dargestelltes ist erkennbar, wird in der Reflexion benannt und angemessen begründet	2	2
	Dargestelltes ist in weiten Teilen erkennbar, wird benannt und tlw. begründet	1	
	Dargestelltes schwer erkennbar, wird nicht benannt	0	
	Bewertung/Erläuterung:		
	Ästhetik, Form und Adressatenbezug		
	Gesamtkomposition entspricht formalen Ansprüchen, wird als ästhetisch bzw. ansprechend empfunden	2	2
	Gesamtkomposition entspricht den geforderten formalen Ansprüchen	1	
	das Werk entspricht weder formalen Ansprüchen noch wird es als ansprechend empfunden	0	
	Bewertung/Erläuterung:		
Gesamtbewertung:			15

Bewertungssituation	Collagen und Plakate
Beispiel für eine Aufgabenstellung	Gestalte ein Plakat/eine Collage zum Thema »Macht des Konsums«. Verfasse dazu einen Erklärungstext, in dem Aufbau und Aussageabsicht erläutert und die Gestaltung begründet werden (1 Seite).
Anwendungsbereiche (did. Funktion, Altersgruppe)	Plakate und vor allem Collagen eignen sich besonders zur Auseinandersetzung mit emotional berührenden oder kontrovers diskutierbaren Themen. Die symbolisch-gestalterische Arbeit kann Ausgangspunkt einer rational-diskursiven Erschließung sein oder diese ergänzen. Durch die Einbindung von Bildmaterial aus der Lebenswelt der Schüler kann ein persönlicher Zugang zur Problemstellung hergestellt werden. Erfassen lassen sich durch Collagen und Plakate aus philosophischer Sicht vorrangig interdisziplinäre Methodenkompetenzen. Aufgaben dieser Art bieten sich ab der Sek. I an.
fachspezifische Besonderheiten	Nur das Produkt als solches zu bewerten, ist für den philosophischen Unterricht weniger ergiebig als für den Kunstunterricht. Gleichwohl spricht nichts gegen die Gestaltung von Plakaten und Collagen und deren Bewertung im philosophischen Unterricht. Dabei sollte jedoch gefordert werden, dass zusätzlich zum Plakat bzw. zur Collage die Aussageabsicht und die Beweggründe schriftlich fixiert werden. Diese sollten dann auch tatsächlich den Kern der Bewertung ausmachen, da die Validität gebietet, dass eben nicht die künstlerischen Fertigkeiten oder die ästhetische Empfinden gemessen werden.
Hinweise für die Unterrichtspraxis	Anforderungen an Umfang und Qualität der Erläuterungen müssen transparent sein und sind auf das Alter der Schüler abzustimmen. Soweit es die schulischen Möglichkeiten erlauben, ist es von Vorteil, die Produkte im Unterricht erstellen zu lassen, um Fremdhilfe auszuschließen.
Varianten	Zusätzlich kann eine Abwägung von Pro- und Kontra-Argumenten mit anschließender Stellungnahme oder aber eine Stellungnahme zum aufgegriffenen Thema die Argumentationskompetenz der Schülerinnen und Schüler aufzeigen. Auch eine »Verteidigung« des Plakates vor der Klasse lässt sich bewerten. Hierbei ist jedoch zu beachten, dass im Sinne der Gleichbehandlung jeder Plakatgestalter zum Zuge kommen sollte, was unter Umständen einen enormen Zeitaufwand mit sich bringt.
Fehlerquellen	Handwerkliche Fähigkeiten der Schüler können die Qualität der kreativen Idee oder Tiefgründigkeit der inhaltlichen Auseinandersetzung mit dem Thema überdecken (Halo-Effekt).

Bewertung einer Collage zum Thema »Macht des Konsums«		
Problemerfassung		3
wesentliche Problemaspekte des Themas »Macht des Konsums« werden in Collage nachvollziehbar erfasst und spiegeln sich in formulierter Aussageabsicht wider	3	
einige Problemaspekte des Themas in Collage erkennbar und in Erläuterung angesprochen	1	
wesentliche Aspekte in Erläuterung und Collage nicht angesprochen	0	
Bewertung/Erläuterung:		
inhaltliche Auseinandersetzung mit dem Thema		5
in Collage durch Schrift und Bild klar erkennbare inhaltliche Aussage; Bilder greifen assoziativ Aspekte der Aussage auf und geben weiterführende Denkanregungen; Aspekte in Erklärungstext umfassend erläutert	5	
in Collage ist Aussage klar erkennbar; Bilder können auf Aussage zurückbezogen werden; Aussage im Erklärungstext nachvollziehbar erläutert	3	
Aussageabsicht bleibt unklar; willkürliche oder nicht stimmige Bildauswahl	0	
Bewertung/Erläuterung:		
Positionierung		2
klare eigene Positionierung innerhalb des Problemkreises »Konsum«; Aussage wird assoziativ-emotional durch Bild-Schrift-Nutzung in Collage und argumentativ in Erklärungstext überzeugend vermittelt	2	
erkennbare eigene Positionierung; durch Collagengestaltung und in Erklärungstext gestützt	1	
fehlende eigene Positionierung	0	
Bewertung/Erläuterung:		

(Zeile links: Inhalt)

Gestaltung	reflektierter Einsatz der Gestaltungsmittel		
	stimmige Gesamtkomposition, in der Schrift, Strukturen, Farben, Kontraste, Bild usw. als Gestaltungsmittel reflektiert eingesetzt werden	3	3
	einige Gestaltungsmittel werden eingesetzt und ihr Einsatz in der Reflexion begründet	1	
	kein bewusster Einsatz verschiedener Gestaltungsmittel erkennbar und in Reflexion benannt	0	
	Bewertung/Erläuterung:		
	Ästhetik, Form und Adressatenbezug		
	Gesamtkomposition entspricht formalen Ansprüchen, wird als ästhetisch bzw. ansprechend empfunden	2	2
	Gesamtkomposition entspricht den geforderten formalen Ansprüchen	1	
	das Werk entspricht weder formalen Ansprüchen noch wird es als ansprechend empfunden	0	
	Bewertung/Erläuterung:		
Gesamtbewertung:			15

Bewertungssituation	Debatte (Pro-Contra-Debatte/Amerikanische Debatte)
Beispiel für eine Aufgabenstellung	Gestalten Sie aus ethischer Sicht eine Pro-Contra-Debatte zur Präimplantationsdiagnostik.
Anwendungsbereiche (did. Funktion, Altersgruppe)	Die Debatte dient der kontroversen Erarbeitung und Reflexion eines Themas. In einer festgelegten Reihenfolge spricht ein Teilnehmer der Pro-Gruppe, dann einer aus der Contra-Gruppe usw. (Reißverschlussprinzip) – sodass sich alle an der Debatte beteiligen und ihre Fähigkeiten hinsichtlich der Kompetenzaspekte Argumentation und Gesprächsverhalten (bei einer vorausgehender Erarbeitung des Themas: Informationsgewinnung und Informationsprüfung) unter Beweis stellen. Geeignet ist diese Methode wegen der argumentativen Voraussetzungen ab Klassenstufe 8, in didaktisch reduzierter Form ab Klasse 5.
fachspezifische Besonderheiten	Im Vordergrund stehen argumentativ-diskursive Kompetenzen – v. a. die Qualität der Begründung des jeweiligen Standpunktes. Die Aufteilung in Pro- und Contra-Standpunkte macht eine Rolleneinnahme notwendig. Da Empathiefähigkeit ein zentrales Lernziel im philosophischen Unterricht ist, kann und sollte die Rolleneinnahme ebenso bewertet werden.
Hinweise für die Unterrichtspraxis	Es ist sinnvoll, die Beobachter erst nach der Erarbeitungsphase in der Pro- bzw. Contra-Gruppe festzulegen, damit sie einen Einblick in mögliche Argumente haben und sich somit besser auf die formale Qualität der Argumentation konzentrieren können. Die Tischreihen, an denen die Kontrahentengruppen sitzen, sollten genügend Abstand voneinander haben, um den Beobachtern einen guten Blick auf Mimik und Gestik der Debattierenden zu gewähren. Bewährt haben sich Zeitvorgaben für die Redebeiträge (genügend Redematerial für Bewertung), eine sinnvolle Aufteilung der Beobachter (genügend Zeit zum Ausfüllen der Bögen zwischen Beobachtungen; maximal 4 Teilnehmer pro Beobachter) sowie die Forderungen auf das Argument des Vorredners einzugehen und bestimmte Argumentationsmuster zu verwenden (bspw. Standpunktformel des Fünfsatzes). Der Lehrer sollte sich neben seiner Tätigkeit als Zeitüberwacher einzig auf die Beobachtung und Bewertung konzentrieren. Als weitere Datenbasis dienen die Arbeitsergebnisse der Beobachter.
Varianten	Die Schülerfremdbewertung ist ein wesentlicher Bestandteil der Auswertungsphase. Bewertet werden können letztlich die Teilnehmer (Qualität des Diskussionsbeitrags) und die Beobachter (Qualität des Feedbacks).
Fehlerquellen	Halo-Effekt (rhetorische Qualität der Äußerungen) und Reihungs- und Kontrasteffekte sind häufige Ursachen für Fehleinschätzungen.

Bewertung einer Pro-Contra-Debatte (Debattierende)		
Eingehen auf Argument des Vorredners[1]		
Argument des Vorredners inhaltlich korrekt wiedergegeben und überzeugendes Gegenargument angeführt	4	
Argument des Vorredners weitgehend richtig wiedergegeben und auf dieses eingegangen	2	4
Argument des Vorredners wird keine Beachtung geschenkt.	0	
Bewertung/Erläuterung:		
Inhaltliche Qualität des Diskussionsbeitrags		
prägnant und klar formulierte These/Schlussfolgerung, stichhaltige und überzeugende Begründung/Prämissen	4	
nachvollziehbar formulierte Schlussfolgerung, weitgehend nachvollziehbar begründet	2	4
unklare Aussage des Beitrags, unplausible Argumentation	0	
Bewertung/Erläuterung:		
Formale Qualität des Diskussionsbeitrags		
logisch schlüssig und formal gut gestaltet, Anwendung von Argumentationsmustern (Fünfsatz o. Ä.)	4	
schlüssig und klar strukturiert	2	4
unlogisch, unstrukturiert	0	
Bewertung/Erläuterung:		
Rolleneinnahme		
vorgegebene Rolle wird durch Argument klar vertreten sowie durch Redeweise, Mimik und Gestik unterstrichen	3	
Argument wird Rolle gerecht; Rolleneinnahme in Redeweise, Mimik und Gestik erkennbar	1	3
Argument wird Rolle nicht gerecht; keine szenische Ausgestaltung der Rolle	0	
Bewertung/Erläuterung:		
Gesamtbewertung:		15

1 Der erste Debattierende ist hier aufgefordert, das zu diskutierende Problem kurz und bündig wiederzugeben. Der jeweils Letzte jeder Gruppe kann einen Überblick über die Argumente der gegnerischen Gruppe voranstellen.

Bewertung einer Pro-Contra-Debatte (Beobachter)		
Richtigkeit der Beobachtungen		
treffende und genaue Einschätzungen/Bewertungen	4	
vorwiegend zutreffende Einschätzungen/Bewertungen	2	4
überwiegend Fehleinschätzungen/Fehlbewertungen	0	
Bewertung/Erläuterung:		
Begründung der Bewertung		
stichhaltige und detaillierte Begründung der Einschätzungen, prägnante und stimmige Rückmeldungen	7	
vorwiegend stimmige Begründungen, die eine hinreichende Rückmeldung geben	3	7
falsche oder fehlende Begründungen	0	
Bewertung/Erläuterung:		
Hinweise an Beobachtete		
Potentiale werden aufgezeigt, Verbesserungsvorschläge gegeben	4	
Potentiale werden angedeutet, einige Hinweise gegeben	2	4
keine Hinweise, keine Verbesserungsvorschläge	0	
Bewertung/Erläuterung:		
Gesamtbewertung:		15

Bewertungssituation	Disputation/Podiumsdiskussion
Beispiel für eine Aufgabenstellung	1. Erarbeiten Sie in Gruppenarbeit mit Hilfe der ausgehändigten Texte den Ihnen zu gelosten Standpunkt zum Thema Liebe (Verhaltensbiologe/Nietzsche/Freud/Fromm/Platon). 2. Vertreten Sie in einer Podiumsdiskussion zum Thema »Liebe? Was ist das?« ihren Standpunkt.
Anwendungsbereiche (did. Funktion, Altersgruppe)	In einer Disputation, einem antagonistisch geprägten Streitgespräch, in dem die Diskussionsteilnehmer verschiedene vorgegebene Rollen ausfüllen/Standpunkte vertreten, kann ein Thema aus vielfältigen Perspektiven erarbeitet und reflektiert werden. Analog zur Debatte werden in erster Linie die Kompetenzaspekte Argumentation und Gesprächsverhalten (bei einer vorausgehenden Erarbeitung des Themas: Informationsgewinnung und -prüfung) angewandt. Geeignet ist diese Methode ab der Sek. I.
fachspezifische Besonderheiten	Aus fachlicher Sicht ist – neben argumentativ-diskursiven Kompetenzen und der Rolleneinnahme (siehe Debatte) – auch die inhaltliche Erarbeitung der vorgegebenen Standpunkte von Interesse: Werden die Theoreme, die hinter der vorgegebenen Position stehen, richtig erfasst und erklärt?
Hinweise für die Unterrichtspraxis	Im Gegensatz zur Pro-Contra-Debatte sind (je nach gewählter Variante) nicht alle Schüler als Gesprächsteilnehmer beteiligt. Aus diesem Grund bietet es sich an, vielfältige Beobachtungsaufträge zu verteilen/die Schüler bei der Bewertung intensiv mit einzubinden. Als sinnvoll hat sich eine klare Strukturierung der Disputation erwiesen, da auf diesem Wege klar voneinander abgetrennte Redeteile existieren, die präziser zu erfassen sind als eine freie Diskussion (1. Eröffnungsplädoyer, 2. freie Diskussion, 3. für Publikum geöffnete Diskussion, 4. Abschlussplädoyer). Nicht bewertungsrelevant, aber notwendig ist die Phase des Entrollens innerhalb der Auswertungsphase. Hier können die Schüler sich von der vorgegebenen Rolle distanzieren und ihre eigene Position darlegen.
Varianten	Die Disputation ist im Unterricht z. B. als Talkshow, Gerichtsverhandlung, Pressekonferenz, Podiumsdiskussion oder Fishbowl-Diskussion umsetzbar. Vor allem im Bereich der Plädoyers ist eine Bewertung formaler Aspekte der Argumentation erheblich erleichtert, wenn bestimmte Argumentationsmuster verwendet werden sollen.
Fehlerquellen	Eine adäquate Bewertung wird vor allem durch den Halo-Effekt (rhetorische oder darstellerische Qualität), Kontrasteffekte sowie die Affinität/ablehnende Haltung zu den dargebotenen Positionen erschwert.

Bewertung einer Disputation		
Inhaltliche Erarbeitung der Position		
detaillierte Kenntnisse der vorgegebenen Position werden in der Diskussion auf verständliche Weise vermittelt	5	
solide Kenntnisse zentraler Inhalte der Position werden weitgehend nachvollziehbar vermittelt	3	5
unzureichende Kenntnis der Position; nicht nachvollziehbare Darstellung der Position	0	
Bewertung/Erläuterung:		
Rolleneinnahme		
vorgegebene Rolle wird durch Argumente klar vertreten sowie durch Redeweise, Mimik und Gestik unterstrichen	3	
Argumente werden Rolle gerecht; Rolleneinnahme in Redeweise, Mimik und Gestik in Ansätzen erkennbar	1	3
Argumente werden Rolle nicht gerecht; keine szenische Ausgestaltung der Rolle	0	
Bewertung/Erläuterung:		
Eröffnungsplädoyer		
klare Aussage, inhaltlich gut begründet, überzeugend, sinnvoll strukturiert (Fünfsatzform)	2	
erkennbare Position, hinreichend begründet, strukturiert	1	2
schwer nachvollziehbar, unzureichend begründet	0	
Bewertung/Erläuterung:		
freie Diskussion		
eigene Argumente überzeugend dargeboten; Gegenargumente entkräftet; Einhaltung der Diskursregeln	3	
eigene Argumente eingebracht; auf Gegenargumente eingegangen; Diskursregeln weitgehend eingehalten	1	3
kaum sinnvoll an Diskussion beteiligt; Diskursregeln häufig verletzt	0	
Bewertung/Erläuterung:		

Abschlussplädoyer		
überzeugende Zusammenfassung der eigenen Argumente, sinnvoll strukturiert (Fünfsatzform)	2	
nachvollziehbare Wiederholung der eigenen Argumente, strukturiert	1	2
schwer nachvollziehbare, unzureichend begründete Darbietung der eigenen Position	0	
Bewertung/Erläuterung:		
Gesamtbewertung:		15

Bewertungssituation	Essay[2]
Beispiel für eine Aufgabenstellung	Verfassen Sie einen Essay zum Thema »Willensfreiheit«.
Anwendungsbereiche (did. Funktion, Altersgruppe)	Essays sind eine relativ unbestimmte Textsorte, die zwischen argumentativem und subjektiv reflektierendem Schreiben zu verorten ist. Bei der Bewertung eines Essays werden neben Text- und Urteilskompetenz vor allem interdisziplinäre Methodenkompetenzen erfasst. Das Schreiben von Essays kann in Ansätzen und begleitet ab Klasse 8 eingesetzt werden. Spätestens in der Sekundarstufe II sollten die Schülerinnen und Schüler ohne Anleitung Essays verfassen können.
fachspezifische Besonderheiten	In Abgrenzung zum Fach Deutsch muss im philosophischen Unterricht auf die Qualität der ethischen Argumentation bzw. philosophischen Reflexion besonderer Wert gelegt werden.
Hinweise für die Unterrichtspraxis	Die Präsenzzeit in der Schule ist beschränkt, sodass Essays meistens als Hausaufgabe geschrieben werden. Hierbei ist zu beachten, dass die Schülerinnen und Schüler sich der Hilfe Dritter bedienen können. Bei der Korrektur muss jedes Essay genau überprüft werden, um Plagiate (insbesondere aus dem Internet) auszuschließen. Die Plagiatgefahr ist auch bei der Formulierung der Aufgabenstellung zu bedenken.
Varianten	Neben dem Essay können auch andere literarische Formen eingesetzt werden (vgl. S. 166). Die Anforderungen an den zu verfassenden Essay sollten den Schülern vertraut sein. Insbesondere darüber, ob eher eine assoziativ-essayistische oder eine stringent argumentierende Schreibweise gefordert ist, sollte Klarheit herrschen. Die Auswertung der Essays über Schreibkonferenzen hat sich bewährt.
Fehlerquellen	Die sprachlichen Qualitäten eines Essays können die inhaltlichen Leistungen des Schreibers überdecken (Halo-Effekt).

2 Zur Beurteilung und Bewertung von Essays sei auch auf den Beitrag von Volker Haase hingewiesen. (S. 75–106.)

Bewertung eines Essays		
Struktur und Aufbau		
klare Struktur: interessanter Einstieg, in dem Ausgangsfrage herausgearbeitet wird; argumentativer Hauptteil; pointierter Schluss mit klarer eigener Positionierung; Transparenz des Gedankengangs durch Erläuterungen	4	4
erkennbare Strukturierung in Einleitung, Hauptteil, Schluss; Vorgehen/Gedankengänge nachvollziehbar	2	
unsystematisch und unstrukturiert; Vorgehen/Gedankengänge nicht nachvollziehbar	0	
Bewertung/Erläuterung:		
Schwerpunktsetzung und Problemerfassung		
sinnvolle, der Aufgabenstellung entsprechende und ausformulierte Schwerpunktsetzung; konkret formulierte Frage-/Problemstellung als Ausgangspunkt, Betrachtung dieser aus subjektiver Perspektive	4	4
Schwerpunktsetzung entspricht der Aufgabenstellung; Frage-/Problemstellung des Essays ist erkennbar	2	
Schwerpunktsetzung entspricht nicht der Aufgabenstellung; Frage-/Problemstellung des Essays ist unklar	0	
Bewertung/Erläuterung:		
Problemzugang		
eigene Zugänge zum Problem/Erfahrungen einbezogen und hinterfragt; fremde Positionen diskutiert, wichtige Quellen aufgeführt und kritisch kommentiert; kritische Reflexion der Lebenswelt und des eigenen Standpunkts	8	8
eigene Zugänge erkennbar; wichtige Quellen werden diskutiert; kritische Reflexion des eigenen Standpunkts	5	
subjektiver Zugang; Einbeziehung verschiedener Quellen; kritische Problemreflexion	3	
kein Zugang über eigene Erfahrungen; fehlende/einseitige Quellendiskussion; mangelhafte Problemreflexion	0	
Bewertung/Erläuterung:		

Problembearbeitung		
Entwicklung eigener Thesen zur Frage-/Problemstellung – werden durch Argumentation plausibel; Entfaltung ungewöhnlicher Betrachtungsweisen/Gedankengänge; dosierter und korrekter Einsatz von Fachbegriffen	8	
Entwicklung eigener Thesen zur Frage-/Problemstellung, die durch nachvollziehbare Argumentation gut gestützt werden; reflektierter und korrekter Gebrauch von Fachbegriffen	5	8
eigene Thesen zur Frage-/Problemstellung, die durch Argumentation weitgehend nachvollziehbar sind	3	
fehlende eigene Thesen; fehlerhafte und unplausible Argumentation; fehlerhafter Gebrauch von Fachbegriffen	0	
Bewertung/Erläuterung:		
Sprache und Stil		
ansprechende sprachliche Gestaltung; pointierte Formulierungen; klarer Adressatenbezug – bis hin zum dialogischen Charakter; ungezwungener Sprachduktus; bewusster Einsatz sprachlich stilistischer Mittel	4	
akzeptable sprachliche Gestaltung; erkennbarer Adressatenbezug; Verwendung sprachlich-stilistischer Mittel	2	4
schwerwiegende Ausdrucksmängel; Adressatenbezug nicht erkennbar	0	
Bewertung/Erläuterung:		
Textgestaltung und Formales[3]		
Textgestaltung entsprechend den Vorgaben (Zeilenabstand, Schriftgröße usw.); normgerechter Sprachgebrauch (Orthographie/Grammatik); rechtzeitige Abgabe	2	
Textgestaltung sowie Orthographie und Grammatik weitgehend akzeptabel; rechtzeitige Abgabe	1	2
zahlreiche Verstöße gegen Vorgaben sowie sprachliche Normen; rechtzeitige Abgabe	0	
Bewertung/Erläuterung:		
Gesamtbewertung:		30

3 Bei gravierenden Mängeln in diesem Bereich können zusätzlich bis zu 4 weitere Punkte von der Gesamtpunktzahl abgezogen werden.

Bewertungssituation	Gruppenarbeiten mit Ergebnispräsentation
Beispiel für eine Aufgabenstellung	Bearbeitet die Fragestellungen unter dem Eurer Gruppe zugeteilten Text und tragt eure Ergebnisse im Plenum mit einer Folie vor.
Anwendungsbereiche (did. Funktion, Altersgruppe)	Je nach Aufgabenstellungen werden neben Kompetenzen im Bereich Informationsgewinnung und -bewertung v. a. analytische und hermeneutische Kompetenzen erfasst. Innerhalb der Gruppenarbeit sind soziale Kompetenzen bedeutsam; präsentative Kompetenzen sind wichtig für die Vorstellung der Arbeitsergebnisse.
fachspezifische Besonderheiten	Für den philosophischen Unterricht sind präsentative Kompetenzen gegenüber den erarbeiteten Inhalten sekundär.
Hinweise für die Unterrichtspraxis	In Abhängigkeit von einer möglichen Binnendifferenzierung durch Aufgabenstellungen sollte die Aufteilung der Gruppen mit Bedacht vorgenommen werden. Im Schnitt benötigen eine Präsentation und eine angemessene Diskussion im Plenum etwa die Hälfte der Erarbeitungszeit. Daher ist es nicht sinnvoll, alle Gruppen präsentieren zu lassen, sondern die präsentierenden Gruppen zufällig zu bestimmen. Wenn je zwei oder mehr Gruppen den gleichen Arbeitsauftrag bearbeiten, können die nicht präsentierenden Gruppen die Präsentation gut einschätzen und ggf. Inhalte nachtragen. Längere Gruppenarbeiten sollten strukturiert werden – bspw. durch die Verteilung verschiedener Funktionen und die Vorgabe von Arbeitsschritten/Etappenzielen.
Varianten	Die Ergebnispräsentation kann im Vortrag, aber auch durch ein Gruppenpuzzle oder einen Markt der Möglichkeiten erfolgen. Entsprechend können in den Arbeitsgruppen Handreichungen, Arbeitsblätter, Folien, Plakate o. Ä. gestaltet werden. Um eine differenzierte Bewertung innerhalb der Gruppe zu erreichen ist es möglich, die Bewertung der Gruppe in Form eines Punktekontos vorzunehmen. Die Gruppe muss dann einstimmig über eine gerechte Aufteilung der Punkte entscheiden – nach dem Arbeitspensum. Diese Variante sollte nicht gewählt werden, wenn die Schüler bereits ihre Jahresendnoten errechnen können. Durch ein Arbeitsprotokoll kann erfasst werden, wer was erarbeitet hat und inwiefern planvoll vorgegangen wird. Schülerfremdbewertung innerhalb der Gruppen und bezogen auf die Präsentationen ist sinnvoll.
Fehlerquellen	Da Lehrer in Arbeitsphasen m. E. nicht eingreifen sollten, ist die Arbeitsweise in den Gruppen schwer nachvollziehbar. Formal gelungene Präsentationen können inhaltliche Mängel überdecken (Halo-Effekt).

Bewertung einer Gruppenarbeit mit Ergebnispräsentation (Sek. I)		
Aufgabenerfassung und Schwerpunktsetzung		
Aufgabe genau erfasst, Wesentliches von Unwesentlichem getrennt, sinnvolle Schwerpunktsetzung in Präsentation	4	4
Aufgabe in weiten Teilen erfasst und mit entsprechender Schwerpunktsetzung	2	
Aufgabe nicht angemessen bearbeitet; abwegige Schwerpunktsetzung	0	
Bewertung/Erläuterung:		
Aufgabenbeantwortung		
Aufgaben vollständig sowie fach- und sachgerecht beantwortet; diskussionswürdige Inhalte herausgearbeitet	6	6
Aufgaben in weiten Teilen gelöst, meist fach-/sachgerecht; nicht Verstandenes wird benannt	4	
Aufgaben in Ansätzen gelöst; nicht Verstandenes wird benannt	2	
Aufgaben nicht adäquat gelöst; keine Auseinandersetzung mit eigenen Defiziten	0	
Bewertung/Erläuterung:		
Präsentation		
verständliche, anschauliche, sinnvoll strukturierte Präsentation; schwerverständliches gut erläutert; Fragen angemessen beantwortet; klar erkennbarer Adressatenbezug	4	4
nachvollziehbare, strukturierte Präsentation; Fragen überwiegend beantwortet; Adressatenbezug erkennbar	2	
unverständliche, unstrukturierte Präsentation; unzureichende Fragenbeantwortung; kein Adressatenbezug	0	
Bewertung/Erläuterung:		

Foliengestaltung		
übersichtlich und ansprechend gestaltete, prägnante Visualisierung aller wichtigen Inhalte	3	3
verständliche, tlw. strukturierte Visualisierung der meisten Inhalte; Wichtiges unzureichend hervorgehoben	1	
fehlende oder stark fehlerhafte Visualisierung; Gestaltung nicht ansprechend und unübersichtlich	0	
Bewertung/Erläuterung:		
Arbeitsweise		
Regeleinhaltung, Einbeziehung aller, planvolles Vorgehen, Einhaltung des zeitlichen Rahmens	3	3
Regeln weitgehend eingehalten, ansatzweise planvolles Vorgehen, meist effektive Ausnutzung der Arbeitszeit	1	
schwerwiegende Regelverstöße und/oder planlose und ineffiziente Arbeitsweise	0	
Bewertung/Erläuterung:		
Gesamtbewertung:		20

Bewertungssituation	literarische Formen
Beispiel für eine Aufgabenstellung	1. Gestalte eine Fabel zum Thema »Glück«. 2. Begründe in einem kurzen Text, die Wahl deiner Figuren/Tiere und erkläre, welche Glücksvorstellungen sie haben.
Anwendungsbereiche (did. Funktion, Altersgruppe)	Analog zu bildnerisch-gestalterischen Aufgaben (S. 149) bietet sich die Umsetzung eines philosophischen Gedankens in eine literarische Form als Anwendung/Transfer/weiterführende Reflexion an. Geeignet sind literarische Formen – in Abhängigkeit von der Komplexität der geforderten Textsorte – bereits im Primarbereich (Elfchen, Phantasiegeschichten). Voraussetzung ist eine fundierte Kenntnis der geforderten Textsorte.
fachspezifische Besonderheiten	Es liegt hier eine symbolische Verdichtung begrifflichen Denkens vor, die einer nachvollziehbaren Kommentierung bedarf, um eine valide Bewertung zu ermöglichen. Im Fokus der Bewertung steht weniger die literarische Qualität des Werks, sondern vielmehr die hinter der Umsetzung stehende Grundidee.
Hinweise für die Unterrichtspraxis	Ein angemessener Rahmen (genügend Zeit, angstfreies Klima, transparente Bewertungskriterien) sind – wie bei allen kreativen Arbeitsaufträgen – von besonderer Bedeutung. Die Eigenheiten der geforderten Textsorte sind im Vorfeld ggf. nochmals detailliert herauszuarbeiten.
Varianten	Folgende literarische Formen bieten sich im philosophischen Unterricht an: narrative Skizze, Dialog, Monolog, Rollenbiographie, Fabel, Elfchen, Haiku, Brief, Tagebucheintrag, Phantasiegeschichte, Märchen, Aphorismus, Lügengeschichte, Flugblatt, Interview, Rätsel, Parabel. Denkbar ist zudem eine Umformung philosophischer Texte in literarische Texte oder die Fortsetzung eines literarischen Textes vor dem Hintergrund konkreter inhaltlicher Vorgaben (»Der Kranich handelt gemäß des kategorischen Imperativs. Setze die Fabel entsprechend fort.«). Es ist sinnvoll, Bewertungsmatrizen zur Schülerfremdbewertung einzubeziehen und das Produkt als Ausgangspunkt eines kommentierenden Schreibdialogs zu nutzen.
Fehlerquellen	Die Sprachkompetenz eines Schülers kann inhaltliche Aspekte überdecken. Eine Bewertung nach vorrangig sprachästhetischen Kriterien ist nicht valide.

Bewertung einer Fabel zum Thema »Glück« (Sek. I)			
Inhalt	**Problemerfassung**		**4**
	wesentliche Aspekte des Themas »Glück« werden in der Fabel nachvollziehbar problematisiert, eine eigene Positionierung ist erkennbar	4	
	wesentliche Aspekte des Themas nachvollziehbar problematisiert, eigene Akzentsetzung ist erkennbar	3	
	wesentliche Aspekte des Themas nachvollziehbar problematisiert	2	
	Aspekte des Themas aufgegriffen	1	
	ein klarer Problembezug nicht erkennbar	0	
	Bewertung/Erläuterung:		
	inhaltliche Klarheit		**2**
	Pro- bzw. Epimythion enthält eine klare, pointierte Aussage zum Problemkreis	2	
	Pro- bzw. Epimythion enthält eine Aussage zum Problemkreis	1	
	Pro- bzw. Epimythion fehlen	0	
	Bewertung/Erläuterung:		
	Verhältnis von Lehre und Handlung		**3**
	Aussage des Pro-/Epimythions wird durch die Handlung der Figuren überzeugend begründet	3	
	Aussage wird durch die Handlung der Figuren hinreichend begründet	2	
	Aussage wird in der Handlung der Figuren thematisiert	1	
	Aussage und Handlung haben kaum Bezug zueinander	0	
	Bewertung/Erläuterung:		

Gestaltung	Figurenwahl		
	Wahl der Tiere ist vor dem Hintergrund des formulierten Lehrsatzes sinnvoll und begründet	2	2
	Wahl der Figur ist begründet	1	
	Wahl der Figuren ist nicht nachvollziehbar	0	
	Bewertung/Erläuterung:		
	Rede, Gegenrede und Ergebnis		
	sinnvolle dialogische Gestaltung, pointiertes und schlüssiges Ergebnis	2	2
	dialogische Gestaltung, nachvollziehbares Ergebnis von Rede und Gegenrede	1	
	keine dialogische Gestaltung, Ergebnis nicht aus vorherigem Geschehen ableitbar	0	
	Bewertung/Erläuterung:		
	Stil und Form		
	stilistisch und formal einwandfrei, ansprechende sprachliche Gestaltung	2	2
	stilistisch und formal mit einigen Mängeln aber akzeptabel	1	
	stilistisch und formal mit schwerwiegenden Mängeln	0	
	Bewertung/Erläuterung:		
Gesamtbewertung:			15

Bewertungssituation	Multiple-Choice
Beispiel für eine Aufgabenstellung	Wählen Sie aus den vorgegebenen Möglichkeiten die jeweils richtige(n) aus.
Anwendungsbereiche (did. Funktion, Altersgruppe)	Der Multiple-Choice-Test ist eine effektive Testvariante, da er einerseits schnell bearbeitet werden kann und sich andererseits auch der Korrekturaufwand in Grenzen hält. Multiple-Choice-Aufgaben werden angewandt um Fachwissen abzufragen (Anforderungsbereich I).
fachspezifische Besonderheiten	Ein solitär eingesetzter Multiple-Choice-Test verhindert, dass fachspezifische Kompetenzen, wie z. B. die Argumentations- und Urteilsfähigkeit, getestet werden können. Es wird daher empfohlen, Multiple-Choice-Tests nur als Teilaufgaben inner- halb von Klausuren oder schriftlichen Leistungskontrollen zu verwenden.
Hinweise für die Unterrichtspraxis	Multiple-Choice-Aufgaben können unter Umständen auch durch den Blick über Nachbars Schulter gelöst werden. Es soll- ten daher stets zwei verschiedene Varianten des Tests ausgege- ben werden. Um die Zufallskomponente klein zu halten, sollten mindestens drei, am besten vier Antwortmöglichkeiten vorgegeben werden.
Varianten	Neben der Variante der Fragen mit nur einer möglichen Ant- wort, existieren auch Fragen mit mehreren Lösungen. Hin- sichtlich der Wertung der Antworten mit mehreren möglichen Lösungen gibt es folgende Versionen: a) volle Punktzahl pro Aufgabe bei komplett richtiger Lösung, 0 Punkte bei unvollständiger/tlw. falscher Antwort; b) ein Punkt pro richtiger Lösung, keine Punkte für die fehlen- den/falschen Antworten; c) ein Punkt pro richtiger Wahl, ein Punkt Abzug pro falscher Wahl. Ebenfalls möglich ist die Ergänzung einer Multiple-Choice-Auf- gabe durch einen kurzen Begründungs- bzw. Erläuterungsteil.
Fehlerquellen	Es besteht grundsätzlich die Gefahr, dass ein Schüler nur durch Raten zu teilweise richtigen Ergebnissen kommt. Dieser zu begegnen, ist mit der oben genannten Variante c) möglich.

Leistungskontrolle – Buddhismus

Teil 1: Multiple-Choice

Kreuze die richtigen Antworten an. *(Mehrfachantworten möglich. Jede richtig angekreuzte Antwort wird mit einem Punkt bewertet, für jede falsche Antwort wird ein Punkt abgezogen. – max. 17 P)*

1. Welche dieser Gegenstände spielen im Buddhismus eine große Rolle?
    a) Thora
    b) Stupa
    c) Gebetsmühle
    d) Kaaba

2. Buddha bedeutet…?
    a) der Bäcker (tschechisch: bûdhik)
    b) der Erleuchtete (sanskrit: bodhi)
    c) Kumpel (englisch: buddy)
    d) der Göttliche (pali: buddhava)

3. Buddha lebte…
    a) ca. 560 v. Chr.
    b) etwa 160 n.Chr.
    c) im Jahr der Katze des chinesischen Kalenders (1280 v. Chr.)
    d) 780 v. Chr.

4. Was verkündet Buddha in der ersten Rede nach seiner Erleuchtung?
    a) 10 Gebote für Buddhisten
    b) nur harte Askese führt zur Erleuchtung
    c) die edlen Wahrheiten
    d) dass er selbst »Weg und Wahrheit« ist

5. Was lehrt der 8fache Pfad?
    a) rechtes Handeln
    b) Tötungsverbot
    c) rechte Rede
    d) rechte Kleidung

6. Das höchste Ziel aller gläubigen Buddhisten ist?
    a) karma
    b) nirvana
    c) unbeschwertes Leben
    d) Pilgerwanderung auf Buddhas Spuren

7. Die buddhistische Gemeinde besteht aus...?
   a) Ammen und Unberührbaren
   b) Mönchen und Nonnen
   c) Brüdern und Schwestern
   d) Novizen und Laien

8. Welche dieser Länder sind stark buddhistisch geprägt?
   a) Japan
   b) Tibet
   c) Afghanistan
   d) Pakistan

9. Folgendes ist Mönchen und Nonnen verboten:
   a) Alkohol
   b) Fernsehen
   c) Besitz
   d) Betteln

10. Siddharta Gautama ist ...
   a) der Sohn Gottes.
   b) ein indischer Fürstensohn.
   c) ein Gesandter Gottes.
   d) ein Religionsstifter

Teil 2: Komplexfragen

Benenne die 4 Ausfahrten des Buddha und erläutere, was diese Begegnungen den jungen Buddha lehren. (4 P) Erkläre, welche Konsequenzen er daraus zieht! (2 P)

Positioniere dich zur ersten der 4 edlen Wahrheiten. Begründe deine Meinung und gib ein Beispiel an. (4 P)[4]

4 Diese Leistungskontrolle wurde im Rahmen Schulpraktischer Übungen von Anne Tillich, Emanuel Goscinski, Julia Schonke, Tina Michelfelder, Lisa Hack, Oliver Dirlamm und Jenny Wehnert entwickelt.

Bewertungs-situation	Mündliche Leistungskontrolle
Beispiel für eine Aufgabenstellung	Erläutern Sie den Aufbau von Platons Idealstaat und positionieren Sie sich zu dieser Utopie.
Anwendungsbereiche (did. Funktion, Altersgruppe)	Mündliche Leistungskontrollen sind kurze Zwiegespräche zwischen Schüler und Lehrer vor dem Klassenplenum. In diesem – meist als Wiederholung im Rahmen der Einstiegsphase genutzten – Gespräch werden Fachwissen, argumentativ-diskursive und Urteilskompetenzen getestet. Je nach Aufgabenstellung ist auch die Erfassung analytischer oder hermeneutischer Kompetenzen möglich.
fachspezifische Besonderheiten	Für den philosophischen Unterricht ist eine Beschränkung auf die Abfrage von Fachwissen problematisch. Ein besonderes Augenmerk sollte Argumentations- und Urteilsfähigkeit zukommen.
Hinweise für die Unterrichtspraxis	Eine mündliche Leistungskontrolle ist ein Gespräch, es sollte daher innerhalb einer angstfreien Atmosphäre stattfinden. Der Lehrer sollte sie weder als »Verhör« oder Disziplinierungsmaßnahme nutzen noch eine künstliche Drucksituation erzeugen (Reliabilität), sondern durch didaktisch kluge und verständliche Gesprächsimpulse ein angenehmes Diskursklima entfalten. Gleichwohl können mündliche Leistungskontrollen gut auf Prüfungssituationen vorbereiten. Wenn diese Methode überhaupt eingesetzt wird, dann sollten – um nicht das Gefühl einer Ungleichbehandlung aufkommen zu lassen – alle Schüler einmal an der Reihe sein. Eine zufällige Auswahl (durch Lose, die nach der Ziehung aussortiert werden) hat sich bewährt. Um sich ganz auf die Gesprächsführung konzentrieren zu können, sollte der Lehrer im Vorfeld ein klares Erwartungsbild ausformuliert haben und mit einer Bewertungsmatrize arbeiten, die ihm eine effiziente, transparente und valide Leistungsbewertung ermöglicht.
Varianten	Neben der mündlichen Leistungskontrolle als Zwiegespräch ist auch ein Kolloquium mit mehreren Schülern denkbar, in dem die Schüler sich gegenseitig ergänzen und/oder miteinander diskutieren. Eine solide Wissensbasis (und ein gutes Sozialklima in der Lerngruppe) vorausgesetzt, können Mitschüler sowohl bei der Fragestellung als auch bei der Bewertung (mit Bewertungsbogen!) einbezogen werden.
Fehlerquellen	Häufige Fehlerquellen bei der Bewertung dieses Gesprächs sind Sympathie, soziale Erwünschtheit und die Einbeziehung von Vor- und Zusatzinformationen. Diese haben bereits bei der Gestaltung des Gesprächs einen massiven Einfluss. Rhetorische Fähigkeiten der Schüler können argumentative Kompetenzen bzw. inhaltliche Kenntnisse überdecken (Halo-Effekt).

Bewertung einer mündlichen Leistungskontrolle

Aufgabenerfassung		
Aufgabenstellung/Frage/Problemstellung genau erfasst; Wesentliches von Unwesentlichem getrennt; auf Fragen/Einwürfe wird angemessen und schnell reagiert	2	2
Aufgabenstellung selbständig/mit wenig Hilfestellung erfasst; angemessene Reaktion auf Fragen	1	
Aufgabenstellung wird nur durch massive Hilfestellung erfasst; schwerfällige Reaktion	0	
Bewertung/Erläuterung:		
Aufgabenbeantwortung/Fachwissen		
Aufgaben ohne weitere Nachfragen/Hilfestellungen vollständig sowie fach- und sachgerecht beantwortet; Fachbegriffe werden korrekt verwendet und ggf. erläutert; kritische Reflexion problematischer Sachverhalte	5	5
Aufgaben in weiten Teilen selbständig gelöst, meist fach-/sachgerecht; fehlendes Wissen wird benannt	3	
Aufgaben selbst mit massiver Hilfe nicht adäquat gelöst; keine Auseinandersetzung mit eigenen Defiziten	0	
Bewertung/Erläuterung:		
Vermittlung des Fachwissens		
Inhalte werden sinnvoll strukturiert dargeboten; anschauliche Erläuterungen/ verständliche Erklärungen	2	2
Inhalte werden nachvollziehbar erklärt/erläutert; auf Nachfragen weitere Erklärungen/Beispiele	1	
fehlende Erläuterungen/nicht nachvollziehbare Erklärungen; auf Nachfragen keine zufriedenstellende Antwort	0	
Bewertung/Erläuterung:		
Argumentation		
eigene Standpunkte werden klar vermittelt und plausibel begründet; Argumentation logisch schlüssig und gut strukturiert	4	4
eigene Standpunkte auf Nachfrage klar dargestellt; Argumentation nachvollziehbar und weitgehend plausibel	2	
eigene Standpunkte bleiben selbst auf Nachfragen hin unklar; Argumentation fehlerhaft/nicht nachvollziehbar	0	
Bewertung/Erläuterung:		

Auftreten		
sicheres Auftreten; gefällige und angemessene Ausdrucksweise (Hochsprache); angemessener Einsatz von Mimik und Gestik	2	2
akzeptable Ausdrucksweise; Auftreten wird als angemessen empfunden	1	
unangemessenes Auftreten, inakzeptable Ausdrucksweise	0	
Bewertung/Erläuterung:		
Gesamtbewertung:		15

Inhalt	Darbietungsform (benannt/erklärt/ erläutert/beurteilt)	Ausprägungsgrad		
		angemessen	vollständig	selbständig

Bewertungssituation	Portfolio
Beispiel für eine Aufgabenstellung	Gestalte unterrichtsbegleitend ein Portfolio zum Thema »Lebenswege, Lebenssinn«. Für die Gestaltung gilt: Das Portfolio besteht aus 5 Werkstücken zu 5 verschiedenen Stundenthemen aus den folgenden 10 Stunden. Welcher Art die Werkstücke sind, ist dir überlassen. Möglich sind u. a. Gedichte, Collagen, Photogeschichten, Fabeln, Essays, Gedankenprotokolle, Tagebucheinträge, fiktive Lexikoneinträge, fiktive Interviews, Flugblätter ... Zu jedem Werkstück fertigst du einen kurzen Text an, in dem du dieses erklärst und die Gestaltung begründest. Zusätzlich schreibst du eine Portfoliobilanz, in der du rückblickend deine Portfolioarbeit einschätzt und du dich abschließend zum Thema »Lebenssinn« positionierst. Bewertet wird: Die Portfoliobilanz, 2 von dir gewählte Werkstücke sowie 1 vom Lehrer ausgewähltes Werkstück.
Anwendungsbereiche (did. Funktion, Altersgruppe)	Das Portfolio ist »eine zielgerichtete Sammlung von Schülerarbeiten, welche die Anstrengung des Lernenden, den Lernfortschritt und die Leistungsresultate auf einem oder mehreren Gebieten zeigt. Die Sammlung schließt die Beteiligung des Schülers bei der Auswahl der Inhalte, Kriterien für die Auswahl und zur Beurteilung sowie selbstreflexive Gedanken ein.«[5] Welche Kompetenzaspekte der Leistungsmessung zugänglich sind, hängt von den konkreten Werkstücken ab. Portfolioarbeit erfordert in hohem Maße die Fähigkeit zur selbständigen Arbeit und ist daher erst ab der Sek. I sinnvoll.
fachspezifische Besonderheiten	Besonders in schriftgebundenen Werkstücken werden philosophische Kompetenzen in hohem Maße eingefordert. Durch die Verschriftlichung wird ein Gedanke zum Gegenstand und als solcher fass- bzw. greifbar. Zugleich ist das Niederschreiben von Gedanken immer ein Akt der Verdichtung und Pointierung. Schreiben wird somit zur reflexiven Praxis – im Falle eines philosophischen Tagebuchs zum Akt der Selbstvergewisserung. Symbolische Verdichtungen des philosophischen Denkens sind im Sinne der dekonstruktiv-spekulativen Kompetenzen ergiebig.
Hinweise für die Unterrichtspraxis	Die Portfolioarbeit hat sich für philosophische Bildungsprozesse als ausgesprochen fruchtbringend erwiesen. Zugleich ist sie mit einem hohen Aufwand verbunden, da ein intensives Feedback im Sinne einer Beurteilung und weiterer Denkanregungen notwendig ist. Die Vielfalt der möglichen Werkstücke macht die Bewertung zu einer großen Herausforderung.

Varianten	Es existieren zahlreiche verschiedene Portfolio-Arten: Arbeitsportfolio, Beurteilungsportfolio, Entwicklungsportfolio, Vorzeigeportfolio usw. Im philosophischen Unterricht hat sich besonders das philosophische Tagebuch etabliert. Die Werkstücke können in Papierform eingereicht oder in einem Weblog präsentiert werden (vgl. S. 194), das eine Kommentierung der Werkstücke durch andere Schüler ermöglicht. Schreibkonferenz, Briefwechsel oder die Kommentierung durch einen »Tandempartner« sind sinnvolle Ergänzungen zur Portfolio-Arbeit.
Fehlerquellen	Die größte Gefahr besteht darin, dass formale Aspekte inhaltliche Qualitäten der Werkstücke überdecken (Halo-Effekt). Um den Einfluss von Sympathien gering zu halten, sollten vom Lehrer bewertete Werkstücke ggf. zufällig bestimmt werden.

5 Lissman, Urban: *Beurteilung und Beurteilungsprobleme bei Portfolios.* In: Jäger, Reinhold; Lissmann, Urban (Hrsg): *Von der Beobachtung der Notengebung: Diagnostik und Benotung in der Aus-, Fort- und Weiterbildung.* Landau: Verlag Empirische Pädagogik, 2000, S. 288.

Bewertung eines Portfolios zum Thema »Lebenswege, Lebenssinn«			
	Kriterien	Kommentar	Punkte
Portfolio	Vollständigkeit, Werkstücke zu unterschiedlichen Themen (max. 5 P)		
	Deckblatt, Inhaltsverzeichnis, Datierung der Werkstücke (max. 2 P)		
	optische Gestaltung des Deckblattes und Portfolios (max. 3 P)		
	Quellenangaben/Literaturverzeichnis (max. 5 P)		
	Kriterien	Werkstück 1	Werkstück 2	Werkstück 3
Werkstücke 1–3	Themenerfassung/Schwerpunktsetzung klar erkennbar und sinnvoll (max. 3 P)			
	zweckmäßige Anwendung im Unterricht erarbeiteter Inhalte (max. 3 P)			
	Einbringen eigener inhaltlicher Überlegungen/Positionierung (max. 3 P)			
	Erklärungstext verständlich, Begründung der Gestaltung plausibel (max. 2 P)			
	Adressatenbezug, ansprechende Gestaltung des Werkstücks (max. 2 P)			
	formale Gestaltung wird der Sorte des Werkstücks gerecht (max. 2 P)			
	Beurteilung zu Werkstück 1:			
	Beurteilung zu Werkstück 2:			
	Beurteilung zu Werkstück 3:			

	Kriterien	Kommentar	Punkte
Portfoliobilanz	klare und inhaltlich ergiebige Aussage zum Thema Lebenssinn (max. 3 P)		
	plausible Begründung/nachvollziehbare Erläuterung der Aussage (max. 4 P)		
	kritische Beurteilung der eigenen Werkstücke (max. 5 P)		
	fundierte Beurteilung des eigenen Lernfortschritts (max. 3 P)		
Gesamtbewertung: von 75 P			

Bewertungssituation	Referat
Beispiel für eine Aufgabenstellung	Gestalten Sie ein ca. 20minütiges Referat, in dem Sie den Begriff des Glücks bei Aristoteles erläutern und sich dazu positionieren.
Anwendungsbereiche (did. Funktion, Altersgruppe)	Referate oder auch kürzere Vorträge können in jeder Altersstufe eingesetzt werden. Die Komplexität des Gegenstandes und des Vortrags wächst über die Schuljahre. Geeignet ist der Einsatz von Referaten zur Einführung in einen neuen Themenbereich und zur Präsentation von Arbeitsergebnissen im Rahmen der Ergebnissicherung. Bei der Bewertung von Referaten werden meist Kompetenzen im Bereich Informationsgewinnung und Textkompetenzen erfasst, bei der Diskussion im Anschluss an Referate eher argumentative Kompetenzen.
fachspezifische Besonderheiten	Der Inhalt sollte fachspezifisch sein oder Hintergrundinformationen für eine ethische/philosophische Diskussion liefern (bspw. Input zur PID). Neben der Wissensvermittlung sollte auch eine Positionierung des Referenten eingefordert werden – das Referat dient dann ggf. als Möglichkeit, einen Diskurs anzustoßen. Philosophische Theorien werden hier aus Sicht der Schüler dargeboten: einerseits werden dadurch Verstehensprobleme erkennbar, andererseits wird möglicherweise ein altersgemäßer Lebensweltbezug hergestellt.
Hinweise für die Unterrichtspraxis	Um eine transparente und für die Schüler nachvollziehbare Bewertung zu ermöglichen, sollten Bewertungsmatrizen dem Schüler bekannt sein und im Unterricht verwendet werden. Die Verwendung von Matrizen ermöglicht eine effektive und detaillierte Bewertung. Darüber hinaus ist genügend Zeit für eine gemeinsame Evaluation der Referate einzuplanen.
Varianten	Schülerfremdbewertung und/oder Schülerselbstbewertung wird durch (gemeinsam erstellte) Bewertungsmatrizen erleichtert. Beobachtbar ist, dass Schüler häufig strenger bewerten als Lehrer. Anstelle einer Handreichung oder ergänzend zu dieser können auch Folie, Präsentation bzw. Thesenpapier eingefordert werden.
Fehlerquellen	Bewertungsfehler können gerade bei Schülerfremdbewertung dadurch auftreten, dass Schüler inhaltlich nicht über hinreichendes Wissen verfügen, um die Leistung des Vortragenden kritisch einschätzen zu können. Formal gelungene Umsetzungen (Rhetorik, gute Visualisierungen usw.) können inhaltliche Mängel überdecken (Halo-Effekt). Statistisch evident ist außerdem der starke Einfluss von Sympathie und sozialer Erwünschtheit.

Inhalt		Vortrag		Handout	
max. 6 Punkte		max. 5 Punkte		max. 4 Punkte	
6	umfassend, sinnvoll gegliedert, wissenschaftlich anspruchsvoll, interessante Ergänzungen, selbständig erarbeitet	5	kreativ und fesselnd, attraktiv gestaltete freie Rede, sehr anschauliche Erläuterungen	4	vollständig, sinnvoll strukturiert, Wesentliches hervorgehoben, Bilder/Skizzen/o. ä., fehlerfrei, exzellente Form, gute Quellenangabe
4	vollständig, fehlerfrei, ordentlich gegliedert, fachwissenschaftlich exakt, Zusammenhänge gezeigt	3	freie Rede, verständliche Erläuterungen, angemessener Medieneinsatz, Nachfragen offenbaren Probleme mit Details	3	s. o. aber ohne Quellenangabe/Form schlecht
				1	lediglich übersichtliche Zusammenstellung der wesentlichen Fakten
3	alle wesentlichen Fakten enthalten, gegliedert, Ungenauigkeiten			0	nicht angefertigt bzw. oberflächlich (z. B. nur kopierte Texte/Bilder), grob fehlerhaft
2	lückenhaft, Detailfehler, kaum sinnvoll gegliedert, kaum Zusammenhänge	1	wenig anschaulich, Wesentliches nicht erkennbar, Nachfragen offenbaren Probleme mit Grundlagen		Die Gestaltung sollte das aktive Mitdenken der Zuhörer befördern.

Der Quellennachweis ist zwingend erforderlich.

Bei entschuldigt nicht gehaltenen Vorträgen sind ein Arbeitsnachweis und das Handout in der folgenden Stunde vorzulegen! |
| 1 | unstrukturiert, nur elementare Fakten enthalten, grundlegende fachliche Fehler | 0 | selten freie Rede, nicht anschaulich, kein Medieneinsatz, Nachfragen unbeantwortet unentschuldigt nicht gehalten bzw. nur Texte vorgelesen | | |
| 0 | Thema verfehlt bzw. unentschuldigt nicht gehalten | | | | |

Bewertung eines Referats (Sek. I)							
Bewertungsaspekte	1	2	3	4	5	6	Kommentar
präzise Themenerfassung							
klare Struktur/Gliederung							
ansprechende Einleitung							
sinnvolle Schwerpunktsetzung							
Vollständigkeit der Inhalte							
Genauigkeit/Richtigkeit							
fachgerechte Darstellung							
Zusammenhänge verdeutlicht							
prägnante Zusammenfassung							
⤷ Inhalt (zweiwertig)							
ansprechender Vortragsstil							
Einhaltung des Zeitbudgets							
Anschaulichkeit							
Verständlichkeit							
kreative Referatgestaltung							
Visualisierung/Medien							
Handreichung/Thesenpapier							
korrekter Quellennachweis							
Fragenbeantwortung							
⤷ Präsentation (einwertig)							
Gesamtbewertung (2 x Inhalt) + (1 x Präsentation) / 3							
positiv Auffälliges					negativ Auffälliges		

Bewertung eines Referats		
Schwerpunktsetzung		
Aufgabe genau erfasst; sinnvolle Schwerpunktsetzung; Konzentration auf wesentliche Inhalte	4	
Aufgabe in weiten Teilen erfasst; erkennbare und nachvollziehbare Schwerpunktsetzung	2	4
Aufgabe nicht angemessen bearbeitet; abwegige Schwerpunktsetzung	0	
Aufbau und Struktur		
klare Gliederung, logische Reihenfolge; ansprechende Einleitung, sinnvoll strukturierter inhaltlicher Teil, prägnante Zusammenfassung, ggf. Diskussionseinstieg mit pointierten Thesen	4	
erkennbare Gliederung, sinnvolle Reihenfolge; Einleitung, inhaltlicher Teil und Zusammenfassung vorhanden; weitgehend strukturiert	2	4
unstrukturiert; Gliederung unklar	0	
Inhalt		
vollständige, präzise sowie fach- und sachgerechte Darstellung der wesentlichen Inhalte; korrekter Einsatz der Fachbegriffe; Zusammenhänge verdeutlicht; Probleme/Diskussionswürdiges werden herausgearbeitet	8	
alle wesentlichen Inhalte benannt; weitgehend fach- und sachgerecht sowie fehlerfrei; korrekter Gebrauch der Fachtermini; Zusammenhänge meist nachvollziehbar; Probleme/nicht Verstandenes benannt	5	8
tlw. fehlerhafte/unvollständige Darstellung, jedoch in weiten Teilen korrekt und wichtige Inhalte vermittelnd; Gebrauch der Fachtermini meist akzeptabel; Zusammenhänge bleiben unklar; nicht Verstandenes benannt	3	
grobe inhaltliche Fehler; zahlreiche wichtige Inhalte fehlen; Zusammenhänge unklar; Fachtermini fehlen	0	
Vermittlung der Inhalte		
Inhalte stets gut verständlich und anschaulich (bspw. durch die Verwendung lebensweltlicher Beispiele) erklärt; Wesentliches hervorgehoben; Thesen plausibel begründet; didaktische Aufbereitung erkennbar	4	
Inhalte meist verständlich und nachvollziehbar vermittelt; tlw. gut erläutert; Wesentliches meist betont	2	4
Inhalte unverständlich dargeboten; fehlende Erläuterungen; Kerninhalte nicht herausgearbeitet	0	

Vortragsweise		
klarer Adressatenbezug; ansprechend gestalteter, lebhafter Vortrag; gezielter Einsatz von Mimik und Gestik; Einbeziehung der Zuhörer (durch Aufgaben/Rückfragen usw.)	3	3
Adressatenbezug erkennbar; akzeptable rhetorische Gestaltung	1	
kein Adressatenbezug; Zuhörer leiden unter dem Vortrag	0	
Medieneinsatz		
sinnvoller und vielfältiger Medieneinsatz; ansprechende, prägnante und übersichtliche Visualisierung der wichtigsten Fakten; strukturiertes und inhaltlich ergiebiges Handout bzw. Thesenpapier; gutes Layout	5	4
weitgehend sinnvoller Medieneinsatz; Visualisierungen vorhanden; Handout/Thesenpapier akzeptabel	3	
fehlender oder inakzeptabler Medieneinsatz	0	
Formales		
Einhaltung des Zeitbudgets; korrekte Quellennachweise; angemessene Antworten auf Fragen	3	3
Zeitbudget überschritten; Quellennachweise vorhanden; Probleme bei der Fragenbeantwortung	1	
Zeitbudget nicht beachtet; fehlende Quellennachweise; inakzeptabler Umgang mit Fragen	0	
Gesamtbewertung: von 30 P		

Bewertungssituation	Schriftliche Leistungskontrolle
Beispiel für eine Aufgabenstellung	Begründe, warum der Mensch Regeln braucht. (Sek. I, AB I – II) Vergleichen Sie die utilitaristischen Ansätze Benthams und Mills. (Sek. II, AB II)
Anwendungsbereiche (did. Funktion, Altersgruppe)	Es wird einerseits abrufbares Wissen erfasst, andererseits kann die Ausprägung verschiedener Kompetenzen geprüft werden. Die schriftliche Leistungskontrolle kann altersgemäß aufbereitet in jeder Altersgruppe zur Bewertung eingesetzt werden.
fachspezifische Besonderheiten	Ein wichtiger Schwerpunkt des philosophischen Unterrichts ist die Förderung argumentativer und Urteilskompetenzen: das Begründen der eigenen Meinung sowie die kritischen Prüfung bzw. Beurteilung fremder Standpunkte. Daher sind in einer schriftlichen Leistungskontrolle Anteile mit Argumentationen bzw. Positionierungsaufgaben unverzichtbar. Meinungen sind dabei nicht bewertbar, wohl aber ihre klare Formulierung sowie die Qualität der Begründung (Plausibilität, Stringenz, Kohärenz…).
Hinweise für die Unterrichtspraxis	Je nach Fachkonferenzbeschluss sollten die Anforderungsbereiche I bis III der EPA[6] mit folgender Wichtung vertreten sein: 20–40 % AB I, 50 % AB II, 10–30 % AB III. Bei der Überlegung in den Fachkonferenzen ist das Alter der Schülerinnen und Schüler ebenso zu berücksichtigen wie die Unterscheidung in Grund- und Leistungs- bzw. Neigungskurs. Die Wertigkeit der einzelnen Aufgaben ist den Schülern durch die Angabe der erreichbaren Punkte vorzugeben. Die Aufgaben sind in einer didaktisch sinnvollen Reihenfolge zu ordnen (leichte am Anfang, schwere in der Mitte, etwas leichtere am Ende) und sollten möglichst nicht aufeinander aufbauen (Aufgabe B sollte nicht nur dann lösbar sein, wenn Aufgabe A korrekt gelöst wurde). Für die intersubjektiv nachvollziehbare und reliable Bewertung schriftlicher Leistungskontrollen ist ein klar ausformuliertes und hinreichend detailliertes Erwartungsbild notwendig. Querkorrekturen der einzelnen Aufgaben sind sinnvoll.
Varianten	Mögliche Aufgabentypen sind u. a.: Interpretationsaufgaben zu Text oder Bild, Positionierungsaufgaben, Wissensabfrage (auch als Multiple-Choice), Erklärungsaufgaben, Vergleiche, kreative Schreibaufträge usw.
Fehlerquellen	Bei der Bewertung schriftlicher Leistungskontrollen treten häufig Reihungs- und Kontrasteffekte, Tendenzfehler und Rechenfehler auf.

6 *Einheitliche Prüfungsanforderungen (EPA) in der Abiturprüfung Ethik. Beschluss der Kultusministerkonferenz vom 01.12.1989 i. d. F. vom 16.11.2006.* URL http://www.kmk.org/fileadmin/veroeffentlichungen_beschluesse/1989/1989_12_01-EPA-Ethik.pdf – Aktualisierungsdatum: 01.07.2010

Leistungskontrolle – Argumentieren (Sek. I)

1. Nenne mögliche Begründungsstrategien. Gib dazu jeweils ein selbst gewähltes Beispiel an (These und Argument). (8 P)

2. Ordne den folgenden Fünfsatz und füge entsprechende Konjunktionen ein. (3 P)
   a)   Damit tut man anderen weh.
   b)   Mobbing ist kein Spaß, sondern Ernst.
   c)   Ich bin nicht der Meinung, dass Mobbing in Ordnung ist.
   d)   Sollte man auf Mobbing verzichten?
   e)   Manche Mobbing-Opfer bekommen bleibende psychische Schäden.

3. Erstelle eine Argumentation in Fünfsatz-Form zur Frage: »Muss man manchmal lügen?« (5 P)

4. Wähle eine Frage aus: »Solle man Handys an Schulen verbieten?«/»Darf man Tiere essen?«/»Macht Konsum glücklich?«
   a)   Formuliere zur ausgewählten Frage jeweils zwei Pro- und zwei Contra-Argumente. (4 P)
   b)   Positioniere dich zur gewählten Frage und begründe deine Entscheidung. (4 P)

Leistungskontrolle – Gerechtigkeit (Sek. II)

1. Benennen und erläutern Sie an selbst gewählten Beispielen vier der Gerechtigkeitsprinzipien nach Perelman. (8 BE)

2. Entwerfen Sie eine eigene Definition des Begriffs »Gerechtigkeit«. (4 BE)

3. Erklären Sie die Gerechtigkeitstheorie von Aristoteles und eine weitere Ihnen bekannte. Vergleichen Sie beide Theorien. (14 BE)

4. *»Jedem das Seine geben: das wäre Gerechtigkeit wollen und Chaos erreichen«* (Nietzsche).
   a)   Erörtern Sie diesen Satz. (4 BE)
   b)   Positionieren Sie sich zu Nietzsches Aussage und begründen sie Ihre Meinung. (4 BE)

Bewertungssituation	Sokratisches Gespräch
Beispiel für eine Aufgabenstellung	Gestalten Sie ein sokratisches Gespräch zur Frage »Wie kann Schule zur Freiheit erziehen?«
Anwendungsbereiche (did. Funktion, Altersgruppe)	Im sokratischen Gespräch können gemeinsam und diskursiv philosophische Fragen bearbeitet und Begriffe geklärt werden. Gleichwohl gilt es gemeinhin als nicht bewertbar, da Leistungsdruck und Konkurrenzsituationen das Ende für jedes konsensorientierte und wahrhaftige philosophische Gespräch bedeuten können. Andererseits sind gerade in diesen Gesprächen die Kompetenzaspekte Argumentation und Gesprächsverhalten der Sozialkompetenz sowie interdisziplinäre Methodenkompetenz und Urteilskompetenz erfassbar. Die Methode ist bereits im Primarbereich einsetzbar. Die Rolle des Gesprächsleiters können Schüler i. d. R. erst ab der Sek. II füllen.
fachspezifische Besonderheiten	Das sokratische Gespräch ist als genuin philosophische Gesprächsform zu bezeichnen. Wesentlich für diese Gesprächsform sind das Diskursklima und die Gleichberechtigung der Teilnehmer, induktives Vorgehen (ausgehend von erlebten Beispielen), die Begründungspflicht, das gemeinsame Wahrheitsstreben, die Ablehnung von Autoritäten sowie die inhaltliche Zurückhaltung des Gesprächsleiters.
Hinweise für die Unterrichtspraxis	Damit die Methode überhaupt angewandt werden kann, bedarf es eines angemessenen Diskursklimas. Dies kann erreicht werden durch: (miteinander ausgehandelte) klare Diskursregeln, den Abbau von Konkurrenzdenken, die Vermeidung von Drucksituationen und die Betonung der Informationsfunktion der Note gegenüber der Selektions- und Sozialisierungsfunktion. Prinzipiell ist die Bewertung aller Teilnehmer möglich. Beachtet werden sollte indes, dass die Gesprächsleitung und Visualisierung des Gesprächsverlaufs weit anspruchsvoller ist als die bloße Teilnahme. Hier existiert eine gute Möglichkeit zur Binnendifferenzierung; die Unterschiede im Anforderungsgrad sollten allerdings bei der Bewertung berücksichtigt werden.
Varianten	In höheren Klassen sollte der Lehrer – um beobachten zu können – die Gesprächsleitung an einen Schüler abtreten. Darüber hinaus ist eine Schülerfremdbewertung sinnvoll. Da ein sokratisches Gespräch nur in kleineren Gruppen durchführbar ist, können größere Lerngruppen in Innenkreis (Gespräch) und Außenkreis (Beobachtung/Bewertung) aufgeteilt werden.
Fehlerquellen	Halo-Effekt (rhetorische Qualität der Äußerungen), soziale Erwünschtheit sowie Vor- und Zusatzinformationen sind häufige Fehlerquellen bei der Bewertung des sokratischen Gesprächs.

Bewertung eines sokratischen Gesprächs[7]									
Gesprächsteilnehmer (Redebeiträge) / **Beobachtungsaspekt**	Punkte (maximal)	Teilnehmer 1	⋮						
Regeleinhaltung	4								
Gesprächsbeteiligung (quantitativ/qualitativ)	4								
Problembezug der Wortmeldungen	2								
klare Formulierung der eigenen Meinung	2								
schlüssig begründete Argumentation	4								
Eingehen auf andere Meinungen	4								
Ergebnis	20								

7 Diese Bögen gehen auf Arbeitsergebnisse einer Seminarsitzung des Seminars »Einführung in die Ethikdidaktik« zurück. Sie stammen von Mandy Kunze, Cornelia Morlack, Petra Hofmann, Nadine Belaschk und Mandy Rostowski.

Sokrates (Gesprächsleitung)			Xanthippe (Visualisierung)		
	Punkte (erreicht)	Punkte (maximal)		Punkte (erreicht)	Punkte (maximal)
Techniken der Gesprächsführung			**Visualisierung der Gesprächsbeiträge**		
Lenkung		2	Strukturierung, inhaltliche Zuordnung		5
gezieltes Nachfragen		4	inhaltlich korrekte Wiedergabe		6
Zusammenfassen von Meinungen		3	Prägnanz der Wiedergabe		3
Verdeutlichung von Denkschritten		3	klare, eindeutige Formulierung		4
Wahrung des Themenbezugs		3	formale Kriterien (Rechtschreibung etc.)		2
Auftreten als Gesprächsleiter			**Ergebnis**		20
Einhaltung der Gesprächsregeln		2			
Zurückhalten der eigenen Meinung		3			
Ergebnis		20			

Bewertungssituation	Standbilder /theatral-präsentative Ausdrucksformen
Beispiel für eine Aufgabenstellung	Gestaltet ein Standbild zum Verhältnis von Es, Ich und Über-Ich.
Anwendungsbereiche (did. Funktion, Altersgruppe)	Ähnlich wie bei bildnerisch-gestalterischen Aufgaben (S. 189 ff.) ist es zum einen möglich, begrifflich-argumentativ bisher noch nicht erschlossene Sachverhalte über symbolische Formen zu veranschaulichen und zur Diskussion zu stellen; zum anderen können diskursiv erarbeitete Inhalte vertieft und weitergedacht werden. Die symbolische Verdichtung eröffnet hierbei neue Assoziationen und Denkansätze. Standbilder und einfache szenische Spiele sind bereits im Primarbereich realisierbar. Deren Bewertung ist jedoch aus Gründen der Validität problematisch. Nur diskursiv Erschlossenes ist sinnvoll bewertbar.
fachspezifische Besonderheiten	Statt der darstellerischen Leistung der Schüler ist die hinter der Umsetzung stehende Idee für den philosophischen Unterricht relevant.
Hinweise für die Unterrichtspraxis	Sowohl bei Standbildern als auch beim szenischen Spiel ist eine Erläuterungen einzuholen, in der die Schüler erklären, was sie auf welche Weise umsetzen wollten. Nur so kann die Idee nachvollzogen werden. Eine schriftliche Reflexion ist in den meisten Fällen schwer realisierbar. Dialoge oder Monologe sollten in schriftlicher Ausarbeitung vorliegen. Eine Ergebnisfixierung in Form eines Videos oder Photos ist – so rechtlich möglich – sinnvoll. Die Einbeziehung von Schülerfremdbewertungen hat sich bewährt, wenn Schüler über das nötige Hintergrundwissen zum umzusetzenden Inhalt verfügen.
Varianten	Mögliche Varianten sind Standbilder, szenische Spiele, Monologe und fiktive Interviews. Szenische Spiele können zu Standbildern »eingefroren« werden. Standbilder können durch die »Alter-Ego-Variante« (ein Schüler der präsentierenden Gruppe fasst auf die Schulter einer Figur des Standbildes und erklärt ihre Gedankengänge bzw. Gefühlslage in Form eines inneren Monologs) erweitert werden. Ergänzend können Rollenbiographien oder andere kreative Schreibaufträge einbezogen werden.
Fehlerquellen	Wie bei anderen symbolischen Ausdrucksformen rücken auch hier formale Aspekte (hier: darstellerische Leistung) schnell in den Vordergrund, was eine Anfälligkeit für Halo-Effekt bzw. den Einfluss von Sympathie verstärkt.

Bewertung eines Standbildes zum Strukturmodell der Psyche (Sek. I)		
Inhalt Charakterisierung des Es als ... nach dem Lustprinzip handelnd/Ausdruck der Triebe/Affekte unbewusstes Element der Psyche		
gut nachvollziehbare szenische Umsetzung und umfassende Erklärung im Anschluss an die Umsetzung	3	3
szenische Umsetzung und hinreichende Erklärung	2	
schwer erkennbare szenische Umsetzung, ungenaue Erklärung	1	
fehlende Umsetzung und Erklärung	0	
Bewertung/Erläuterung:		
nachvollziehbare szenische Charakterisierung des Ich als ... Instanz, die Realitätsprinzip Rechnung trägt bewusstes Denken/Selbstbewusstsein/Entscheidungsinstanz		
gut nachvollziehbare szenische Umsetzung und umfassende Erklärung im Anschluss an die Umsetzung	3	3
szenische Umsetzung und hinreichende Erklärung	2	
schwer erkennbare szenische Umsetzung, ungenaue Erklärung	1	
fehlende Umsetzung und Erklärung	0	
Bewertung/Erläuterung:		
nachvollziehbare szenische Charakterisierung des Über-Ich als ... psychischer Repräsentation von Normen/Werten/Moral Gewissens-Instanz, die dem Lustprinzip entgegensteht		
gut nachvollziehbare szenische Umsetzung und umfassende Erklärung im Anschluss an die Umsetzung	3	3
szenische Umsetzung und hinreichende Erklärung	2	
schwer erkennbare szenische Umsetzung, ungenaue Erklärung	1	
fehlende Umsetzung und Erklärung	0	
Bewertung/Erläuterung:		

	nachvollziehbare Umsetzung des Verhältnisses der Instanzen zueinander Ich versucht zwischen den Ansprüchen von Es, Über-Ich (und Außenwelt) zu vermitteln Widerstreit zwischen Es und Über-Ich		
	gut nachvollziehbare szenische Umsetzung und umfassende Erklärung im Anschluss an die Umsetzung	3	3
	szenische Umsetzung und hinreichende Erklärung	2	
	schwer erkennbare szenische Umsetzung, ungenaue Erklärung	1	
	fehlende Umsetzung und Erklärung	0	
	Bewertung/Erläuterung:		
	Mimik und Gestik		
	zielorientierter und in Erklärung gut reflektierter Einsatz von Mimik und Gestik	2	2
	teils zielorientierter und hinreichend reflektierter Einsatz von Mimik und Gestik	1	
	weder zielorientierter noch reflektierter Einsatz von Mimik und Gestik	0	
	Bewertung/Erläuterung:		
	Einhaltung formaler Kriterien		
Gestaltung	Standbild lang genug gehalten, Einhaltung der Planungszeit, wortlose Darbietung	1	1
	Standbild nicht lang genug gehalten, Überschreitung der Zeitvorgaben, Sprechen während Vorführung	0	
	Bewertung/Erläuterung:		
Gesamtbewertung:			15

Bewertungssituation	Stationenarbeit
Beispiel für eine Aufgabenstellung	Aufgabenstellungen für Stationenarbeiten können unterschiedlicher Natur sein – sie variieren von Station zu Station: Die Spannbreite geht vom Rechercheauftrag über Textarbeitsaufgaben bis zur Bildmeditation.
Anwendungsbereiche (did. Funktion, Altersgruppe)	Innerhalb von Stationenarbeiten können – je nach Aufgabenstellung – unterschiedliche Kompetenzen gefördert werden. Textkompetenzen und Informationsgewinnungs- bzw. -prüfungskompetenzen stehen im Vordergrund bei Stationenarbeiten zum Wissenserwerb. Bei kooperativen Arbeitsaufträgen stehen Sozialkompetenzen im Mittelpunkt. Stationenarbeiten werden bereits im Primarbereich eingesetzt.
fachspezifische Besonderheiten	Im philosophischen Unterricht sollte das Ziel von Stationenarbeiten nie allein der Erwerb von Faktenwissen sein. Gerade kooperative Stationen können zum Diskurs oder zur gemeinsamen Problemreflexion genutzt werden. Das eigenverantwortliche und freie Lernen an Stationen bietet Schülern den nötigen Raum zum Denken und zur kritischen Auseinandersetzung mit philosophischen Problemen.
Hinweise für die Unterrichtspraxis	Die Zahl der Stationen sollte für die Schüler überschaubar und ihre Inhalte und Ziele transparent sein. In diesem Zusammenhang sind »Laufzettel« mit kurzen Beschreibungen der Stationen erforderlich. Wesentliche Inhalte/Kompetenzen sollten in Pflichtstationen erarbeitet/ausgebaut werden. Über Wahlpflichtstationen können zu wichtigen Inhalten/Kompetenzen unterschiedliche Zugänge angeboten werden. Fakultative Stationen bieten weitere Möglichkeiten zur Differenzierung. Die räumliche Trennung der Stationen hat sich bewährt. Materialien sollten nicht nur schülergemäß und motivierend gestaltet werden, sondern auch in ausreichender Anzahl vorhanden sein. Die Stationen sollten so beschaffen sein, dass sie ohne fremde Hilfe und unter Verwendung der bereitgestellten Materialien lösbar sind. Es sollte den Schülern von vornherein bekannt sein, welche Stationen wie bewertet werden.
Varianten	Je nach Aufgabenstellung ist die Bewertung von Einzel- und von Gruppenleistungen möglich. Schülerselbst- und -fremdbewertung lassen sich in Stationenarbeiten auf vielfältige Weise realisieren. Denkbare bewertbare Leistungen können sein: ausgefüllte Arbeitsblätter, Portfolio, Themenmappen, schriftliche Leistungskontrolle, Ergebnispräsentationen
Fehlerquellen	Bei der Korrektur zahlreicher Stationen kommt es häufig zu Reihungs- und Kontrasteffekten. Halo-Effekte können – je nach Aufgabenart – ebenfalls bei der Bewertung der Stationen eine Rolle spielen.

Bewertung von Stationenarbeiten			
Station	Einschätzung der eigenen Leistung und Erklärung (++, +, o, –, ––)	soll bewertet werden	Bewertung des Lehrers und Erklärung
Pflichtstation 1			
Pflichtstation 2			
Pflichtstation 3			
Pflichtstation 4			
Wahlstation A			
Wahlstation B			
Wahlstation C			
Wahlstation D			
Anmerkungen des Lehrers: Gesamtbewertung:			

Bewertet werden 5 Stationen: 3 Pflichtstationen und 2 Wahlstationen. Du darfst dir drei der zu bewertenden Stationen selbst auswählen (Kreuz in 3. Spalte). Die anderen beiden Stationen wählt der Lehrer aus.

Bewertungssituation	Weblog-Beiräge
Beispiel für eine Aufgabenstellung	1. Positionieren Sie sich bis zur Woche nach der Behandlung des entsprechenden Themas im Unterricht in einem Weblog-Beitrag zu einem der folgenden Probleme (200–250 Wörter; [Liste von Fragestellungen]). 2. Verfassen Sie bis zum Ende des Schulhalbjahres mindestens fünf konstruktiv-kritische Kommentare zu Weblog-Beiträgen Ihrer Mitschüler (jeweils mehr als 70 Wörter).
Anwendungsbereiche (did. Funktion, Altersgruppe)	Neben verschiedenen anderen Funktionen, die ein Weblog unterrichtsbegleitend erfüllen kann (Klärung organisatorischer Fragen, Ergebnispräsentation, Materialbereitstellung, Protokollführung), kann ein Weblog zur Veröffentlichung und Kommentierung kreativer Schreibaufträge, gemeinsamen Erarbeitung einer Begriffsbestimmung, Positionierung zu Thesen bzw. Problemen oder als (kollaborativ geführtes) philosophisches Tagebuch genutzt werden. Bewertbar sind in diesem Kontext sowohl die Kommentare als auch die Beiträge an sich. Bewertungsschwerpunkte können je nach Aufgabe sein: Argumentation, Gesprächsverhalten, Urteilskompetenz, Informationsprüfung und interdisziplinäre Methodenkompetenzen. Aufgrund der vorauszusetzenden technischen Kompetenzen ist ein Blog-Einsatz erst ab der Sekundarstufe I empfehlenswert.
fachspezifische Besonderheiten	Aufgrund der Vielfalt der möglichen Bewertungsschwerpunkte sind die Bewertungskriterien dem gewünschten Schwerpunkt anzupassen.
Hinweise für die Unterrichtspraxis	Bewertungskriterien für Weblog-Einträge sollten mit Schülern im Vorfeld besprochen werden, da formal die Textsorte der Weblog-Beiträge bzw. Kommentare nicht klar definiert ist und sich in der Lebenswelt der Schüler in verschiedenen Formen und Qualitäten findet. Klar zu formulieren sind Maßgaben wie der Umfang der Beiträge und inhaltliche wie zeitliche Vorgaben.
Varianten	Die Vielfalt der Einsatzmöglichkeiten von Weblogs im philosophischen Unterricht wurde bereits angedeutet. Bewertbar sind sowohl Beiträge als auch Kommentare. Die Einbeziehung der Kommentare in die Bewertung führt i. d. R. zu einer höheren Quantität und Qualität von Kommentaren. Auch Video-, Audio- und Bildbeiträge können in Weblogs veröffentlicht werden.
Fehlerquellen	Bewertungen, bei denen technische Kompetenzen und sprachlich-stilistische Aspekte zu stark berücksichtigt werden, sind nicht valide.

Bewertung von Weblog-Beiträgen und Kommentaren (Sek. II)

Beitrag	Kriterium	Punkte (maximal)	Punkte					insgesamt 20 Punkte
	expliziter Bezug zum Thema/zur Aufgabenstellung	1						
	klare Formulierung der Ausgangsfrage/Problemstellung	2						
	klare Formulierung einer Meinung/Antwort auf Ausgangsfrage	2						
	Begründung der Meinung (Nachvollziehbarkeit/Plausibilität)	6						
	Strukturiertheit, sinnvolle Gliederung	2						
	Pointiertheit, Eignung als Diskussionseinstieg	2						
	Einbeziehung weiterer Medien (Bilder, Videos, verlinkte Texte ...)	1						
	Quellennachweise	2						
	formale Gestaltung, Einhaltung des Zeitbudgets*	1						
	Ausdruck, Beachtung sprachlicher Normen*	1						
Kommentare	Kriterium (je Kommentar erreichbare Punkte)	Kommentar 1	Kommentar 2	Kommentar 3	Kommentar 4	Kommentar 5		insgesamt 30 Punkte
	expliziter Themenbezug/Bezugnahme auf Beitrag/Kommentare (1 P)							
	klare Formulierung der eigenen Meinung (1 P)							
	Begründung der eigenen Meinung (2 P)							
	Ausdruck, Beachtung sprachlicher Normen (1 P)							
	Beachtung von Diskursregeln, zeitnahe Kommentierung (1 P)							
Anmerkungen:								
von 50 Punkten								

* Bei gravierenden Mängeln in diesen Bereichen können jeweils bis zu 4 weitere Punkte von der Gesamtpunktzahl abgezogen werden.

Johannes Rohbeck

Didaktik der Philosophie und Ethik

Johannes Rohbeck hat sich immer von der Idee der Vermittlung zwischen akademischer Philosophie und schulischer Unterrichtspraxis leiten lassen. Für ihn besteht diese in der Transformation didaktischer Potenziale der Philosophie in philosophische Kompetenzen, die von Schülerinnen und Schülern erworben werden können. Der hier angezeigte Band enthält eine Auswahl fachdidaktischer Schriften des Autors, deren thematischer Bogen sich von Überlegungen zu Zielen und Methoden des Philosophie- und Ethikunterrichts über die Transformation von Denkrichtungen der Philosophie in philosophische Verfahren bis zu literarischen und rhetorischen Formen des Philosophierens im Unterricht spannt.

Das Buch richtet sich vorrangig an Lehrende beider Sekundarstufen, an Lehramtsstudent/innen, Referendar/innen und ihre Ausbilder.

2., bearb. Auflage, Thelem 2010. Kt., ca. 13 x 21 cm, 244 S., mit zahlr. Tab.,
19,80 € [D]
ISBN 978-3-942411-23-3

Johannes Rohbeck ist Professor für Praktische Philosophie und Didaktik der Philosophie an der Technischen Universität Dresden, Mitherausgeber der *Zeitschrift für Didaktik der Philosophie und Ethik*; Herausgeber des *Jahrbuchs für Didaktik der Philosophie und Ethik*; Gründer und Leiter des *Forums für Didaktik der Philosophie und Ethik* der *Deutschen Gesellschaft für Philosophie e. V.* und Autor zahlreicher Bücher und Artikel zur Philosophie und Philosophiedidaktik.

Erhältlich in Ihrer (Online-) Buchhandlung oder direkt beim Verlag:
THELEM | Bergstr. 70 | D-01069 Dresden | Tel. +49 351 4721463 |
Fax: +49 351 4721465 | mail@thelem.de | **www.thelem.de**

Marie-Luise Raters (Hg.)

Werte in Religion und Ethik

Modelle des interdisziplinären Werteunterrichts in Deutschland und der Schweiz

 Welche Rolle darf die persönliche Weltanschauung des Lehrenden im Unterricht spielen? Wie authentisch dürfen Lehrende im Religionsunterricht sein? Was sollte den Lernenden vermittelt werden, Fachwissen oder Medienkompetenz? Wie wichtig ist die Sprachfähigkeit der Lehrenden im Ethikunterricht? Mit diesen und anderen Fragen setzen sich namhafte Vertreter der Didaktik der Philosophie und Religion im vorliegenden Band auseinander. In ihren Aufsätzen vergleichen sie Modelle des Ethik- und Religionsunterrichts in Deutschland und der Schweiz und entwickeln neue Ansätze für dessen Gestaltung.

Thelem 2011. Kt., ca. 16 x 23 cm, 198 S., zahlr. Tabellen, Grafiken und Abb., 29,80 € [D]
ISBN 978-3-942411-16-5

 **Marie-Luise Raters** ist seit 2002 Privatdozentin für Ethik an der Universität Potsdam. Sie ist u.a. Mitherausgeberin des *Handbuchs für Angewandte Ethik* und veröffentlichte zahlreiche Bücher und Artikel zur (Religions-)Philosophie, Philosophiedidaktik und Ethik.

Marie-Luise Raters

Das moralische Dilemma im Ethik-Unterricht

Moralphilosophische Überlegungen zur Dilemma-Methode nach Lawrence Kohlberg

Die Dilemma-Methode nach Lawrence Kohlberg ist eine favorisierte Methode des Ethik-Unterrichts unserer Zeit. Tatsächlich setzt sie genau da an, wo der Ethik-Unterricht ansetzen sollte: Bei konkreten lebensweltlichen Problemen nämlich. Vom Standpunkt der Moralphilosophie weist die Methode allerdings das Problem auf, dass sie den falschen Anschein erweckt, es ließe sich auf der höchsten 6. Stufe der Moralentwicklung ausnahmslos jedes moralische Problem durch Anwendung universalistischer Moralprinzipien lösen. Das Buch plädiert deshalb nach einem I. Teil zu den didaktischen und methodischen Standarddiskussionen in einem II. und III. Teil dafür, dass im Ethikunterricht eine 7. Stufe der Moralentwicklung anvisiert wird, die sowohl zu einem situativ begründeten Prinzipienverstoß als auch zum Umgang mit unauflösbaren moralischen Dilemmata befähigen soll.

Das Buch richtet sich vorrangig an Lehrende beider Sekundarstufen, an Lehramtsstudent/innen, Referendar/innen und ihre Ausbilder.

Thelem 2011. Kt., ca. 16 x 23 cm, 196 S., 29,80 € [D]
ISBN 978-3-942411-29-5

Jahrbuch für Didaktik der Philosophie und Ethik

Herausgegeben von Johannes Rohbeck

2000: Methoden des Philosophierens
Hg. v. Johannes Rohbeck
Thelem 2000. Kt., 188 S., 18,50 € [D]
im Fortsetzungsbezug 15,– € [D]
ISBN 978-3-933592-11-8

2001: Philosophische Denkrichtungen
Hg. v. Johannes Rohbeck
Thelem 2001. Kt., 204 S., 18,50 € [D]
im Fortsetzungsbezug 15,– € [D]
ISBN 978-3-933592-16-3

2002: Denkstile der Philosophie
Hg. v. Johannes Rohbeck
Thelem 2002. Kt., 200 S., 19,– € [D]
im Fortsetzungsbezug 5,50 € [D]
ISBN 978-3-933592-29-3

2003: Didaktische Transformationen
Hg. v. Johannes Rohbeck
Thelem 2003. Kt., 200 S., 19,– € [D]
im Fortsetzungsbezug 15,50 € [D]
ISBN 978-3-935712-14-9

2004: Ethisch–philosophische Basiskompetenz
Hg. v. Johannes Rohbeck
Thelem 2004. Kt., 194 S., 19,– € [D]
im Fortsetzungsbezug 15,50 € [D]
ISBN 978-3-935712-45-3

2005: Anschauliches Denken
Hg. v. Johannes Rohbeck
Thelem 2005. Kt., 190 S., 19,– € [D]
im Fortsetzungsbezug 15,50 € [D]
ISBN 978-3-937672-02-1

2006: Philosophische Bildung und Ausbildung
Hg. v. Johannes Rohbeck und Volker Steenblock
Thelem 2006. Kt., 180 S., 19,– € [D]
im Fortsetzungsbezug 15,50 € [D]
ISBN 978-3-937672-48-9

2007: Hochschuldidaktik Philosophie
Hg. v. Johannes Rohbeck
Thelem 2007. Kt., 190 S., 19,– € [D]
im Fortsetzungsbezug 15,50 € [D]
ISBN 978-3-939888-45-1

2008: Empirische Unterrichtsforschung und Philosophiedidaktik
Hg. v. Johannes Rohbeck,
Urs Thurnherr und Volker Steenblock
Thelem 2009. Kt., 186 S., 19,– € [D]
im Fortsetzungsbezug 15,50 € [D]
ISBN 978-3-939888-67-3

2010: Philosophie und Weltanschauung
Hg. v. Gisela Raupach-Strey und Johannes Rohbeck
Thelem 2011. Kt., 184 S., 19,– € [D]
im Fortsetzungsbezug 15,50 € [D]
ISBN 978-3-942411-32-5

Erhältlich in Ihrer (Online-) Buchhandlung oder direkt beim Verlag:
THELEM | Bergstr. 70 | D-01069 Dresden | Tel. +49 351 4721463 |
Fax: +49 351 4721465 | mail@thelem.de | **www.thelem.de**